KB237216

# 초민족 시대의 민족 정체성

식민주의·탈식민 이론·민족

현대의 지성 115

# 초민족 시대의 민족 정체성
## ─식민주의 · 탈식민 이론 · 민족

제1판 제1쇄 __ 2002년 10월 30일

지은이 __ 고부응
펴낸이 __ 채호기
펴낸곳 __ ㈜**문학과지성사**

등록 __ 1993년 12월 16일 등록 제10-918호
주소 __ 서울 마포구 서교동 363-12호 무원빌딩 4층(121-838)
전화 __ 편집부 338-7224~5  영업부 338-7222~3
팩스 __ 편집부 323-4180  영업부 338-7221
홈페이지 __ www.moonji.com

ⓒ 고부응, 2002. Printed in Seoul, Korea
ISBN 89-320-1369-1
값 13,000원

현대의 지성 115

# 초민족 시대의 민족 정체성

— 식민주의·탈식민 이론·민족

고부응

문 학 과 지 성 사

# 책머리에





필자는 영문학 작품을 통해 서양 문학을 공부하고 또 서양의 문학 이론이나 문화 이론을 공부하게 되었다. 서양의 문학과 문학 이론 그리고 넓은 의미에서 서양의 사상은 서구의 역사적·사상사적·사회적 맥락에서 그들의 필요성에 의해 만들어졌다. 이러한 서구의 사상을 무비판적으로 받아들일 때 우리는 서양의 지배적 사고 구조에 순응하게 되고 서양의 가치를 우리의 가치보다 더 우월한 것으로 받아들이게 된다. 이러한 가치관은 서양의 정치적·이데올로기적 지배를 용이하게 만들 수 있다. 결국 이러한 서양의 가치관에 지배받음을 의식하는 것은 곧 서양 학문을 통해 이루어지는 서양의 가치관을 긍정적으로만 평가할 수 없음을 의식하는 것이다. 그렇다고 서양의 이론을 비판적으로 의식한다 해서 서양의 가치관에서 벗어날 수 있는 것은 아니다. 이미 서양의 가치관은 우리의 가치관의 중요한 부분이 되었기 때문이다. 필자는 한국에서 서양 문학과 서양 이론을 공부하는 것이 서양의 지배를 의식하면서도 그 서양의 지배에서 벗어나려는 노력을 지속하는 것이라 생각한다. 서양의 지배에서 벗어날 수 없음을 알면서도 서양의 지배에서 벗어나려는 노력을 멈출 수 없다는 의식은 한국에서 서양 문학을 공부할 때 꼭 필요하다.

이 책에 실린 글들은 지난 7, 8년 동안 필자의 이러한 의식의 결과물이다. 제1부에는 탈식민 이론의 맥락에서 씌어진 글들을 모아놓았다. 여기에는 서구의 교육을 받은 한국의 지식인은 어떤 위치에 있으며 또 어떤 작업을 해야 하는지를 주로 논의하였다. 탈식민 이론에 대한 소개의 성격을 가진 「탈식민주의 문학 비평과 이론」을 제외하고는 서구의 진보적 지식인인 사이드나 스피박, 제임슨 등에 대해 논하면서 어떤 면에서 그들의 이론을 수용할 수 있고 어떤 면에서 우리와 다른지 주로 논의하였다.

제2부에서는 민족 정체성의 문제를 논의하였다. 민족 정체성의 문제는 탈식민 이론의 문제와 연결되는 것이기는 하지만 현재 한국의 역사적·사회적 맥락에서 볼 때 탈식민 문제보다 더 시급한 논의 대상이다. 민족주의에 대한 비판이 거세게 일고 있는 요즈음의 진보적 지식인들의 견해에 필자는 일정 정도 동의는 하지만 대부분의 민족주의 비판이 곧 민족의 해체를 주장하는 것으로 진행된다는 생각이 들어 나로서는 안타깝기조차 하다. 잊지 말아야 할 것은 국가 체제가 주도하는 민족주의가 폭력적이라는 사실만을 논의할 것이 아니라 국가 체제 중심의 민족주의에서 강요하는 민족의 정체성과는 달리 주변부 집단에 의해 민족 정체성이 새로이 형성되고 있다는 사실을 의식하고 그러한 사실을 이론적으로 정립할 필요가 있다는 것이다. 민족주의의 해체가 곧 세계화로 이어진다면 이는 새로운 의미의 서구 중심적 식민지화를 긍정적으로 평가하는 결과를 가져올 것이기 때문이다.

제3부에는 영문학과 교수로서의 필자의 지적 관심을 표명한 것들을 모아놓았다. 다룬 작품들은 대학생 이상의 독자라면 이미 읽어보았거나 적어도 들어본 적이 있는 작품들이다. 여기의 글들은 이러한 작품들을 대상으로 제1부와 제2부에서 개진한 이론들을 실제 작품을 읽으면서 생각해본 실제 비평이라고 할 수 있다. 『로빈슨 크루소』와 『로드 짐』 분석은 탈식민 이론의 맥락에서, 그리고 『인도로 가는 길』과 『흉내 내는 사람들』은 민족 정체성 이론의 맥락에서 분석한 것이다.

여기의 글들은 이미 다른 지면에 발표한 것들이다. 발표 당시의 정치적·이데올로기적·시대적 상황을 염두에 두고 쓴 것들이기는 하지만 지금 새로 정리하면서 현재 시점에 맞추려고 많은 부분을 새로 고쳤다. 여기에 쓴 글들은 탈식민 이론이나 민족 정체성 이론의 중요한 면모를 모두 다루지는 못했다. 탈식민 이론에 대한 호미 바바의 이론을 본격적으로 논의하지 못한 것, 민족 정체성 이론에서 전통적 민족 이론가들의 논의와 현재 민족 이론이 어떤 면에서 차별성을 갖는지를 본격적으로 논의하지 못한 것이 가장 아쉽다. 현재 대중 문화에서 진행되는 민족 또는 탈민족 정체성을 좀더 논의했으면 하는 아쉬움이 남지만 이런 것들은 앞으로 관심을 갖고 지속적으로 논의해나가야겠다.

세상을 사는 것이 모두 남에게 빚을 지며 사는 것이겠지만 이 책을 내는 지금 그러한 빚에 대한 생각을 더욱더 하게 된다. 다른 많은 분이 계시지만 이상섭 선생님과 돌아가신 마이클 스프링커 교수께 특히 많은 빚을 졌다. 이 두 분에게서 문학 작품을 제대로 읽는 법을 배웠다. 자식을 키우면서 모든 것을 희생하신 시골의 부모님께 가장 깊은 감사를 표현하고 싶다. 아내이면서 지적인 동료인 강희선에게도 감사와 사랑을 전하고 싶다. 이 책을 만들어주신 문학과지성사의 여러분께 — 특히 필자의 글을 자세히 읽고 출판을 적극적으로 추천해준 최성실, 그리고 편집과 교정을 꼼꼼히 보아준 편집부 직원들께 — 감사드린다.

2002년 가을

고부응

차례

제1부
# 탈식민 이론

# 제1장  탈식민주의 문학 비평과 탈식민 이론



　서양 문학 중에서, 특히 영문학과의 교과 과정에서, 셰익스피어는 가장 중요한 작가 중 하나라고 인정되어왔다. 그런 셰익스피어의 작품 중 『폭풍우 *The Tempest*』는 탈식민주의 문학론의 의의를 설명하는 적절한 출발점이 될 수 있다. 『폭풍우』에서는 예술art(art는 예술·마술·기술 등 인간이 자연에 가하는 행위를 의미한다)에 지나치게 심취했던 프로스페로라는 밀라노의 공작이 동생에게 권력을 찬탈당하고 외딴 섬으로 쫓겨난다. 그는 섬에서 예술을 적절히 이용해서 캘리번이라는 섬의 야만인을 통제하여 자신을 위해 일하게 한다. 나중에 그는 폭풍우를 일으켜서 이탈리아의 왕이 탄 배를 자신이 있던 섬으로 오게 한 후 그의 딸과 왕자를 결혼하게 만들고 본인은 원래의 자리로 돌아간다. 이러한 내용에 대해 전통적인 학자들은 예술art과 자연nature의 대립이 이 작품의 주제이며 주인공인 프로스페로가 인간의 재능인 예술을 적절히 이용하여 위험한 자연을 통제함으로써 바람직한 세계를 만들어내고 있다고 한다. 『폭풍우』의 독자나 셰익스피어의 입장에서 이 작품을 본다면 이와 같은 해석이 별 문제가 안 될 수도 있다. 그러나 야만인으로 나오는 캘리번의 입장에서 보면, 이 작품은 유럽인이 야만인이라고 규정하였던 흑인·동양인·인디언 등이 살았던 지역을 정복하여 유럽식으로 통치하던 식민 시대의 상황을 유럽인의 입장에서 서술한 이야기로 읽을 수 있다. 즉 작가나 주인공이 아니라 그 반대의 입장에서 이 작품을 본다면 유럽의 야만적인 정복의 역사를 읽을 수 있다는 것이다. 탈식민주의 문학론은 이와 같이 정복자의 편에서 세계를 보는 것이 아니라 피정복자의 입장에서 세계와 역사를 보는 문학론이라 할 수 있다. 중국·일본·미국의 지배와 영향을 많이 받은 한국인의 입장에서 『폭풍우』를 본다면 그 입장은 프로스페로와 캘리번 중 캘리번에 가깝다고 할 수 있다. 따라서 한국의 독자라면 프로스페로의 캘리번에 대한 부당한 지배를 문제삼으면서 이 작품을 읽는 것이 바람직하다. 탈식민주의 문학론은 한국에서 영문학을 왜 공부하는지에 대해, 그리고 어떻게 공부해야 하는지에 대한 질문을 강요하는 이론이기도 하다. 이 작품에서 캘리번은 프로스페로를 향해 "네 덕분에 내가 너의 말을 배웠지. 그래서 네가 알아들을 수 있게 너에게 욕을 할 수 있게 되었어"라고 말한다. 이 말은 탈식민주의 이론의 기본적인 전략을 말해주기도 한다. 탈식민주의 이론은 서구 이론을 이용하여 서구인이 알아들을 수 있게 서양 식민주의의 제국주의 역사의 부당함을 식민지 백성의 입장에서 주장하는 이론이기 때문이다.


## 1. 탈식민주의 문학 비평

　탈식민postcolonial이란 용어는 기본적으로 과거 식민 지배 아래에 있던 아시아·아프리카·중남미의 여러 나라에서 과거의 서구 식민 체제가 지배하던 식민 시대와 그 다음 시기를 구별하기 위하여 쓰는 말이다. '다음after' 또는 '넘어선beyond'이란 뜻을 가진 접두사 'post'를 식민이란 말 앞에 붙임으로써 아프리카·아메리카·아시아의 각 지역에 대한 서구 식민 지배의 오랜 역사가 종식되어 새로운 시대가 열리고 있음을 말하려는 것이다.

따라서 탈식민 문학postcolonial literature이란 영문학의 경우에
는 제2차 세계 대전을 전후로 하여 공식적으로 독립을 이룩한 인
도 · 나이지리아 · 호주 · 남아프리카공화국 등 과거에 영국의 식
민 지배를 받았던 지역에서 독립된 이후에 씌어진 문학 작품을
통틀어 일컫는 말이다. 이런 의미에서는 탈식민 문학이란 탈식민
이란 용어가 널리 쓰이기 전에 사용되었던 영연방 문학com-
monwealth literature이란 말과 별반 다르지 않다. 영연방 문학
이란 영국 작가들뿐만 아니라 영어를 사용하는 캐나다 · 호주 ·
자메이카 · 케냐 등 과거 영국의 식민지였던 지역의 작가들에 의
해 씌어진 문학도 포함하는 말이기 때문이다. 그러나 영연방 문
학이 영어로 씌어진, 따라서 영문학의 종주국이라 할 수 있는 영
국 문학과 일정한 공통점을 전제로 하고 있는 데 비해 탈식민 문
학은 영국의 식민 지배에서 벗어났음을 강조하고 있다는 의미에
서 둘은 정치적 의식에 있어 정반대되는 문학이라 할 수 있다. 탈
식민 문학이 영국의 식민 지배에서 벗어난 정서를 담은 문학을
지칭하기 위해 사용된다면 이제 이 용어는 단지 시기적으로 독립
이후의 문학 작품만을 의미하지는 않는다. 공식적으로 독립 국가
가 생기기 전에도 정치적 · 문화적으로 식민 지배에서 벗어나고
자 하는 노력은 계속되어왔고 그러한 가치나 역사관이 독립 이전
시기에 씌어진 문학 작품에도 나타나기 때문이다. 탈식민 문학이
란 독립 이후의, 흔히 말하는 탈식민 시대에 씌어졌던 문학뿐만
아니라 독립 이전의 식민 시대에 씌어졌던 문학을 통틀어 문화
적 · 정치적 식민 지배에서 벗어나려는 노력을 담고 있는 문학을
일컫는다.

　　한편으로는 서구의 비서구 세계에 대한 식민 지배가 제2차 세
계 대전을 전후로 하여 종식되었다는 일반론에 이의를 제기할 수
도 있다. 왜냐하면 식민 경찰 · 군대 · 총독부 등 식민 관료 기구

가 표면적으로는 사라졌지만 좀더 은밀한 형태로 서구의 비서구 세계에 대한 지배는 계속되고 있기 때문이다. 사실 경제·문화·이데올로기 등의 영역에서는 과거 식민 시대와 마찬가지로, 아니면 더, 서구 식민 종주국의 가치와 지배권이 비서구 세계에 작용하고 있다. 이제는 서구의 비서구 세계에 대한 지배가 좀더 쉽게 진행되고 있다고 말할 수도 있다. 과거 식민 시대에는 거부감을 일으키는 경찰·군대 등의 폭력 기구에 의하여 식민 체제가 유지되었고 이때 식민지 백성들은 저항의 대상을 쉽게 알 수 있었다. 그러나 독립 이후에는 오랜 식민 역사로 식민지 백성들의 가치관이 서구화되었으며 비서구인들은 서구와 밀접한 관계를 맺는 일이 필요하고 또 필연적임을 생각하게 되었다. 이제 서구의 지배 체제는 총과 칼이라는 물리적 폭력을 굳이 동원하지 않더라도 비서구인들을 자연스럽게 지배할 수 있게 된 것이다. 이런 관점에서 본다면 '탈식민'이라는 말은 단지 비서구 사람들이 듣기 좋은 말에 불과하다. 서구의 지배는 새로운 방식의 식민 지배로 계속 유지되고 있기 때문이다. 이런 관점의 사람들은 탈식민이란 말은 제2차 세계 대전 이후의 세계사의 흐름을 제대로 설명하는 말이 아니고 신식민주의neocolonialism라는 말이 제대로 된 말이라고 생각한다. 탈식민주의가 식민 역사에 대해 낙관적이고 현실 긍정적인 태도를 표현하는 말이라고 할 수 있다면 신식민주의라는 말은 표면적으로는 독립하였으나 더욱더 공고하게 된 식민지 상황에 대하여 부정적·비판적 태도를 표현하는 말이라고 할 수 있다. 식민지 역사를 보는 이러한 대조적인 두 태도를 동시에 염두에 둔다면 탈식민주의라는 말의 '탈'이라는 말은 단순히 식민 상태에서 벗어났다는 역사적 흐름을 설명한다기보다는 오히려 식민주의에서 벗어나려는 노력으로 받아들일 수 있다. 여기에서 '탈'은 식민주의 시대와 그 이후 어느 쪽을 단정적으로 지칭한다기보다는 식민주의 상태와 탈식민주의 상태 사이의 쉽게 넘어설 수 없는 간극을 지칭하는 말로 받아들일 수 있다. '탈'식민주의는 식민주의 시대가 쉽게 끝날 수 있는 것도 아니고 또한 식민주의 시대가 계속될 수밖에 없다는 사실을 절망적으로 인정하는 태도도 아닌, 식민주의에서 벗어나려는 끊임없는 노력을 강조하는 태도이다. 그리고 이러한 긴장된 태도가 탈식민주의 문학론과 이론에 제대로 접근하는 태도이다.

이러한 일반론에 비추어 식민 문제를 다루는 문학 작품은 크게 보아 식민주의 문학과 탈식민주의 문학으로 나눌 수 있다. 식민주의 문학은 서구 작가들이 식민주의적 관점을 가지고 식민지 문제를 다룬 문학이며 탈식민주의 문학은 그러한 식민주의에 저항하는 가치를 담고 있는 문학이다. 따라서 탈식민주의적 관점을 가지고 문학 작품을 읽을 때 식민주의적 가치를 담고 있는 문학의 경우는 식민주의의 가치관을 분석하여 비판하는 일이 필요하고 탈식민주의적 가치를 담고 있는 문학 작품의 경우는 그 가치를 드러내어 옹호하는 일이 필요하다.

영문학과에서 다루는 대부분의 문학 작품은 식민주의의 종주국인 영국과 미국에서 만들어진 문학 작품이다. 전통적으로는 영문학 연구와 교육이 식민주의에 별 관심을 두지 않고 이루어져왔다. 식민지 문제를 직접 다룬 『폭풍우』나 콘라드Conrad의 『어둠의 속 *Heart of Darkness*』 같은 작품도 서구의 식민 지배를 문제 삼기보다는 인간과 자연의 문제나 본질적인 인간의 내면성을 탐구하는 주제를 담고 있다고 생각해왔다. 그러나 탈식민주의적 입장에서 이 작품들을 읽는다면 이들이 식민 문제를 다룬 문학 작품임을 어렵지 않게 알 수 있다. 『어둠의 속』의 경우는 서구인이 아프리카 식민지인을 부당하게 착취하고 있음을 다루고 있는 동시에 아프리카 사람들을 미개하고 열등한 종족으로 그리고 있다.

또한 아프리카 사람들이 서구의 합리적인 문명을 통해 개명되어야 한다는 주장을 은근히 담고 있음도 알 수 있다. 탈식민주의 문학론자들은 이와 같이 식민지가 직접적인 소재로 등장하는 문학 작품뿐만 아니라 간접적으로나 또는 식민지 문제가 존재하지 않는 것 같은 문학 작품도 분석하여 서구의 문학 작품에 식민지 문제가 빼놓을 수 없는 주제임을 밝힌다. 샬럿 브론테Charlotte Brontë의 『제인 에어 *Jane Eyre*』는 제인이라는 비천한 출신의 가정 교사가 온갖 역경을 이기고 높은 신분의 남자와 사랑을 이루는 이야기이다. 그러나 탈식민주의적 관점에서 이 작품을 읽으면 서구 여성인 제인의 성공이 미친 여자로 나오는 비서구 여인을 제거함으로써 가능해진다는 사실을 알 수 있다. 말하자면 탈식민 문학론자들은 식민지 시대의 서구 고전 문학 작품이 직접적으로든 간접적으로든 서구의 식민주의를 그 내용으로 하고 있으며 서구의 식민주의의 정당성을 옹호하고 있다는 것이다.

영문학의 경우를 생각해보면 영문학은 영국에서 씌어진 문학만을 의미하지는 않는다. 영문학은 기본적으로 영어로 씌어진 문학이기 때문이다. 영국이 지배했던 많은 식민지에서는 식민 지배의 결과로서 영어를 사용하게 되었고 또한 많은 작가들이 영어로 문학 작품을 쓰게 되었다. 이러한 문학 작품들도 영문학의 범주에 속한다. 정치적 의식 없이 영어를 도구로만 사용하여 문학 작품을 쓸 수도 있겠지만 많은 작가들은 영국에서 씌어진 문학 작품을 읽고 나서 그 문학 작품을 새로운 방식으로 다시 쓰기도 했다. 『제인 에어』를 읽고 나서 자신의 출생지인 서인도 제도의 여인이 제인의 방해물이 되는 미친 여자로 나오는 것을 못마땅해한 진 뤼스Jean Rhys는 『제인 에어』를 새롭게 다시 써서 『드넓은 사가소 바다 *Wide Sargasso Sea*』를 만들었다. 이 소설에서는 『제인 에어』의 미친 여자가 영국인인 로체스터의 계략적 결혼의 희생물이라고 쓰고 있다. 이와 비슷하게 콘라드의 『어둠의 속』에서 아프리카가 암흑과 야만의 세계로 묘사되는 데 문제를 삼은 치누 아 아체베Chinua Achebe는 『무너져내린다 *Things Fall Apart*』 를 통해 아프리카 사람들이 그들 나름의 문화를 가지고 있으며 이러한 문화를 서구의 제국주의 체제가 붕괴시키고 있다고 비판 한다. 이들 작가들은 영국의 식민 지배의 결과로서 영어와 영국 문학을 교육받았고 이를 바탕으로 영국과 영국의 문학에 비판 을 가하고 있기 때문에 기본적으로 영국 식민 체제의 결과물이 면서도 식민 체제에 저항하는 영문학을 만들어내고 있다. 말하 자면 영국 제국주의가 그 제국주의의 산물들로부터 비판적 도전 을 받고 있는 것이다. 살만 루시디Salman Rushdie의 표현을 빌 리면, "제국이 되받아 쓰는the empire writes back" 상황이 된 것이다.

## 2. 탈식민 이론

위와 같이 간략하게 설명한 탈식민주의 문학론이 문학 비평계 에 중요한 문제로 대두된 것은 최근의 일이다. 1980년대까지만 해도 문학 용어 사전에 탈식민주의란 항목이 나오지 않았다는 데 서도 이를 알 수 있다. 탈식민주의가 문학과 문화를 논의하는 분 야에서 중요한 논점으로 떠오른 것은 에드워드 사이드Edward Said의 『동양론 *Orientalism*』(1978) 이후이다. 그 이후 계속하여 호미 바바Homi Bhabah, 가야트리 스피박Gayatri Spivak 등이 사이드의 동양론 비판 이론을 이어받아 탈식민 이론을 구축해가 고 있다. 물론 그 이전에도 식민지 문제에 대한 정치적이고 이론 적인 논의들이 많이 있었던 것이 사실이다. 응구기 Ngugi wa

Thiong'o, 제임스C. L. R. James, 세자르Césaire, 프란츠 파농 Frantz Fanon 등 식민 지배를 받았던 지역에서 활동했던 이론가들은 식민지 문제에 대해 크게 보아 마르크시즘의 틀에서 식민 지배의 부당성과 반식민 저항의 필요성을 역설해왔다. 그러나 이들 고전적 이론가들과 사이드에서 시작되는 최근의 탈식민 이론가들 사이의 차이점은 우선 후자가 현대 프랑스 철학의 영향을 받아 이론적 정교함을 갖춘 반면 전자는 어느 정도는 경험에 근거하여 식민 지배의 비윤리성을 문제삼는 데 있다. 그러나 사이드로 시작되는 탈식민 이론이 전통적인 반식민 저항 이론과 근본적으로 다른 것은 이 이론이 구조주의와 탈구조주의로 대표되는 현대 프랑스 철학에 힘입어 서양 중심으로 세계를 보는 휴머니즘과 역사주의를 거부하고 있다는 점이다. 식민주의는 역사가 발전하거나 모든 인류가 보편적인 인간성을 회복하였을 때 극복된다는 식으로 식민주의의 문제를 지적하는 것이 아니라 식민주의는 서구와 비서구의 존재 방식 자체이며 이들의 대립 관계가 식민지 문제를 형성한다는 것이다. 여기에서 이론적으로 충분히 설명할 수 없는 이 탈식민 이론은 학문의 세계에서 새로운 담론의 장을 만들었다는 점에 있어서 또한 과거의 반식민 저항 이론과 근본적으로 다르다고 할 수 있다. 이들 이론의 의의를 일반적인 탈식민주의 문학론과 어느 정도는 이론적인 차원에서 구별할 수 있다는 점에서 많은 사람들이 앞에서 설명한 탈식민주의 문학론을 탈식민주의 문학 비평 postcolonial criticism, 그리고 사이드로부터 시작되는 새로운 학문 분야를 탈식민 이론 postcolonial theory이라고 구별하기도 한다.

탈식민 이론이라는 새로운 학문의 장을 열었다고 평가되는 사이드의 『동양론』은 서양에서의 동양에 관한 지식이 동양에 대한 직접적인 관찰의 결과가 아니라 서양을 중심에 놓고 그와 대립되는 속성을 동양의, 넓게는 아프리카와 중남미를 포함한 비서구 세계 전체의 속성으로 규정된 결과라는 것을 밝히는, 즉 서양의 동양론에 대한 분석적이며 비판적인 저술이다. 서양이 문명·질서·남성·밝음 등의 긍정적 속성을 갖는 것으로 규정된다면 동양은 야만·무질서·여성·어두움 등의 부정적 속성을 갖는 것으로 규정되며 이렇게 선과 악으로 규정되어 있는 서양의 동양에 대한 지식은 결과적으로 서양의 동양에 대한 제국주의적 침략의 정당성을 제공한다는 것이다. 푸코Michel Foucault의 담론 이론과 그람시Antonio Gramsci의 헤게모니 이론을 바탕으로 하여 서양에서의 동양에 대한 지식이 형성되는 과정을 논의하고 있는 이 저술은 서양의 동양에 대한 지식이 왜곡되어 있다는 사실 자체를 비판하고 있는 것이 아니라 서양의 정체성이 동양을 타자 the other로 규정하는 방식에 의하여 이루어진 지식 체계임을 밝히고 있다는 점이다. 사이드의 공로는 서양에서의 전통적인 동양에 관한 지식 분야에 담겨 있는 정치적·이데올로기적 동기를 드러내 밝힘으로써 서양의 식민주의적 지식 체계를 비판할 수 있는 새로운 학문 틀을 세운 데 있다고 할 수 있다.

사이드의 뒤를 이은 대표적 탈식민 이론가로 바바와 스피박을 들 수 있다. 사이드의 작업이 서구의 동양에 대한 지식 체계가 제국주의에 어떻게 기여했나를 밝혀냈다면 바바는 그러한 서양의 지식 체계 내에서 피식민지인이 제국주의 체제에 대하여 어떤 교란과 저항을 하고 있는지를, 그리고 식민주의 체제가 자체 내의 매끄럽지 못한 이질적인 요인들에 의하여 식민주의의 의도가 어떻게 실패했나를 밝혀내는 데 큰 관심을 갖고 있다. 그의 이론에서 중요한 개념들인 잡종성hybridity·양가성ambivalence·흉내내기mimicry 등은 식민 체제가 식민지 백성을 만들어내고 종속시키고 순화시키는 과정에서 식민지 백성들을 완전히 식민 체제 내로 끌어들일 수 없다는 사실을 여러 가지 식민 담론을 분석함으로써 밝혀내고 있다. 스피박은 식민 지배를 받았던 인도 출신 여성 이론가로서 자신의 정체성에 대한 의식을 중요한 출발점으로 삼으면서 식민지 여성의 문제에 큰 관심을 기울인다. 그의 대표적 논문인 「하층민도 말할 수 있는가?Can the Subaltern Speak?」에서 하층민 중에서도 최하층민이라고 할 수 있는 식민지의 여성들은 한편으로는 서구 식민 체제에 의하여 또 다른 한편으로는 식민지 내의 가부장적 남성들에 의하여 이중으로 억압받음으로써 여성들은 그들의 목소리를 내지 못하고 있다는 사실을 해체론·마르크시즘·페미니즘 등 현대 이론을 정교하게 사용하여 분석해내고 있다. 이들 세 이론가의 공통점은 과거 식민 지배를 받았던 지역의 출신이면서 현재는 서구의 지식 생산의 첨단에서 식민지 문제를 이론적으로 정교하게 논의하고 있다는 것이다. 이밖에도 흑인으로서의 정체성을 의식하며 인종 문제에 주로 관심을 갖고 논의하는 이론가로 헨리 루이스 게이츠Henry Louis Gates Jr., 하층민의 입장에서 역사를 새로 쓰는 일을 집단적 작업으로 진행시키는 하층민 연구 모임Subaltern Studies Group, 마르크시스트의 입장에서 식민 문제에 관심을 갖는 아마드Aijaz Ahmad 등은 탈식민 이론의 장에서 빼놓을 수 없는 이론가들이다.

탈식민주의 문학론과 이론을 편의상 구분하여 소개한 위의 내용은 사실은 나누어질 수 없다. 이론은 실천적 작업을 필요로 하고 또 실천은 이론에서 나오는 것이기 때문이다. 위에 언급한 탈식민 이론가들은 영문학과 또는 영문학과에 준하는 프로그램에서 교육받은 사람들이기 때문에 애초에 출발점은 문학 작품이었다고 할 수 있다. 그렇지만 이들이 문학 텍스트를 넘어선 여러 방

면의 식민적 상황을 분석과 비판의 대상으로 삼고 있기 때문에
문학 연구의 대상을 확대시키고 변화시키는 결과를 낳고 있기도
하다. 탈식민 논의는 문학 작품을 넘어서서 철학·정치학·문
화·교육 제도·육체·대중 매체·인류학 등 논의 가능한 모든
분야에서 식민주의의 작용과 이것에 대한 모순과 극복을 논의하
고 있다. 또한 탈식민주의 논의는 역사상 있었던 서구 제국의 식
민지 지배에만 관심을 제한하는 것도 아니다. 식민적 상황은 한
국가나 민족 내에서도 생긴다. 어떤 지역이나 집단이 여타 집단
을 통제하고 복속시키는 상황을 분석하고 비판하는 데도 탈식민
주의적 관심이 필요하다. 한국의 경우 서울 중심의 정치·경제·
문화는 다른 지역을 식민화하는 결과를 낳았으며 이에 대한 탈식
민주의적 비판이 필요하다. 탈식민주의는 다른 이론과도 관련을
맺으면서 그 관심 영역을 확장해나가고 있다. 특히 가부장적 사
회의 여성은 서구의 식민 역사와는 다른 방식으로 식민지인이 되
었다. 이러한 식민 문제에 대해서 페미니즘적 관심과 함께 탈식
민주의적 시선으로 분석과 비판이 이루어져야 한다. 민족 문제
역시 탈식민주의적 시선이 필요하다. 식민 지배를 경험한 민족의
경우 식민 지배를 벗어나려는 노력은 곧 민족의 정체성을 확보하
려는 노력이었던 것이다. 이외에 포스트모더니즘·정신분석학
등 다른 분야의 이론들이 탈식민주의와 관계를 맺으면서 그 지평
을 교환하고 확대시키고 있다. 이제 식민 문제를 다루는 담론의
장은 하나의 독립적인 학문 영역을 이루면서 다른 분야와 교류를
통해 논의의 지평을 확대하고 있다.

# 제2장 식 민 문 학 읽 기 서 설
## ——— 식 민 이 데 올 로 기 와 식 민 지 지 식 인



## 1. 탈식민 시대의 식민 이데올로기

요즈음 우리 문학계에서 '탈식민'이란 말이 유행처럼 번지고 있다. 물론 이러한 현상은 서구 문학 내지 문화 이론의 영향이다. '탈식민주의'란 이제 페미니즘이나 마르크시즘과 같이 학문의 한 분야로서 독립된 체계를 갖는 듯하다. 신나는 일이다. 16세기 이래 비서구 세계를 정치·경제·문화·이데올로기 면에서 지배하고 있던 식민주의 내지 제국주의가 종말을 고하고 있다는 얘기인 듯하기 때문이다. 아프리카·중남미·중동·동서남 아시아에서 있었던 몇백 년의 식민 체제의 지배가 종식됐다는 의미에서 환영할 만한 이야기이다. 또한 우리로서도 동양의 외양을 가진 사실상의 서구 식민주의의 한 축이었던 일본 제국주의를 경험했기에 이러한 새로운 역사 전개는 반갑게 받아들일 만하다. 탈식민 역사, 탈식민 문학, 탈식민 문화 등의 용어가 자연스럽게 받아들여지는 상황인 것이다. 서구에서 교육받은 층에 의하여 소개되고 논의되는 이러한 '탈식민주의'에 대해 서양 문학을 전공한 필자 역시 이러한 '주의'에 동조함이 마땅할 듯하다. 그러나 현실 역사는 '탈식민' 역사가 아니라는 것이 필자의 생각이다.

제2차 세계 대전을 분기점으로 하여 서구의 식민 지배를 받았던 아프리카와 아시아에서 많은 독립 국가가 출현하였다. 그래서 '탈식민' 시대라는 말이 어울릴 법도 하지만 그러한 '독립 국가'

들이 서구의 지배에서 벗어났다고 믿는다면 잘못이다. 왜냐하면 서구 세력이 과거의 식민지에서 그들의 군대와 경찰 관료 체제 등의 식민 통치 기구를 철수시킬 때에는 그들의 대체 세력으로서 식민 체제를 간접적으로 유지시킬 수 있는 집단을 권력의 중심부에 정착시키고 난 다음의 일이기 때문이다. 독립 운동 세력이 권력을 장악했다 해도 상황은 달라지지 않는다. 그들은 이미 서구 중심적 식민지 교육을 받고 서구 식민 세력과 어느 정도 타협하여 권력을 승계하였기 때문에 정치적·경제적 의미에서 가시적으로 물러난 서구 식민 세력과 계속하여 식민 관계를 유지하고 있기 때문이다.

달라진 것은, 식민 문학비평가 압둘 잔모하메드가 지적했듯이, 단지 식민 지배의 양상일 뿐이다. 안토니오 그람시가 논의하는 시민사회와 국가를, 즉 자발적 순응을 유도하는 이데올로기 체제와 억압 기구를 사용하는 폭력적 통치 체제를, 식민 지배 체제에 적용하여 잔모하메드는 공식적 독립 이전에 있었던 통제적 양상의 식민 체제와 독립 이후 신식민 시대에 있는 헤게모니적 식민 체제로 식민 지배의 양상을 구분한다.[1] 그에 의하면 소위 식민 시대에는 폭력적 억압 기구인 식민 군대나 경찰, 관료 제도 등의 통치 기구를 사용하여 식민지 신민을 지배하는 반면 현대의 신식민 체제는 서구의 가치를 긍정적으로 받아들이게 만듦으로써 서구 제국주의 세계와 비서구 피식민 사회는 계속하여 지배와 피지배 관계에 있게 된다는 것이다.

잔모하메드의 주장은 현재의 수많은 제3세계 국가에서 과거에 폭력을 행사했던 서구 제국주의의 경찰과 군대가 상당 부분 철수

---

1 Abdul JanMohamed, "The Economy of Manichean Allegory: The Function of Racial Difference in Colonialist Literature," Henry Louis Gates Jr. ed., 'Race,' *Writing, and Difference*(Chicago: University of Chicago Press, 1986), pp. 80~81.

했다는 점에서 어느 정도는 타당성을 갖는다. 그러나 식민 시대에 경찰과 군대라는 폭력 기구에 의해 식민 체제가 유지되었다는 주장은 설득력이 없다. 왜냐하면 식민 통치가 폭력적 억압에 의해 이루어졌다면 원주민들의 식민 체제에 대한 저항은 역사 현실보다 훨씬 더 적극적이고 광범위하게 진행되었을 것이고 그만큼 직접적인 식민 통치 기간이 짧아졌을 것이기 때문이다. 식민 체제는 크게 보아서 독립 국가의 출현 이전이든 그 이후든 비서구 세계의 서구 세계의 가치에 대한 순응 내지 적극적인 호응에 힘입은 것이다. 물론 원주민의 전통적인 가치 체계가 붕괴되기 이전의 식민 역사 초기에는 군대와 경찰 등의 물리적 정복과 폭력적 통치 기구가 중요한 역할을 했다. 그러나 일정 기간이 지나서 원주민의 전통적 가치 체계가 정치적·경제적으로 우월한 식민 체제의 가치에 의해 대체된 후에는 잔모하메드가 말하는 통제적 양상보다는 헤게모니적 양상이 더 중요한 통치 방식이 되었다. 심지어 식민지 개척의 초기 단계에서조차 제국주의 침략의 전초병들이, 예를 들어 전도사나 순교를 각오한 신부들이, 서구의 가치를 적극적으로 원주민 사회에 전파했음을 염두에 둔다면 식민 지배의 양상은 크게 보아 원주민에 대한 서구의 이데올로기적 조작과 지배임을 알 수 있다. 따라서 서구 식민 체제와 우리의 관계에서 식민 저항을 염두에 둔다면 식민 저항이란 식민 체제의 가치를 비판하는 차원에서, 즉 이데올로기적 차원에서, 시작해야 한다고 할 수 있다. 지금도 계속되는 미국의 제3세계 국가에 대한 군사적 개입을 살펴보면, 물론 획일적으로 설명할 수는 없지만, 제3세계에서의 이데올로기적 차원의 반식민 저항의 성공을 역설적으로 입증할 수 있다. 왜냐하면 서구 강대국의 제3세계에 대한 무력 침공은 제3세계 내의 민족주의의 발흥으로 인해 서구의 이데올로기적 조작이 실패하고 있을 때 이루어지기 때문이다. 비폭력적 이데올로기가 원주민들의 적극적인 서구 체계의 순응을 유도함으로써 서구의 지배를 숨기는 것이라면 무력 침공은 서구의 비서구 세계에 대한 지배/피지배 관계를 극명하게 드러내놓기 때문이다. 그러나 식민 체제의 모순이 노골적으로 드러나는 것은 흔히 있는 일이 아니다. 문학 작품을 비롯한 영화, 텔레비전 프로그램 등 문화적 생산물은 식민 모순을 숨기는 이데올로기적 실천을 행하는 대표적인 경우이기 때문에 이러한 작품을 식민 저항의 입장에서 읽고 볼 때에 비로소 그러한 이데올로기적 작용이 드러나는 것이다.

## 2. 식민 이데올로기와 서구 문학

식민 이데올로기의 실천은 다양한 방면에서 다양한 차원으로 이루어지고 있다. 가장 근본적이고 대표적인 기관은 대학의 외국 문학 학과이다. 대학이라는 제도적 특권을 향유하면서 외국 문학을 가르치고 연구하는 교수와 학생들은 가장 먼저 외국 문학 작품을 받아들인 후 그러한 작품에 내재되어 있는 서구 중심 이데올로기를 '교양' 또는 '서양 고전 문학'이라는 이름으로 자연스럽게 전파하고 있다. 서구 문학이 행하는 제국주의 옹호의 이데올로기적 효과는 서구인과 식민인 모두에 적용되었다. 식민지 본국인인 서구인에게 있어 서구 문학은 비서구 세계를 다룰 때 비서구 세계의 야만인을 문명의 빛으로 교화할 책임이 있음을 주지시킴으로써 제국주의의 팽창에 적극적인 지지를 보냈다. 한편 비서구인들은 서구 제국주의가 자신들을 문명의 세계로 이끌고 있다는 믿음과 함께 서구의 지배를 받아들일 만한 것으로 믿고 있었다. 예를 들어 과학의 발전과 산업화로 인한 인간성의 위기를 주

제로 삼은 테니슨Alfred Tennyson의 시를 살펴보면 시인이 제국
주의와 아주 밀접히 연관되어 있음을 알 수 있다.

> 짐의 아들과 그 후손들이
> 짐이 쌓아올린 찬란한 업적의 초석 하나하나를
> 허물고 있음을 보고 있노라면,
> 그리고 그 폐허로부터 짐이 통치하기 전에 있었던
> 짓밟힌 수백만의 비명과 저주를 또 듣고 있노라면,
> 그러나 짐이 신음하는 동안에, 태양이 잠기는 서쪽에서
> 낯선 종족이 몰려와 초석 하나하나를 바로 세워놓으니,
> 진리, 평화, 사랑, 정의가 도래하고 이곳에 자리잡는구나.
>
> ──「아크바의 꿈」에서

이 시에서 테니슨은 인도 대륙을 점령하여 모굴 제국을 건설한
아크바 제왕의 입을 빌려서 인도를 지배하고 있던 모굴 제국의
찬란한 업적이 후손들의 실정 때문에 폐허가 되고 백성들의 삶이
파탄에 이르렀음에도 영국 제국주의는 아크바 제왕의 원래의 꿈
을 복원시켜서 평화의 낙원을 이루고 있다고 주장한다. 이 시는
계속하여, "과부를 불태워 죽이는 화염"과 "아이라 해야 할 나이
의 아낙네가 울부짖는" 인도 대륙에서 이러한 악습을 일소하는
영국 제국주의야말로 과거 페르시아 제국이 못다 이룬 문명화의
사명을 제대로 완수하고 있다고 주장한다. 즉 테니슨은 이 시에
서 영국 제국주의의 인도 지배를 정당화하고 있다. 열정과 사랑,
참된 여성 등의 문제를 다루고 있는 듯한 샬럿 브론테의『제인 에
어』에서도 가야트리 스피박 같은 비평가는 제인의 영혼의 형성
과정이 영국 제국주의의 문명화의 사명을 옹호하기 위한 주제임
을 찾아 밝혀내고 있다.[2]

서구 문학의 이데올로기적 기능은 문명화의 사명을 역설하는 문학 작품에만 해당되는 것이 아니다. 노골적으로 비서구 세계를 야만시하는 아동 문학에서부터 동서양의 긍정적인 만남을 모색하는 어느 정도는 비서구 세계에 대한 이해를 바탕으로 한 성인 문학의 경우까지 다양한 모습으로 나타난다. 『검은 피부와 하얀 가면』에서 프란츠 파농은 비서구 어린이의 독서 경험에 대하여 흥미있는 관찰을 하고 있다. 파농은 흑인 어린이들이 서구에서 만들어진 모험 이야기를 읽을 때 이야기의 주인공이 무찔러야 하는 검은색의 세계와 자신들을 같은 편으로 보는 것이 아니라 백인 주인공들의 세계를 자신들의 세계로 받아들인다는 것이다. 이러한 독서 경험으로 말미암아 그들 스스로가 백인의 의식 세계와 동일한 의식을 갖고 성장한 흑인 어린이들이 나중에 백인들의 세계는 사실상 자신들의 세계가 아님을 현실에서 자각할 때 갈등이 생긴다는 것이다. 그는 아프리카에서 서구의 모험 이야기를 읽으면서 자란 흑인이 유럽 세계에 갔을 때 그전에는 의식하지 못했던 열등 의식을 비로소 갖는 것에 주목했다. 그에 의하면 흑인들은 백인들과 직접 대면함으로써만 그들 스스로가 열등한 흑인임을 자각하게 된다는 것이다.[3] 그가 원래 열등하다는 것이 아니라 백인인 것같이 사고하면서 성장한 흑인이 자신의 진정한 정체를 확인할 때 열등 의식이 생긴다는 것이 파농의 지적이다. 이러한 의미에서의 열등 의식이야말로 문학 작품이 비서구 세계에 부여하는 이데올로기적 작용이며 그 결과이다. 우리가 글을 읽을 수 있게 되면서부터 재미를 갖게 되는 이야기 책들 대부분이 모험



제2장 식민 문학 읽기 소설

---

**2** Gayatri Chakravorty Spivak, "Three Women's Texts and a Critique of Imperialism," Henry Louis Gates Jr. ed., *'Race,' Writing, and Difference*(Chicago: University of Chicago Press, 1986), pp. 262~80.

**3** Frantz Fanon(Charles Lam Markmann tr.), *Black Skin, White Masks*(New York: Grove Weidenfeld, 1967), p. 149.

이야기였으며 그러한 모험 이야기의 대부분은 백인 소년이 밀림을 개척하는 이야기이고 그곳에서 만나는 악의 무리는 흑인이거나 검은색으로 대표되는 세계이다.

우리의 경우는 좀 다르다고 주장할 수도 있다. 우리는 적어도 피부색이 검지는 않기 때문이다. 그러나 역사 현실에서 정치 및 이데올로기 차원에서 서구의 지배와 우리의 피지배라는 관계에서 보았을 때에는 우리의 독서 경험에서 우리가 백인 주인공과 동일시했다는 것은 흑인 어린이의 모순된 자기 동일시의 경험과 별 다를 바가 없다. 비판적 분석 이전의 문학 작품에 대한 초보적 독서는 주인공의 세계와 이를 이데올로기적으로 구성하는 작가의 세계를 독자 자신의 세계로 받아들이게 한다. 이 결과 독자는 백인/흑인, 선/악, 문명/야만, 우수/열등 등의 이분법적으로 구성되는 모험 이야기에서 자기 정체를 긍정적 세계인 백인의 세계와 동일시하는 것이다. 성인이 된 우리는 더 이상 어린이들이 읽는 모험소설이나 만화영화에 흥미를 갖지 않는다고 해서 문제가 해결되는 것은 아니다(물론 아동 문학의 식민 이데올로기 주입 기능에 대한 인식과 비판, 그리고 아동 문학 교육의 방법에 대한 고찰은 시급하다. 어린아이들에게 인기있는 디즈니 만화영화『인어공주』에서 역시 악의 세계는 흑인을 시사하는 인물로 대표된다). 성인이 읽는, 대개 외국 문학을 전공하는 사람들이 읽고 소개하는, 문학 작품의 경우에는 좀더 세련된 모습으로 서구 중심의 이데올로기를 우리에게 공급하고 있다. 흔히 인간과 자연의 문제로 대학의 강의실에서 논의되고 있는 셰익스피어의『폭풍우』의 경우에도 식민 역사적 맥락에서 본다면 서구의 식민지 개척과 피식민인의 교화 문제를 다루고 있음을 알 수 있다.[4] 찰스 디킨스Charles

---

[4] 한국에서 이 작품을 식민 문제의 시각으로 해설한 글로는 김성곤, 「탈식민주의적 책읽기와 영문학 연구」, 『외국문학』11권 1호(1994년 봄)를 들 수 있다.

Dickens의 『굉장한 유산 *Great Expectations*』 역시 언뜻 보기에 식민 문제와 무관한 듯하지만 사실 신사라는 것이 식민지에서 또는 외국과 열심히 장사해서 돈을 번 사람이라는 19세기 중엽의 새로운 신사 개념을 시사하는 소설이다(인간성이나 사랑의 회복을 이 소설의 주제로 보는 것은 일면적이고 순진한 해석이다). 식민 이데올로기를 강요한다고 해서 우리가 서양과 맺은 관계를 단절해야 한다거나 서양 문학을 읽지 말아야 한다는 주장은 있을 수 없다. 따라서 우리가 생각해야 할 점은 식민 이데올로기를 강요하는 서양 식민 담론 내지 문학을 어떻게 읽을 것인가 하는 문제이다.

## 3. 마르크스의 역사주의를 넘어서: 마르크스의 식민 사관 비판

식민 담론—문학 작품은 그 중 대표적인 것이다—을 식민 저항의 관점으로 읽는다면 알튀세르 Louis Althusser의 이데올로기론이 도움이 될 수 있다. 왜냐하면 식민 담론은 이데올로기적 생산물이며 식민 이데올로기 장치이기 때문이다. 알튀세르에게서 특히 도움을 받을 수 있는 것은 그가 이데올로기를 지배 계급이 현재 상태의 지배 관계를 재생산하는 장치로 보기도 하지만 또한 이데올로기가 생산되는 현장이 지배 이데올로기에 저항하는 현장이 된다는 것을 밝히고 있기 때문이다.[5] 이것은 개인들이 항상 지배 이데올로기에 순응하는 것만은 아니라는 것이다. 어떤 사회의 지배 계층이 피지배 계층을 착취하는 계급 투쟁은 우선은

---



**5** "이데올로기적 국가 장치는 〔지배 계급의 편에서 볼 때〕 계급 투쟁의 **버팀대**이기도 하지만 〔피지배 계급의 편에서 볼 때〕 계급 투쟁의 **현장**이 되기도 한다" Louis Althusser, Ben Brewster tr., *Lenin and Philosophy and Other Essays*(New York: Monthly Review, 1971), p. 147.

이데올로기의 형태, 즉 말 잘 듣는 종속체를 계속하여 생산해내는 이데올로기의 장치를 통해서 이루어진다. 그러나 어떤 개인들은 이러한 지배 이데올로기 장치의 작용에도 불구하고 그 지배 이데올로기에서 벗어나려고 한다. 즉 말 안 듣는 '소수 불순분자'가 있는 것이다. 물론 이들은 그들이 존재하는 실제 상황에 대하여 스스로를 '비판자' '혁명가' '정의의 편에 선 자' 등이라는 상상적 관계로 자신을 재현한다. 물론 이들이 갖는 이데올로기가 그 사회의 지배 이데올로기와 같은 무게를 갖는 것은 아니다. 이들은 소수이며 어떤 사회가 갖는 경제적 · 사회적 · 이데올로기적 재생산 구조를 위협할 만큼은 아니다. 그러나 이러한 말 안 듣는 문제아들은 지배 계급의 지배 이데올로기에 도전하는 이데올로기를 갖고 있으며 지배 이데올로기가 재생산되는 현장에서 그 이데올로기와 경쟁하는 이데올로기를 생산해내며 지배 이데올로기의 재생산 구조에 방해를 가한다. 소수의 학교 선생들이 그러한 예의 하나인데, 이들은 지배 이데올로기의 생산 현장에서 그들에게 주어진 장비를 — 교실 · 교재 · 학생 등 — 거꾸로 이용하여 지배 이데올로기에 저항하는 이데올로기를 만들어낸다. 지배 이데올로기가 생산되는 현장이야말로 바로 지배 이데올로기와 저항 이데올로기가 경쟁하는 장이 되는 것이다. 식민 담론이 주입하려 하는 식민 이데올로기에 저항하는 것이 바로 알튀세르가 말하는 지배 이데올로기에 거부하는 자의 역할, 즉 소수 학교 선생님들이 하고 있는 일인 것이다. 역사적으로 본다면 마르크스Karl Marx야말로 지배적인 부르주아 지배 이데올로기에 맞서 그 이데올로기의 작용을 드러냈던 대표적인 인물이다. 여기에서는 마르크스의 식민 문제를 살핌으로써, 그리고 이어서 에드워드 사이드의 식민 이데올로기 비판을 봄으로써 우리의 식민 저항을 생각해보고자 한다.

마르크스가 논의하는 식민지 문제[6]는 영국과 아일랜드의 관계와 같은 식민 본국의 근접 주변부 식민지 문제와 영국과 인도의 관계와 같은 서구 세계와 비서구 세계의 식민 문제를 들 수 있다. 마르크스에 의하면 아일랜드와 영국의 관계와 인도와 영국의 관계는 식민 체제의 피식민지에 대한 정치적·경제적 효과 면에서 정반대이다. 아일랜드의 경우 영국의 지배는 식량 공급지로서의 아일랜드를 유지하기 위하여 아일랜드의 농경 중심의 봉건사회가 자본주의적 산업사회로 발전하는 것을 방해하고 있다는 것이다(이에 대한 논의는 종속 이론 등의 경제 발전론에서 다루는 대표적인 경우이기에 여기에서는 논의하지 않겠다). 우리의 관심을 끄는 마르크스의 식민지 문제 논의는 인도와 같은 경우이다. 왜냐하면 인도 식민지 문제를 다루면서 마르크스는 궁극적으로 식민 체제를 옹호하고 있기 때문이다.

마르크스는 영국이 지배하는 인도를 논하면서 영국의 식민 지배가 인도 사회에 대해 부정적인 면과 긍정적인 면을 동시에 가지고 있다고 한다. 부정적인 면은 자본주의 체제의 팽창된 모습으로서 제국주의가 갖는 착취이다. 이 경우 영국 제국주의는 피식민 사회의 공공 복리나 미래에 대한 준비를 전혀 고려하지 않고 원주민의 노동과 원자재를 착취한다. 영국의 인도 식민지 경영이 마르크스가 주장하는 바와 같이 피식민지에 대한 어떠한 긍

---

[6] 마르크스의 식민지론은 단편적이며 체계적이지 못한 면이 많다. 이는 신문 기고나 편지 형식의 짧은 글들을 통하여 당대의 식민지 문제에 대한 시론 형식을 취하고 있기 때문이기도 하지만 더 본질적으로는 식민지 문제를 그가 이해한 자본주의 체계의 연장선상에서 파악하고 있기 때문이다. 사실 식민지 문제는 자본주의와 관련이 깊으면서도 자본주의 생산양식의 한 부분으로는 충분히 설명할 수 없다. 예를 들어 식민지 문제를 다룰 때 필연적으로 다루게 되는 민족 문제는 자본주의의 기본 구조인 자본과 노동 문제의 연장선상에서는 충분히 설명할 수 없다. 여기의 마르크스의 식민론의 핵심은 '영국의 인도 지배'와 '영국의 인도 지배의 장래 결과'에 주로 개진되어 있다. 한글판으로 마르크스·엥겔스, 주익종 옮김, 『식민지론』(녹두, 1989)이 있다.

정적 정책도 없이 착취로 일관했다는 것은 역사적 사실과는 거리가 있다. 그러나 여기에서 문제되는 것은 마르크스가 영국 제국주의의 인도에 대한 긍정적 효과를 말하는 점이다. 마르크스는 영인도 식민 시대 이전의 인도 사회가 고대의 노예제 생산양식과 중세의 봉건적 생산양식의 중간쯤 되는 아시아적 생산양식이 유지되는 역사 발전 단계에 있다고 본다. 아시아적 생산양식이란 중세적 촌락 공동체의 경제 활동을 영위하면서도 서양 중세의 영주가 사유 재산을 소유하고 있는 것과는 달리 중앙 국가가 토지를 소유하여 세금의 형태로 생산에 종사하는 층을 착취하는 것이다. 사유 재산 제도가 존재하지 않는 인도의 상황은 서양 중세 봉건사회에서 자본주의 사회로 발전하게 하는 데 필수적이었던 부르주아적 사유 재산의 형태로 봉건 영지가 변하는 것이 원천적으로 봉쇄된 상태이다. 말하자면 부르주아가 그들이 소유하게 된 영지의 재구성으로 농노 출신 자유민들의 전통적 봉건 영지로부터의 축출과 여기에서 나타나게 되는 임금 노동자로서 도시로 유입하는 것이 불가능하게 되었다는 것이다.[7] 마르크스의 주장은 이러한 정체된 아시아적 생산양식이 지배하는 인도의 전통적 경제 공동체를 영국의 식민 체제가 사유 재산 제도의 정착을 통하여 붕괴시킴으로써 인도 사회가 자본주의 사회로 발전할 수 있는 기초를 마련하였다는 것이다. 이와 더불어 영국의 인도 지배를 원활히 하기 위해 구축했던 철도망과 원주민의 서구식 교육, 전신, 인도 군대의 영국식 훈련 등은 적당한 반식민 민족 해방 전쟁의 시기가 도래하였을 때 해방 운동의 결정적 견인차 역할을 행할 수 있기 때문에 궁극적인 의미에서 영국의 식민 체제가 인도의 역사 발전에 기여했다고 주장하는 것이다.

---

[7] 페리 앤더슨은 아시아적 생산양식이란 독립된 생산양식은 역사에 있지 않았다고 주장한다. Perry Anderson, *Lineages of the Absolutist State*(London: Verso, 1974), p. 548.

마르크스의 주장은 어느 정도는 설득력이 있다. 인도의 경우 철저한 신분 제도와 고대적인 자급자족적 촌락 공동체를 유지하는 한 경제적 · 사회적 · 문화적 변동은 불가능하였다. 더구나 힌두 또는 모슬렘 지배 계층에 의한 문화와 권력의 독점으로 말미암아—힌두 지배층의 신분 제도와 이를 확고하게 하는 여러 신화와 종교적 관습을 이용한 이데올로기적 · 경제적 억압은 가증스러울 정도였다—피지배층의 삶은 서구에서의 부르주아 혁명 이후의 피지배층의 삶과는 비교할 수도 없었다. 이런 조건에서 제국주의의 문명화의 사명을 이루려는 여러 과업들, 예를 들어 인도의 전통적 신분 제도를 타파하려 했던 기독교 복음의 전파와 식민지 경영의 효율성을 높이려는 의도에서 행해졌던 피식민인 교육, 미망인을 남편의 장례 의식 때 같이 불에 태워 죽이는 사티 의식을 금지하는 등의 개혁 조치는 일단은 긍정적으로 평가되어야 한다. 이러한 조치로 나타난 영인도 사회는 인도의 전통적 피지배층의 관점에서는 분명히 경제적 · 사회적 조건으로나 궁극적으로 이룩할 역사 발전의 관점으로나 전통적 인도 사회보다는 나은 것이었다. 또한 인도의 독립 운동의 관점에서 볼 때 식민 체제가 가설한 철도와 전신망에 의한 인도 대륙의 통합, 인도 용병의 신식 훈련과 무기 사용법, 군대 조직, 평민 교육 등은 궁극적으로 영국 식민 체제가 그들을 위하여 마련한 여러 통제 수단을 인도인이 거꾸로 이용할 가능성을 열고 있었다. 이러한 통제 수단은 인도인에게는 궁극적으로 식민 체제를 넘어서 새로운 인도 국가를 건설할 수단이 되었던 것이다.

그러나 마르크스의 주장대로 우리가 현재 상태이든 궁극적이든 식민 체제를 긍정적인 것으로 받아들일 수는 없다. 역사의 발전을 믿는 마르크스주의자라면 마르크스가 주장하는 아시아적 생산양식의 자본주의적 생산양식에 의한 대체, 그리고 궁극적인 사회주의 혁명에 대한 기대 때문에 마르크스의 주장을 옳다고 생각할 것이다. 그러나 반식민적 입장에서 식민 체제를 논의할 때에는 마르크스의 역사관 자체에, 그리고 마르크스가 이해하는 식민 체제에 의문을 제기해야 한다. 마르크스의 진보적 역사관에 의문을 제기하려 할 때 필자는 보수적 역사관, 즉 마르크스가 비판하는 인도의 황금 시대의 신화를 거꾸로 옹호하지는 않는다. 왜냐하면 우선 인도에는 역사의 황금 시대가 없었기 때문이다. 인도의 보수적 민족주의자들은 영국의 식민 체제에 반대하여 전통적인 힌두 사회를 복원하는 것이 인도의 황금 시대를 되살리는 것이라고 주장해왔다. 그러나 엄격한 카스트 제도 아래서 종교적 환상을 갖고 살아가는, 겉으로 보기에만 평화로운 촌락 공동체가 바람직한 사회라고 생각할 수는 없다.

마르크스의 역사관에서 문제되는 것은 그것이 서구의 영속적인 비서구 세계의 지배를 합리화할 수 있다는 점이다. 그러나 필자의 문제 제기가 마르크스가 에드워드 사이드가 말한 '동양론자'이기 때문은 아니다. 사이드는 마르크스가 서구의 봉건제 생산양식과는 다른 아시아적 생산양식을 논하고 있기 때문에 여타 동양론자와 마찬가지로 '동양'과 '서양'을 이분법으로 나누어 추상화시키는 식민 담론의 영역에서 예외가 아닌 동양론자라고 비난하고 있다.[8] 그러나 마르크스가 아시아적 생산양식을 논하는 이유는 앞에서 말한 바와 같이 역사 발전의 한 단계를, 즉 비서구 세계의 후진 단계를 말하고자 하기 때문이다. 사이드의 동양론 비판은 역사 발전의 앞선 단계와 뒤처진 단계에 그 출발점이 있는 것이 아니라 '영원히'라고 말할 수 있는 근본적인 존재론적 · 인식론적 동서양의 다름을 설정하는 논리에 대한 비판이기에 마

---

8 Edward W. Said, *Orientalism*(New York : Vintage Books, 1978), p. 155.

르크스의 역사관에 적용할 수는 없다.

마르크스는 역사를 노예제 생산양식에서 봉건적 생산양식으로, 그리고 다시 자본주의적 생산양식으로라는 식으로 일종의 직선적인 역사 발전 과정을 거치며 진보하는 것이라고 믿고 있다. 따라서 인도의 아시아적 생산양식이 영국 제국주의의 자본주의적 생산양식으로 변환 편입되는 것은 인도가 전세계 자본주의 체제로 편입되는 것으로, 따라서 혁명의 과정을 거쳐 나타나게 될 사회주의적 생산양식의 과정을 거쳐 궁극적인 공산주의 사회로 발전하고 있다는 주장이다. 문제는 이러한 역사관을 받아들일 때에는 역사 발전 과정에서 뒤처져 있는 비서구 세계는 끊임없이 서구 세계의 발전 과정을 답습하는 것이 당연하다는 얘기가 된다. 말하자면 비서구 세계의 서구 세계에 대한 종속적 편입이 정당하다는 주장이다. 사실 전세계 자본주의화와 궁극적인 공산주의화가 역사의 발전이라고 볼 때에는 자본주의 세계에 대한 비서구 세계의 편입을 긍정적으로 볼 수도 있다. 그러나 문제는 이런 관점일 때에는 식민 체제에 의해 행해지는 당대 현실의 억압 및 착취가 용인될 수 있다는 주장이 나오는 데 있다. 진보의 역사관은 벤야민[9]이 지적한 바와 같이 희망찬 미래의 약속을 피억압층에게 제시함으로써 미래 세대를 위한 구원자의 역할을 강요하고 따라서 현실의 고통은 참을 만하다고 가르친다. 이 경우 식민 체제 아래서 고통을 겪는 피식민인은 현재 상태의 예속을 받아들이고 심지어 마르크스가 기대하는 해방 전쟁도 제기할 수 없게 되는 것이다. 더 나아가 마르크스의 식민 역사관의 연장인 레닌의 제국주의론 역시 문제적이다. 여기에서 레닌은 제국주의를 자본주의의 마지막 단계로 보고 곧 종식될 단계라고 주장하고 있다.

---

**9** Walter Benjamin(Harry Zohn tr.), "Theses on the Philosophy of History," *Illuminations*(New York: Schocken, 1969), p. 260.

그러나 제국주의 체제는 레닌이 기대하는 바와는 달리 현재도 지속되고 있는 체제이며 마르크스나 레닌이 기대하는 자본주의 체제 또는 제국주의 체제의 붕괴는 요원하며 사회주의 생산양식으로의 전이는 별 가능성이 없어 보인다. 문제는 현상태가 식민 상태라는 것이며 식민 저항은 현상태에 대한 저항이어야 하는 것이다. 다시 벤야민의 말을 빌려오면 역사는 정지된 "지금 현재"[10]의 순간들로 채워져 있으며 따라서 혁명은 지금 현재의 문제를 해결하기 위한 시도인 것이다.

마르크스의 식민론에서 또 다른 문제점으로 그가 식민 체제의 운용 방식을 제대로 이해하지 못했음을 들 수 있다. 마르크스는 영국 식민 체제가 인도에서 이중의 사명을 가지고 있다고 한다. 즉 낡은 아시아 사회를 파기하는 것과 서구의 물질적 토대를 인도에 구축하는 사명으로 이 두 사명을 통하여 영국 식민 체제는 "의식하지 않으면서도 역사의 도구"[11]가 된다는 것이다. 영국 식민 체제가 인도를 자본주의 체제로 편입시킴으로써 역사 발전에 기여한다는 주장은 역사 현실상의 인도를 되돌아본다면 거리가 있는 주장이다. 1857년 세포이의 항쟁과 그후의 영인도 정책의 변화에서 마르크스의 오류를 볼 수 있다. 이는 물론 마르크스가 1857년 세포이의 항쟁이 미친 영인도 정책의 변화를 제대로 관찰할 수 있는 역사적 위치에 있지 않았기 때문이다. 1857년 이전의 인도는 상당한 정도 마르크스가 관찰한 바대로 동인도 회사에 의해 경제적·사회적·문화적으로 새로운 부르주아 자본주의 체제로 편입되는 중이었다. 그러나 1857년 이후 영국 왕이 직접 영인

---

**10** *Ibid.*, p. 261.

**11** Karl Marx(Shlomo Avineri ed.), *On Colonialism and Modernization: His Despatches and Other Writings on China, India, Mexico, the Middle East and North Africa*(Garden City: Anchor Books, 1969), p. 94.

도를 통치하는 형식을 취하면서 영국은 사실상 인도에서 자본주의적이고 부르주아적인 정치·경제·사회·문화·제도의 개혁을 중단해버렸다. 이는 1857년 세포이의 항쟁이 급속한 인도 사회의 변화에 대한 전통적 인도 기득 계층의 반발 때문에 생겼다는 인식에 기인한다. 이후 영인도 식민 체제는 인도를 자본주의 체제로 변용시키기보다는 전통적 기득 계층의 기득권을 인정하면서 그들과 야합하여 식민지 자원과 노동력을 착취하였다. 1857년 당시 영인도에 합병되지 않았던 인도 봉건 제후 국가는 (인도 대륙은 중앙 정부가 있음에도 불구하고 독립된 제후 국가 또는 촌락으로 이루어져 있었다) 그 이후 합병되지 않은 상태에서 영인도 식민 체제와 협력하게 되었다. 따라서 이러한 제후 국가의 정치·경제·사회·문화 구조는 식민 자본주의 체제의 영향을 직접적으로 받지 않은 채 1947년 인도 대륙의 독립 때까지 유지되었던 것이다. 여기에서 보듯이 식민 체제는 자본주의 생산양식에 의한 봉건적 또는 아시아적 생산양식의 대체의 문제가 아니라 식민 통치의 지속이, 그리고 이로 인한 식민지의 경제적 이용이나 착취가 주요 목적이었던 것이다. 이렇기 때문에 애초에 영국의 식민 체제 때문에 아일랜드와 인도에서의 역사 발전의 방향이 반대가 되었다는 마르크스의 관찰은 의미가 없다. 아일랜드에서 반봉건적 농경 사회가 영국 제국주의에 의해 자본주의 단계로 발전하는 것을 영국의 필요에 의해 막아놓았듯이 1857년 이후의 영인도 역시 손쉬운 식민 통치를 위해 인도에서의 역사 발전이 방해받았던 것이다. 결국 식민 체제는 역사 발전의 문제가 아니라 예속국으로서의 경제적 착취가 문제이다. 그 예속 국가가 역사 발전 양식에 따라 발전하는지 또는 그 발전이 방해받는지는 그리 중요한 문제가 아닌 것이다.

## 4. 사이드의 동양론 비판

식민주의를 비판하는 전통적인 이론적 틀로 마르크시즘을 든다
면[12] 1980년대 이후의 식민주의 비판의 이론적 틀로 에드워드 사
이드를 선두로 한 식민주의 담론 비판을 들 수 있다. 사이드가 구
축해놓은 식민 담론 비판의 틀을 상당한 정도 따르고 있는 대표
적 이론가로 가야트리 스피박, 호미 바바, 압둘 잔모하메드 등을
들 수 있다. 소위 '탈식민주의' 담론의 대부분은 이러한 문제틀을
추종한다고 볼 수 있다. 여기에서는 사이드의 『동양론』을 중심으
로 이러한 식민 담론 비판을 논의하겠다. 이 짧은 글이 지금 영미
에서 행해지는 식민 담론 논의를 충분히 개진하지 못함은 물론이
고 사이드의 다양한, 종종 서로 모순되는, 식민 담론 비판을 다
논의하고 있지도 않다. 여기에서는 지금의 식민 담론 비판을 마
르크시즘과는 다른 영역에서 새로 열어놓았다고 일컬어지는 『동
양론』[13]에서 행하는 그의 동양론 비판을 간략하게 논의하겠다.

---

**12** 마르크스의 역사관에 대한 필자의 비판이 마르크시즘 전반에 대한 비판으로 받아들여
지지 않았으면 한다. 마르크스 개인은 그의 목적론적 세계관으로 말미암아 식민주의가 역
사 발전에 기여했다는 입장이었다. 그러나 마르크시즘의 틀이 역사주의만도 아니고 이러
한 입장을 항상 견지한 것도 아니다. 필자는 오히려 마르크스가 개진한 여타의 틀들이, 예
를 들어 계급 투쟁, 생산관계, 하부구조와 상부구조의 관계, 모순 등에 관한 그의 논의가,
식민지 문제를 분석하는 틀로 변용하여 사용된다면 식민 저항의 성공을 속단하는 소위
'탈식민주의' 이론가들보다 훨씬 유용할 것이라고 생각한다.

**13** Edward W. Said, *Orientalism*(New York : Vintage Books, 1978). 한글판으로 박홍
규 옮김, 『오리엔탈리즘』(교보문고, 1991)이 있다. 필자는 박교수가 'Orientalism'을 그대
로 '오리엔탈리즘'으로 옮겨 불만이다. Orientalism의 사전적 정의는 'the study on the
orient' 즉 '동양학'이다. 현재는 영어권에서 Orientalism이란 말을 거의 사용하지 않지만
19세기에는 이 말이 보편적으로 사용되었다. 여기에서 'the study on the orient'에서
study는 현재 일반적으로 쓰이는 학문 체계뿐만 아니라 소설이나 시 등의 문학 작품을 비
롯하여 여행기나 수필 등을 포함한 광범위한 동양에 대한 진술을 말한다. 우리말로는 '논
(論)' 정도에 해당하는 말이다. 지금은 Orientalism이란 말 대신에 Asian Studies란 말이
일반적으로 쓰이고 있다. 또한 우리는 '서양' 사람들이 '동양'을 이야기할 때 우리나라를
포함한 극동 지역을 염두에 둔다고 생각하겠지만(실제로 미국에서 동양은 현재 이런 의미
로 쓰인다) 서양의 동쪽에 그들과는 다른 세계가 있다는 것을 의식하고 있을 때 그들이

사이드의 『동양론』 이전의 서구 제국주의 비판은 주로 마르크스주의 진영에서 이루어져왔다. 이들은 마르크스주의의 커다란 하나의 틀이라고 일컬어지는 휴머니즘의 입장에서 서구의 비서구 세계에 대한 침략과 지배를 비판해왔다. 그러나 앞에서 논의 했다시피 마르크스주의 역시 서구 중심적 역사관을 가지고 있었기 때문에 비서구 세계의 서구 세계에 대한 저항의 양상은 무시되었던 것이다. 사이드가 『동양론』에서 밝히고 있는 것은 식민주의 내지 제국주의적 사고가 서구 문명의 역사이며 서구의 물질 및 정신 문화에는 비서구 세계가 내재되어 있다는 것이다. 사이드는 이러한 서구 문명을 구성하고 있는 '동양'의 정체에 문제를 제기하고 있다.

사이드가 『동양론』에서 밝히고 있는 것은 서구 담론에서의 '동양'이라는 정체가 지리적 · 역사적 · 정치적 · 문화적 현실상의 동양에 대한 객관적 사실이 아니라 서구의 담론 체계 내에서 서구 세계에 대한 '다른' 것으로, 즉 서구 세계가 우리 또는 자아라면 동양은 그들 또는 타자로서, 재현되어 있다는 것이다. 이 경우의 '우리'가 우수 · 남성 · 이성 · 질서 등의 긍정적 가치를 갖고 있다면 '그들'인 동양은 열등 · 여성 · 감정 · 혼돈 등의 부정적 가치를 갖고 있다는 것이다. 조금 더 구체적으로 사이드의 동양론 비판을 살피기 위해 그가 정의하는 동양론을 살펴보자. 서구의 동양론은 여러 다양한 양상을 갖고, 따라서 여러 방식으로 정의할 수

---

불렀던 '동양'은 현재의 중동 지역을 의미한다. 따라서 사이드가 주로 다루는 아랍 지역은 서양이 보기에 '동양'인 것이며 이러한 동양에 대한 여러 견해가 바로 '동양론'이다. 물론 이러한 '동양'은 한반도나 중국 · 일본 등의 지역에도 적용되는, '서양'과는 다르다는 의미에서 '동양'이다. 사이드의 논점은 이렇게 다르게 구성된 동양에 대한 서구의 담론이 인식론적으로 입증할 수 있는 '지식' 또는 '과학'임을 표방하는 것이다. 타자로서의 동양에 대한 서구의 담론적 재현이 학문적 체계로 위장한다는 사이드의 주장은, 사이드가 말하고 있다시피, 본래 푸코의, 특히 『지식의 고고학』과 『감시와 처벌』에서 개진된 담론 이론이 식민 체제에 적용된 것이다.

있지만 사이드는 크게 세 가지로 정의한다. 물론 그 각각은 상호 연관되어 있다.

첫째는 학문으로서의 동양론이다. 사이드는 이를 다음과 같이 말한다.

> 동양에 대해서 가르치거나 연구하거나 저술을 하는 모든 사람이 ―그가 인류학자이든, 사회학자이든, 역사가이든, 또는 문헌학자이든― 또 특수 분야에 종사하든 동양의 일반론을 얘기하든, 동양론자Orientalist이다. 그리고 이러한 사람들이 행하는 것이 동양론Orientalism이다. (p. 2)

둘째는 동양의 다름에 근거한 사고방식을 말한다. 이는 학문으로서의 동양론이 작용하는 방식을 말하고 있기도 하다. 사이드는 이를 다음과 같이 정의한다.

> 동양론은 '동양'과 (대부분의 경우) '서양'이 존재론적·인식론적으로 구별된다는 사고의 표현법을 말한다. 따라서 상당수의 저술가들이 ― 시인·소설가·철학자·정치학자·경제학자·식민지 관료 등―동양과 동양인, 동양의 풍습과 '정신' 운명 등을 다루는 정교한 이론·서사·소설·사회 견문기·정치론 등의 출발점으로서 동양과 서양이 근본적으로 다르다는 점을 받아들였던 것이다. 이러한 의미에서의 동양론은 심지어 아이스킬로스, 위고, 단테, 마르크스가 동양을 논할 때도 유용하게 수용되었다. (pp. 2~3)

셋째는 제국주의 체제에서의 힘의 우열에 근거한 동양과 서양의 차이를 논하는 제도를 말한다. 이는 첫째와 둘째의 학문으로서의 동양론이 작용하는 방식이 제국주의 시대에 실현된 현실 정치에 작용하는 이데올로기적 장치로서의 동양론을 말하고 있는 것이다. 사이드는 이를 다음과 같이 말한다.

> 동양론은 크게 보아 18세기 후기를 시발점으로 하여 동양을 다루기 위한 동업 조합적인 제도로 논의하고 분석할 수 있다. 즉 동양에 대한 진술을 하고 동양에 대한 시각에 권위를 부여하고 동양에 대해 묘사하고 가르치고, 동양 세계의 틀을 잡아주고 지배함으로써 동양을 다루기 위한 제도를 말하는 것이다. 간단히 말해 동양론은 동양을 지배하고 재구성하고 그 세계에 권위를 행사하기 위한 서양의 사고방식을 말하는 것이다. (p. 3)

위와 같은 서구 세계의 동양론은 사이드가 아이스킬로스 Aeschylus(B. C. 525~456)의 예를 드는 데서 볼 수 있듯이 서구 문화의 시작과 더불어, 즉 서구 세계 밖에 어떤 세계가 있다는 인식과 그에 대한 진술의 시작과 더불어 출발한다고 볼 수 있다. 그러나 세번째 정의에서 보듯이 18세기 이후로 구체화시킬 때의 서구의 동양관과 고대로부터 18세기까지의 동양관은 구별할 필요가 있다. 즉 제국주의가 구체적인 정치적 · 경제적 힘으로 동양에 대하여 작용하기 시작할 때의 동양론과 그렇지 않을 때의 동양론은 차이가 있다. 물론 제국주의는 (예를 들어 로마 제국의 동양 정복과는 다른 의미에서) 무역과 이의 편의를 위한 비서구 세계의 정복이 본격적으로 시작된 16세기부터 시작되었지만 사이드가 구체화시키는 현대적 의미의 제국주의는 18세기 말엽부터 식민지 정부가 직접 식민지를 경영하기 시작할 때 본격화되었다. 이를 전환점으로 그 이전의 동양론은 크게 보아 서구의 자기 정체성을 구축하기 위한 존재론적 · 인식론적 필요에서 비서구 세계를 타자로, 첫째 정의의 학문적 의미에서든 둘째 정의의 동양에 대한 광의의 시각 또는 진술이든, 보고 있었던 것이다. 이 경우 직접적인 힘의 우열 관계 그리고 지배와 피지배라는 관계에 의한 동양론은 아니기 때문에 우리가 일본이나 만주족을 왜놈 또는 오랑캐라는 이름으로 다른 문화를 야만시했던 것과는 근본적인 차이가 없다. 문제되는 것은 제국주의 체제와의 관계에 있어 동양론이다.

이 경우 동양론에서 말하는 서양/동양의 차이는 우수/열등, 남성/여성, 질서/혼돈, 문명/야만 등의 차이로 재현되는 이분법적 식민 이데올로기[14]가 되며 이 이데올로기는 아래에서 서술되는 것처럼 이중으로 작용하고 있음을 알 수 있다. 사이드는 이러한 작용을 그의 저술에서 구체적으로 개진하고 있지는 않지만 그가 드러내는 식민 이데올로기의 작용을 식민 체제의 확립과 유지에 관련시키면 그의 논의를 확대할 수 있겠다. 그가 이러한 논의를 하지 않고 있는 이유는 그가 제도적 담론 체계의 작용에 우선 관심을 갖기 때문에, 그리고 식민 체제가 확립된 18~19세기의 식민 시대에 있었던 영국과 프랑스의 동양론을 주로 다루고 있기 때문이다. 식민 이데올로기의 이중의 작용 중 첫째는 이것이 서구인에게 작용하는 경우이다. 제국주의 체제가 비서구 세계에 직접 개입하기 전에는 서구의 동양론이 서구인 스스로의 정체를 확립하기 위한 인식론적·존재론적 의미에서의 이분법적 사고이나

---

14 앞에서 언급한, 선과 악으로 대변되는 백인과 흑인의 차이를 비판하는 프란츠 파농과 서구의 동양론을 비판하는 사이드는 이론적으로 구별된다. 파농은 인간의 보편적 가치인 휴머니즘에 식민 체제가 어긋난다는 의미에서 백인 식민 문화에 비판적이지만 사이드는 동양론이 서구에서 인식론적 담론 영역을 이루고 있음을 지적한다. 따라서 파농은 식민 체제가 종식되었을 때 해방된 새로운 인간의 모습이 나타날 것으로 기대하지만 사이드는 '동양론'이라는 담론 영역의 작용으로 동양인이 '다르게' 구성되었다는 것을 밝힌다. 말하자면 파농의 문제틀이 르네상스 시대 이래 서구의 전통이 된 휴머니즘에 바탕을 두고 있다면 사이드의 서구 동양론 비판의 문제틀은 '차이'를 근간으로 하는 구조주의 전통에 바탕을 두고 있다.

군사력 · 정치력 · 경제력의 우열에 근거해서 서구 세계가 비서구 세계에 개입하기 시작할 때에는 그 이분법적 사고는 제국의 팽창 정책을 고무하고 합리화하는 기능을 한다. 비서구 세계가 야만과 혼돈과 악의 세계라면 문명과 질서와 선이라는 서구의 긍정적인 가치가 비서구 세계에도 확산되어야 하는 것은 당연하며 이를 수행하는 것이 서구 세계에 맡겨진, 소위 '백인이 갖는 문명화의 사명'이다. 여기에서 서구의 비서구 세계에 대한 침략의 정당성이 확보되는 것이다.

다른 한편으로는 식민 이데올로기가 식민화의 대상이 되는 비서구인에게 적용되는 경우이다. 식민지 정복은 초기에는 무역이나 선교, 탐험 등의 활동이 앞에 나설 수는 있지만 근본적으로는 서양의 군사력의 우위에 바탕을 둔 무력을 사용해서 비서구의 전통적인 가치 체계를 붕괴시킴으로써 출발한다. 이 경우 원주민의 전통적인 가치 체계에 의한 이데올로기적 저항이 어느 정도 발생하기는 하지만 이러한 혼란의 과정이 지나고 나면 서구 가치 체계의 우월성이 원주민에게 받아들여진다. 여기에서도 서구/비서구 또는 식민 지배자/피지배자의 차이가 우수성/열등성의 차이라는 식민 이데올로기가 작용하게 되는데 이때에 식민 이데올로기는 식민 체제의 정당성을 원주민에게 주입시키는 기능을 한다. 이 이데올로기가 식민 체제의 경제 수탈을 위장하기 위한 위선이나 거짓으로만 단정할 수 없는 이유는 원주민 사회의 전통적인 지배 이데올로기나 물질 문명이 새로 이식된 서구 중심적 식민 이데올로기나 서구의 물질 문명보다 원주민 사회의 다수를 차지하는, 따라서 궁극적인 식민 지배의 대상이 되는 전통적인 피지배층에게 더 설득력이 부족하기 때문이다. 전통적인 봉건사회의 압제 밑에 있었던 인도나 일제 식민 시대 이전 조선 시대의 평민이 식민화 초기 과정의 혼란에서 벗어난 다음에는 과거의 봉건

압제 체제 아래서의 삶보다는 식민 시대의 삶이 더 나은 삶이라고 인식하기가 쉬웠을 것이기 때문이다. 봉건 군주 지배 체제가 아니었던 아프리카 대륙의 경우도 서구의 '문명화의 사명'이라는 구실 아래 미세하게나마 이루어졌던 서구 물질 문명의 혜택으로 족장 지배 체제의 과거보다는 식민 시대의 삶의 수준이 더 나았음이 분명하다. 이렇게 해서 서구의 우수성과 비서구의 열등성에 근거한 식민 이데올로기는 식민지 지배를 합리화하는 데 식민 통치의 대상인 원주민에게도 설득력이 있는 것이다.

이분법적 식민 이데올로기의 작용은 단지 식민 정부가 지배하고 있던 소위 '식민 시대'의 원주민에게만 해당되는 것은 아니다. 사이드는 『동양론』의 마지막 장에서 현금의 동양론의 작용에 대해서도 논의하고 있다. 여기에서 그가 주목하고 있는 것은 서구에서, 또는 현대 제국주의의 종주국인 미국에서 이루어지는 동양론이 아랍권에, 또는 일반적인 의미의 동양에(그가 팔레스타인 출신이기에 아랍권을 우선 논의하고 있지만 그의 논점은 여타의 비서구 세계에도 적용된다) 역수입되어 아랍 또는 동양의 정치·경제 특히 정신 문화를 설명하는 틀로 사용된다는 것이다. 미국의 동양론 역시 더 구체적이고 정교하기는 하지만 기존 유럽 세계의 동양론의 전통을 따르고 있기 때문에 동양과 서양의 근본적인 차이를 설정한다. 자기 자신이 속한 세계인 동양을 공부하기 위해 미국에 유학 가는 것이 전혀 이상하게 받아들여지지 않는 상황에서 동양의 학생들은 미국에서 행해지는 동양론이라는 담론의 틀 안에서 단지 그들의 연고지인 동양 세계에 대한 정보 제공자로서의 역할을 할 뿐이며 이들이 하고 있는 일은 따라서 동양과 서양의 이분법적 구별이라는 틀을 타파하기는커녕 더 정교한 장치가 되도록 이바지하고 있는 것이다. 예를 들어 미국 대학의 한국학 프로그램은 많은 경우 한국의 전통적 종교 사상이나 한국의 유교

철학을, 심지어 문학의 경우에도 서양 문학과 극히 대비되는 고전문학을, 현대문학의 경우에는 서정주나 김동리 유의 동양의 신비를 담고 있다고 여겨지는 문학 작품을 연구하고 가르치고 있다. 미국의 한국학 프로그램에서 공부하고 한국으로 돌아와서 서구의 식민 담론 체계의 이론적 틀 안에서 한국 문학을 연구하는 학자는 다행스럽게도 필자는 아직 못 보았다. 그러나 동양이 서양과는 '다르다'는 것에 바탕을 두고 동양학이나 한국 문학을 연구하는 관념은 여전히 큰 영향력을 행사하고 있다. 지금도 대중들에게 인기있는 동양학자의 예를 독자들이 기억할 수 있을 것이다. 이 동양학자가 일으킨 선풍은 근본적으로 서구의 '동양론'에 바탕을 두고 있었다. 동양학이 동양에서 의미 있는 학문이 되기 위해서는 몇백 년 몇천 년 전의 고서를 들여다보며 고서 번역이 안 되었다느니 동양 사상은 서양 사상과는 다른 인식론·세계관을 가졌다느니라고 주장할 것이 아니라 동양학이라는 학문 영역이 현재 어떠한 이데올로기적 작용을 하고 있는지, 그리고 서구의 전통적 동양학에 도전하는 새로운 학문 영역으로서의 동양학이 어떻게 가능한지 등을 먼저 생각해야 할 것이다. 이러한 서구 전통에 충실한 동양학자가 행하는 동양학은 그 스스로는 의식하지 않으면서도 정치·경제·문화 등의 영역에서 서구의 지배/비서구의 피지배라는 관계를 계속하여 인정하고 유지시키는 역할을 하고 있다.

위에서 필자는 『동양론』의 주논점을 개진하면서 서구 세계의 동양론이 제국주의의 비서구 세계에 대한 침략과 지배를 합리화하고 있음을 강조하였다. 사이드가 주장하는 것은 동양론이 동양과 서양의 힘의 차이에 근거해서 동양에 대한 지식의 생산·분배·재생산의 과정을 되풀이하며 확대되는 정치적·도덕적·지적 문화의 담론 영역이라는 것이다. 미셸 푸코의 담론 이론을 끌어들이고 있는 사이드는 동양론이 서구 지식 체계의 한 부분을 차지하는 담론 영역이라는 것을 밝히고 또 그 담론 영역의 작용은 그 스스로를 유지하기 위하여 담론을 통제하고 제한하며 또 개별 담론의 진위를 결정한다는 것을 밝히고 있다.[15] 동서양이 이분법적으로 구별된다는 동양론이라는 담론 영역의 작용은 담론 외적인 현실 상황에서 동양이 여성적이거나 야만적이거나 신비적이지 않음을 직접 경험하게 되는 경우에도 그러한 경험적 사실이 예외적이거나 그 경험이 잘못됐다는 식의 논리를 가능하게 한다.

그러나 사이드는 서구의 동양론이 푸코가 말하는 담론 영역을 통제하는 힘의 작용 아래 있음을 전제함으로써 동양론이라는 담론 영역이 위기에 처하게 되는 상황의 중요성은 간과하고 있다. 동양론이라는 서구 담론이 역사상 상당한 기간에 걸쳐 작용하고 있었음에도 불구하고 서구인이 직접 경험하는 동양의 모습이 지속적으로 되풀이하여 전통적인 동양론이 재현하는 동양의 모습과는 다른 모습으로 나타날 때, 특히 서구의 식민 통치가 전통적인 동양론에서 제시하는 동양인을 다루어야 하는 방식으로는 제대로 효과를 보지 못할 때, 동양론은 위기를 맞는다. 사이드는 이러한 위기의 시기에 나타나는 동양론을 설명하면서 서구의 동양론이 내재적 동양론과 명시적 동양론으로 나누어진다고 한다. 19세기의 식민지 정부가 직접 원주민을 통치하면서 경험하게 되는 동양의 모습은 특수한 상황에서 나타나는 특수하게 다변화된 모습(이를 사이드는 명시적 동양론manifest orientalism이라 부른다)

---

**15** 푸코는 "모든 사회에서 담론은 어떤 일정한 과정에 의하여 그것이 생산됨과 동시에 통제되고 선택되고 배열되며 재분배된다는 점을 필자는 염두에 두고 있는데 그 과정이 작용하는 방식은 그 담론에 내재하는 힘과 위험성이 돌출하지 않도록, 우연적 사건이 일어나지 않도록, 또 다루기 힘든 위험한 현실적 실체가 담론에 튀어나오지 않도록 하는 것이다"라고 한다. Michel Foucault(A. M. Sheridan Smith tr.), *The Archeology of Knowledge and the Discourse on Language*(New York: Pantheon, 1972), p. 216.

일 뿐이고 근본적인 동서양의 이분법적 구별은 변하지 않는다는 것이다(이를 사이드는 내재적 동양론latent orientalism이라 부른다). 사이드는 『동양론』에서 여러 예 — 식민지 정책 담당자, 당시의 사회적 진화론자 등 — 를 들면서 명시적 동양론이 내재적 동양론의 틀을 벗어나지 않는다고 주장한다. 그렇지만 1857년 세포이의 항쟁의 원인과 과정에 대한 영국인들 사이의 논쟁을 보면 영국 내의 동양론자들과 인도에 거주하던 영국인들의 인도인에 대한 시각이 전혀 다르다는 사실이 밝혀진다. 실제로 인도에서 살면서 인도인에 대해 직접적으로 알고 있었던 인도 식민지 경영인들은 상당 정도 동양론의 전통이 잘못됐으며 동양론적 시각이 인도 통치에 별 효과가 없었음을 인식하였던 것이다. 사이드는 지나치게, 적어도 『동양론』에서는, 푸코의 담론 영역을 이론에 지배받았다. 푸코는 위에서 인용한 '담론 언어' 논문이나 그 밖의 지식과 힘의 관계를 논의하는 저술에서는 담론 영역을 통제하는 힘의 원리를 논하지만 한편으로는 담론 영역을 비연속성, 다양성, 상이한 효과, 한마디로 말해 담론 영역에 내재하는 저항의 가능성에도 주의를 기울였다. 사이드는 이 점을 주의하지 않았다.

> 담론은, 마치 침묵과 마찬가지로, 한마디로 말해 지배력에 대하여 종속적인 것도 아니고 그것에 저항해서 구축된 것도 아니다. 우리는 담론에 있는 복잡하고 불안정적인 과정을 고려해야 하는데 이러한 과정에 의해 담론은 지배의 수단이며 결과가 될 수도 있지만 또한 방해, 장애물, 저항의 장, 저항 전략의 출발점이 되기도 한다.[16]



---

16 Michel Foucault(Robert Hurley tr.), *History of Sexuality* Volume 1: *An Introduction*(New York: Vintage Books, 1978), pp. 100~01.

푸코가 말하는 담론에서의 저항의 장이란 개별 담론에도 물론 적용되지만 담론 영역이라는 대담론에도 적용될 수 있다. 서구의 동양론이라는 담론 영역은 그 자체에, 사이드의 말을 그대로 쓴다면, 명시적 동양론과 내재적 동양론과 같은, 모순을 일으키며 충돌하는 담론이 내재되어 있다고 할 수 있다. 그러한 모순되는 담론 요소들을 드러내는 것이 식민 담론을 비판하는 한 과정이 된다. 이와 더불어 사이드의 『동양론』과 같이 서구의 동양론에 비판적인 담론은 동양론이라는 담론 영역에 어떠한 저항을 하는지를 살피는 것 역시 식민 담론 비판에서 논의해야 할 사항이다. 즉 동양론이라는 담론 영역은 식민 체제를 유지하는 이데올로기적 기능을 수행하기는 하지만 또한 식민 저항이 수행되는 장이 되기도 한다.

동양론과 같은 이분법적 식민 이데올로기 담론을 비판하기 위해서는 우선적으로 사이드가 하는 바와 같이 그러한 이데올로기가 역사 현실상의 비서구인의 삶과는 달리 피식민인을 담론적으로 구성하며 그렇게 구성된 피식민인은 지속적인 식민 지배의 대상이 됨을 밝히는 것이다. 그러나 식민 담론에서 구성되는 피식민인이 실제의 비서구인과 다르다는 점만을 강조하는 것만으로는 충분한 식민 저항 담론을 구성할 수 없다. 동양인이 악하고 야만적이라는 동양론을 의식해서 사실은 선하고 고유의 우수한 문화를 가지고 있다거나 제3세계 국가에서 민족주의를 표방하는 것이 지배 집단의 이익을 유지하기 위한 것이라면 (예를 들어 유신 체제 하의 자주민족주의 표방) 이러한 것은 식민 이데올로기에 저항하는 것이 아니라 식민 이데올로기 비판의 장을 회피함으로써 이데올로기적 식민 담론의 지배를 공고히 하는 역할을 하는 것이다. 식민 이데올로기 담론은 쉽게 회피할 수 있는 것이 아니다.

우리는 이러한 담론이 비서구 세계의 일부를 구성하고 있는 우리에게 지배적 담론으로 작용하고 있음을, 그리고 우리가 그러한 담론에서 피지배 집단으로 구성되어 있음을 인정해야 한다.


## 5. 식민지 지식인의 역할



위에서 필자는 식민주의 문제를 다루면서 마르크스식의 역사 발전론과 사이드의 이분법적 식민 이데올로기 비판을 살폈다. 이제 반식민 저항의 장을 살펴봄으로써 이 장의 글을 맺으려 한다. 식민 체제는 서구의 식민지 경영인을 지배자로 비서구인을 피지배자로 상정함으로써 유지되는 체제이다. 이러한 식민 체제에서 식민지 경영인과 피식민인 사이에는 질서/무질서, 남성/여성, 인간/자연 등의 서로 넘을 수 없는 존재론적·인식론적 장벽이 있으며 더 구체적으로는 의사 소통 수단으로서의 언어라는 장벽이 있다. 제국주의는 '문명화의 사명'이라는 이름으로 이 두 간격을 좁히려는, 다른 말로 하면 서구의 가치 체계로 통제할 수 없는 이 '타자'를 '자아'의 틀 속으로 끌어들이려는 기획이다. 이러한 기획에서 식민 체제는 이 넘을 수 없는 두 간격을 이어줄 교량을 필요로 한다. 식민지 교육이란 바로 이러한 간격을 메우려는 노력의 일환이다. 인도의 식민 교육 정책의 책임자였던 토머스 배빙턴 매컬리Thomas Babington Macaulay의 「식민지 교육에 대한 보고서」(1835)는 영인도 교육 정책의 목표가 "우리와 우리가 통치하는 수백만의 인도인을 이어줄 통역 계급 ─ 혈통과 피부색은 인도인이지만 취향과 견해, 소양과 지성은 영국인인 집단"[17]을

---

17 Thomas B. Macaulay, "Minute on Education," William Theodore de Bary ed., *Sources of Indian Tradition*, vol. II(New York: Columbia University Press, 1958),

양성하는 것이라고 역설한다. 식민지 경영인인 소수의 영국인들이 직접 '수백만'(사실 수천만)의 식민지 백성을 접촉하면서 통치할 수는 없기 때문에 행정적 편의를 위해서 인도인 하급 관리가, 그리고 영어와 식민 이데올로기 교육을 위해서 인도인 교사들이 식민지 경영인을 보조할 집단으로서 필요했던 것이다.

이러한 기획은 어느 정도는 성공적이었지만[18] 어느 단계에 가서는 모순이 드러나게 된다. 원래 통역 계급의 기능을 하도록 교육받는 선발된 원주민들은 단지 식민 모국의 언어만 교육받는 것이 아니라 제국주의가 표방하는 서구의 우월한 가치, 즉 서구의 자유, 평등, 세계 보편적 휴머니즘 등의 사상도 동시에 교육받기 때문이다. 이러한 교육을 받은 계층은 처음에는 선발된 집단으로서의 특권에 만족할지 모르나 어느 정도 시간이 지나면 식민지 지배 집단과 동등한 대우를 받을 수 없다는 사실에 좌절하고 이에 불만을 갖게 된다(동등한 대우는 근본적으로 불가능하다. 이는 식민 체제의 지배/피지배 관계를 붕괴시키기 때문이다). 식민 역사가 세대를 거듭하며 유지되지 않았던 일본과 우리 민족 사이의 관계에서는 충분히 드러나지 않았지만 200여 년 이상 영국 식민 체제의 지배를 받았던 인도의 경우는 이러한 모순이 식민지 체제를 흔들 정도로 위협하였다. 간디Mohandas Karamchand Gandhi가 영국인 변호사와 법적으로 동등한 자격을 가진 변호사임에도 불구하고 영국인과 동등한 대우를 받지 못하는 것에서 식민지 모순을 의식하고 반식민 운동을 주도하기 시작한 것이나 고

---

p. 49에서 재인용.

**18** 심지어 군사적으로도 이러한 중간 집단은 유용한 존재였다. 인도 대륙의 정복은 소수의 영국군 장교와 그들의 통솔을 받은 인도를 잘 아는 다수의 인도인 용병(세포이)에 의해서였다. 1857년 세포이의 항쟁은 그러한 통역 계급과 영국 식민 체제 사이의 모순이 불거져서 나온 사건이었지만 세포이 반란군의 진압 역시 영국 식민 체제에 충실한 세포이에 의해 이루어졌음을 상기하면 통역 계급이 식민지 경영에 상당히 유용한 도구였음을 알 수 있다.

급 부르주아 계층에 속하면서 영국식의 교육을 받고 서구의 정치·경제·철학 사상을 익혔던 네루Jawaharlal Nehru가 인도 국민의회 운동을 주도했다는 것은 이러한 식민지 교육의 자체 모순을 드러내는 것이다.

'통역 계급'의 식민 저항은 단지 개인적인 출세욕의 좌절에서 오는 것만은 아니다. 이는 식민 체제의 자체 모순에서 시작된다. 제국주의의 식민지 경영의 정당화는 역사 발전에서 서구의 선도적 역할로 전세계의 문명화, 즉 세계 제국을 건설하는 것이다. 그러나 인종간의 차이를 상정하는 지배/피지배 관계는 그러한 기획에 어긋난다. 세계 제국이라는 보편주의와 식민 모국의 우수성을 강조하는 인종주의 내지 국수주의는 서로 화합할 수 없기 때문이다. 이러한 모순을 드러내는 장이 바로 역설적이게도 식민 교육의 장이며 식민지 모순을 드러내는 행위자가 바로 식민지 교육을 받은 '통역 계급'인 것이다.

통역 계급은 다른 말로 하면 식민지 지식인을 말한다. 반식민 저항을 이야기하면서 우리의 문학계에서 자주 되풀이되는 입장이 있다. 필자는 여기에서 서구 문학을 '주체적'으로 읽자는 비평가들을 염두에 두고 있다.[19] 이들에 의하면 서구의 지식인들은 제국주의의 이데올로기에 감염되어 있어서 현실의 제국주의의 작용을 제대로 인식하지 못하는 반면 제3세계 지식인은 그러한 이데올로기에 오염되지 않았기 때문에 제국주의에 대한 올바른 비판을 할 수 있다고 한다. 루카치Lukács의 『역사와 계급 의식』에서 개진하는, 물화되고 추상화된 부르주아의 의식과는 달리, 사

---

**19** 우선 필자는 설준규·서강목, 「영미 문학 연구의 현황과 과제」, 『창작과비평』 74호(1991년 겨울); 한기욱, 「『주홍글자』와 미국 문학의 특성」, 『창작과비평』 75호(1992년 봄); 설준규·최윤·김태현·성은애, 「좌담: 서양 명작소설, 지금 우리에게 무엇인가」, 『창작과비평』 85호(1994년 가을) 등을 염두에 두고 있다.

물을 직접 총체적으로 경험하는 노동 계급의 계급적 위치와 그들이 가질 수 있는 현실 인식 논리를 받아들이고 있는 이들의 주장이 우선 제3세계 지식인이, 그들은 직접적 생산관계에 개입하는 것이 아니기 때문에 루카치식대로 이야기한다 하더라도, 사물화가 안된 상태의 인식 능력을 가지고 있는지 의심스럽다. 이들 지식인이 제3세계 민중의 인식론적·계급론적 입장을 취하고 있다는 주장은 오히려 마르크스가 냉소하는, 계급 집단으로 구성되지 않은 농민층에 대한 나폴레옹 3세의 입장과 같은 관계에서 나온 것이라 할 수 있다. 마르크스는 나폴레옹 3세를 필요로 했던 농민 계층을 말하면서, "〔농민 계층은〕 그들 스스로를 (정치적으로) 대표할 수 없기 때문에 (그들의 대변자에 의해) 대표되어야 한다. 그들의 대변자는 그들의 주인, 그들에게 권위를 행사하는 자, 다른 계급에게서 그들을 보호하고 그들에게 위에서부터 비와 햇빛을 보내주는 무한 권력의 정부여야 한다"[20]라고 한다. 나폴레옹 3세가 농민층을 대표한다는 것은 사실 나폴레옹 3세의 반동 쿠데타를 합리화하기 위한 궤변이었다. 물론 이들 '주체적' 비평가들이 제국주의 체제의 제3세계에 대한 착취, 억압, 이데올로기적 조작 등을 염두에 두지 않은 것은 아니지만 제1세계에는 없는 세계 인식의 기반이 제3세계에는 있다는 것은 문제가 되지 않을 수 없다. 이러한 주장은 제3세계가 우선적으로 제국주의에 대해서 지배/피지배 관계로 형성되었다는 것을 간과하는 인식론적 입장이다. 피식민인은 이러한 힘의 관계에서 벗어나서 복원될 수 있는 어떤 실체도 아니고 이러한 식민 관계가 청산되었을 때 나타날 해방된 새로운 형태의 어떤 민족이나 사회로 상정될 수 있는 것도 아니다. 이러한 과거 복원적 또는 미래 지향적인 정체 인식은

---

**20** Karl Marx, *The 18th Brumaire of Louis Bonapart*(New York: International Publishers, 1963), p. 124.

현재에 작용하는 식민 관계를 한시적으로 파악하게 만들 위험이 있다. 식민지 지식인은 피식민인을 대표하는 것이 아니라 식민 체제와 피식민인 집단 사이의 중간 지점에 위치한다. 식민지 지식인은 식민지 교육 때문에, 다른 말로 하면 이데올로기적으로 식민 체제의 한 위치를 이미 점유하고 있기 때문에, 그 스스로를 식민 체제의 피식민 집단에 곧바로 편입시킬 수는 없다. 말하자면 그는 식민 지배와 피지배 사이의 중간이라는 긴장의 영역에 속해 있다. 이러한 중간 지점이야말로 식민주의의 이데올로기가 피식민인에게 작용하기 시작하는 지점임과 동시에 또한 이데올로기적 저항이 가능한 지점이기도 하다. 물론 식민지 지식인은 식민 체제를 자기 자신의 한 부분으로 인정하고 받아들임으로써 체제 순응적이고 따라서 특권을 향유하는 존재가 될 수 있다. 그러나 다른 한편 식민지 지식인은 그 원래의 출신인 피식민 집단을 의식하면서 식민 체제에 저항하는 자세를 갖춤으로써 비판적 지식인이 될 수도 있다. 문제는 현재의 우리의 정체를 식민/피식민 관계에서 나타나는 지배/피지배 관계로 인식할 때만이, 그리고 식민 체제 하의 피식민 집단 출신의 식민지 지식인은 이러한 모순 관계에서 그 모순을 의식하면서 그 모순을 드러내는 것을 자신의 사명이라고 인식할 때 식민 이데올로기의 피식민 집단에 대한 조작과 주입에 맞설 수 있다. 이러한 긴장의 장이 식민 저항의 장이며 식민 저항을 유지할 수 있는 길이다. 식민 저항은 숨겨진 식민 이데올로기의 작용을 드러내 밝히는 데서 시작하며 이러한 작업은 식민 지배 체제와 피식민 집단 사이의 중간에 위치한 식민지 지식인의 몫이다.

# 제3장 변 경 의 지 식 인
## ——— 에 드 워 드 사 이 드



잘 알려진 비평가의 말로써 이 장의 글을 시작하겠다. 김성곤 교수는 사이드의 『시작 *Beginnings*』과 『동양론』을 논의하면서 "오늘날 이 시점에서 에드워드 사이드가 갖는 중요성은 〔……〕 그의 제3세계적인 역사 인식과 저항〔의〕 시작과 의도에 있다고 보아 크게 틀리지 않을 것이다"[1]라고 한다. "크게 틀리지 않을"이란 김교수의 유보적인 표현에 크게 의미를 부여하지 않는다면 김교수의 주장은 사이드의 이론적 입장이 현재 제3세계의 민족 운동과 반식민 저항 운동에 중추적 역할을 한다는 것이다. 필자는 여기에서 식민주의 내지 제국주의 문제에 대한 사이드의 이론적 입장을 재점검함으로써 사이드의 이론적 입장의 한계도 동시에 염두에 두어야 함을 주장하려 한다. 물론 이 글이 식민지 문제에 대한 사이드의 논의와 실천이 한국에서 별 의의가 없다는 주장을 하기 위한 것은 아니다. 필자가 하고 싶은 말은 외국의 진보적 이론을 받아들일 때 우리가 어떤 식으로 받아들여야 할까를 생각해 보아야 한다는 얘기다. 우선 사이드의 이론적 입장을 먼저 살피고 나서 그의 한계에 대해서 지적하고자 한다.

---

1 김성곤, 「에드워드 사이드의 『시작』과 『오리엔탈리즘』: 왜곡과 허구의 텍스트로서의 역사」, 『포스트모던 소설과 비평』(열음사, 1993), p. 152.

## 1. 에드워드 사이드: 제3세계 출신 제1세계 지식인

　주지하다시피 사이드는 1935년 당시 영국령이었던 현재의 이스라엘이면서 당시는 팔레스타인 지역인 예루살렘에서 오래된 기독교 집안의 아들로 태어났다. 현재 회교와 유대교·기독교가 복잡하게 얽혀 있는 아랍과 팔레스타인 문제에 그의 집안이 회교와 심각하게 충돌하는 기독교라는 것은 그의 이론적·실천적 논의에서 애써 종교적 입장을 벗어나려는 그의 세속적 비평의 원인이 되기도 한다. 그의 아버지는 성공적인 사업가였으며 따라서 그는 고국을 잃은 것을 빼고는 상류 계층의 자식들이 일반적으로 거치는 성장 과정을 거쳤다. 1947년에 이집트의 카이로로 가족과 함께 갔다가(왜 카이로로 가게 되었는지 필자는 알지 못한다. 아마 원주민인 팔레스타인들과 점증하는 유대 이주민과의 충돌과 관계가 있지 않을까 짐작해볼 뿐이다) 1948년 이스라엘의 공식적인 국가 건설과 이에 결과된 팔레스타인 원주민 추방으로 그후로는 고국으로 돌아가지 못했다. 카이로에서 사이드는 중등학교 시절을 영국인들이 경영하는 학교에서 식민 교육을 받으며 보냈다. 이어서 미국으로 가서 프린스턴 대학교에서 영문학과 역사학을 전공했다. 하버드 대학교 대학원에서 비교문학을 전공하여 저명한 휴머니스트 비평가인 해리 르빈의 지도 하에 조셉 콘라드 연구로 박사학위를 받았다. 하버드 대학교의 비교문학 프로그램은 당시 아우어바흐, 커티스, 스피처 등이 지배적 영향력을 행사하던 전통적 유럽 문학 중심의, 정치적으로 보수 우익이라 할 수 있는 고급 휴머니즘을 연구하고 전파하는 학문을 연구하고 가르치는 곳이었다. 그의 『동양론』을 위시하여, 『세계, 테스트, 그리고 비평가』, 그리고 한국에서 번역된 『문화와 제국주의』에서 분석 대상이 되고 있는 대부분의 텍스트가 서구의 문학 정전 내지 고전인 것은 그의 이러한 교육 배경을 말해준다. 초기에 하버드 대학교에서의 강사 생활 등을 제외하고는 그는 이후 내내 콜롬비아 대학교에서 영문학과 비교문학을 가르치고 있다. 그는 콜롬비아 대학교 교수진을 대표한다고 할 수 있는 여러 직함(Parr Professor, University Professor, The Old Dominion Professor 등)을 가지고 있으며, 몇 년 전에 가야트리 스피박이 콜롬비아로 옮기면서 사이드보다 더 많은 연봉을 요구했다는 이야기가 화젯거리가 된 적이 있다. 사실 1960년대 후반까지 사이드는 핍박받는 팔레스타인 출신임에도 불구하고 정치나 민족 문제 등에 별 관심을 보이지 않는 전형적인 서구 휴머니스트 학자였다. 그러나 1967년 아랍-이스라엘 전쟁의 여파로 팔레스타인 해방전선(PLO)의 본격적인 활동이 시작된 1970년에 사이드는 암만과 베이루트를 방문했었고 그때 그의 친척인 시인이며 PLO의 대변인이었던 카말 나시르를 만났다. 이후에야 비로소 우리가 알고 있는 팔레스타인 문제와 식민지 문제에 관심을 갖는 실천적 지식인 에드워드 사이드가 되었다. 사이드는 현재 교수로서, 문학·문화비평가로서, 저널리스트로서, 텔레비전 토론자로서, 국무부의 팔레스타인 문제에 대한 자문위원으로서, 미국뿐 아니라 국제적인 연설가로서(1995년에는 한국에 와서 미국 보수 우익의 외교 정책을 비판하는—구체적으로는 헌팅턴이라는 정치학자의 주장을 비판했지만—강연을 하기도 했다) 실천하는 지식인의 모습을 보여주고 있다. 그의 이스라엘의 시온주의 비판과 팔레스타인의 반식민 항쟁의 옹호는 그로 하여금 '테러교수professor of terror(테러를 가르치는 교수)'라는 별칭을 얻게 하였다.

　이상과 같이 간단하게 살펴본 사이드의 이력은 간단히 해소될 수 없는 모순을 안고 있다. 모든 비폭력적인 저항과 화합의 가능성이 봉쇄된 상태에 처한 팔레스타인인의 테러 투쟁을 옹호하고 있는 것과 제국주의 종주국에 있는 제국주의 이데올로기 생산이 중요한 기능으로서 작용하는 일류 사립 대학교의 일류 교수 대우를 받는 것 사이에는, 그리고 이론적으로 말한다면, 교육에 의하여 생산된 서구 중심 휴머니스트 이데올로기와 출신에 의하여 조건지어진 피식민인으로서의 정치적 실천 사이에는 쉽게 해소되지 않는 긴장이 있다는 것이다. 원래 출신이 제3세계의 상류 매판 계급이면서 서구의 중심에서 고급 교육을 받고 그러한 배경으로써 경제적·사회적·문화적으로 중심 위치를 이미 향유하는 지식인은 어떤 정체성을 자신에게 부여할 수 있을까? 대부분의 경우, 제국주의의 종주국에 거주하는 것을 이민이라 규정하여 자신이 새로 소속하게 된 사회의 바람직한 구성원이 되기 위한 노력을 한다. 일반 이민자의 경우는 새로운 사회에 잘 적응하기 위해 자신이 원래 소속해 있던 사회의 문화적 영향에서 빨리 벗어나려 한다. 그러나 학자나 대학 교수로서 새로운 문화에 적응하려 할 경우는 자신이 원래 소속해 있던 문화는 자신의 자산이 된다. 이 경우 새로운 사회의 지배적 가치에 자신의 문화적 자산을 조화시키려는 노력을 한다. 미국에서 활동하고 있는 대부분의 동양 출신 교수들은, 특히 인문·사회과학에 종사하는 학자들은, 자신에게 주어질 수 있는 몫을 확보하기 위해 사이드가 비판하고 있는 동양론자가 된다. 문학을 전공하는 교수라면 서정주나 김동리와 같은 동양의 신비를 말하는 것 같은 문학 작품을 중요한 문학 작품으로 다루고 사상사 등을 연구하는 학자라면 유교와 같은 동양적 사상 또는 윤리의 가치의 의의를 강조하거나 동양 종교의 신비성을 강조한다. 이러한 학자들은 서구의 문화적·사회적 질서에 편입하여 자신을 적응시키려는 노력을 하기 때문에 서구의 제국주의 지배 질서의 옹호자가 된다.

사이드의 경우 아마 1970년대 이전에는 위에서 서술한 이민자의 부류에 가까웠을 것이다. 그러나 중동 분쟁의 영향으로 자신의 출신에 대한 자각과 고급 교육의 결과로 그는 자신을 서구의 지배적 가치가 행하는 제국주의적 행태에 새로운 인식을 시작한 것으로 보인다. 이런 연유로 사이드는 자신을 '망명객'이라고 칭한다. 그러나 돌아갈 고국을 빼앗긴 팔레스타인 출신이라는 의식을 가졌다 하여 망명객이 될 수는 없다. 망명객이라면 현재에 소속된 사회의 가치나 문화에 대해 별 관심이 없으며 원래 소속하고 있던 사회로 돌아갈 수 있는 가능성이 있을 때는 그곳으로 돌아갈 것이기 때문이다. 사이드는 최근에 다시 분쟁 상태에 들어갔지만 이스라엘과 팔레스타인의 협상으로 인하여 팔레스타인 자치가 어느 정도 보장된 팔레스타인으로 그가 원한다면 돌아갈 수도 있겠지만 그가 팔레스타인으로 갈 가능성은 거의 없다.[2] 또한 망명객이 겪는 고통을 그에게서 상상하기는 어렵다. 따라서 사이드는 이민자도 아니고 망명객도 아닌 애매한 위치에 있다. 그는 자신의 출신으로 말미암아 억압받는 제3세계의 가치에 일정한 공감을 유지하면서 제국주의의 중심에서 제국주의를 비판하는 지식인이다. 이 경우 사이드의 위치는 서구의 지배적 가치와 질서에 저항한다는 의미에서 또한 제3세계로 회귀하지는 않는다는 의미에서 서구 제국주의의 변경에 위치한 지식인이라 할 수 있다. 이러한 변경은 긴장의 영역이다. 왜냐하면 변경을 벗어나 자신이 원래 소속되었던 사회의 정치·문화·이데올로기에 자신을 위치시킨다면 자신이 현실적으로 소속되어 있는 서구 세계의 영향을 망각하는 것이며(이는 불가능한 시도일 것이다), 변경의

---

[2] 사이드는 1995년에 있었던 PLO와 이스라엘 사이의 자치 협상에 대해서 산랄한 비판을 하였다. 팔레스타인 쪽에서 보았을 때 미래가 보장되지 않는 굴욕적인 협상이라는 게 이유이다. 에드워드 사이드, 「중동 '평화 협상': 현혹적인 이미지와 야만적인 현실」, 『창작과비평』 89호(1995년 가을) 참조.

안으로 진입하면 서구의 지배적 질서에 자신을 몰입시키는 셈이
되기 때문이다. 변경의 지식인으로서의 사이드는 이러한 변경의
긴장 상태를 유지하는 것이 자신의 존재 의의가 되는 것이다.

## 2. 사이드의 저항 전략 : 결연의 정치학



변경에 위치한 지식인으로서 사이드는 자신의 역할을 서구 제
국주의의 지배 이데올로기에 저항하는 것이라고 규정한다. 그는
지식인의 진정한 작업은 제3세계라는 출신과 제국주의 체제 내의
활동의 결합에 의해 이루어진다고 주장한다. 간접적으로 자기 자
신의 작업에 대해 얘기하고 있는 「안으로의 여행과 대항의 출현」[3]
이란 글에서 사이드는 C. L. R. 제임스, 라나지트 구하 등 제3세계
출신 지식인들이 서구의 체제 내에서 서구인의 언어로서 작업을
한 결과 서구의 전통적 논의의 지평을 변경시키는 새로운 지평을
열었다고 치하한다. 이러한 '안으로의 여행'은 제3세계에서의 반
식민 저항이 제국의 내부로 들어와서 교란 활동을 한다는 것을
의미하기 때문에 전세계적 질서를 지배하는 제국의 중심부에서
의 저항은 결국 전세계적으로 파급되어간다고 볼 수도 있다. 이
를 사이드는 저항의 국제화라고 한다. 서구의 교육을 받은 '제3
세계 출신'의 역할에 대해 상당한 의의를 부여하고 있는 이 글은
사이드 자신의 위상에 관한 성찰이라는 점에서 높이 살 만하다.
그러나 역사 현실을 염두에 둔다면 지나친 일반화라 하지 않을

---

**3** Edward W. Said, "The Voyage In and the Emergence of Opposition," *Culture and
Imperialism*(New York : Alfred A. Knopf, 1993), pp. 239~61 ; 에드워드 사이드, 김성
곤 · 정정호 옮김, 『문화와 제국주의』(창, 1995), pp. 416~51. 원래 이 글은 *Raritan* 11.
3(Winter 1990)에 "Third World Intellectuals and Metropolitan Culture"란 제목으로
실렸었다.

수 없다. 사실 서구의 교육을 받은 제3세계 출신 지식인들은 대부분의 경우 사이드가 말하고 있는 역할과는 거리가 멀다. 이들 대부분의 지식인들은 서구의 교육을 받고 제3세계로 돌아온 경우에는 그들이 확보한 특권 지배층의 이익을 위하여 대내적으로는 지배 집단의 이데올로기를, 대외적으로는 식민 체제의 이데올로기를 유지하는 데 기여하고 있기 때문이다. 또한 제국의 중심에 진입한 경우라면 새로 획득한 서구의 언어에 덧붙여 자신의 출신지에서 얻은 언어와 지식을 바탕으로 서구의 지식 체계를 확대하고 정교하게 하는 데 오히려 이바지하고 있기도 하다. 말하자면 '제3세계 출신'이 지식인의 바람직한 작업을 보장하고 있는 것은 아니라는 이야기이다. 중요한 것은 출신이나 현재 소속되어 있는 지정학적 위치가 아니라 어떤 이데올로기, 어떤 정치적 입장을 취하는 것이 옳으냐 하는 문제이다(지리적 위치에 대해서는 뒤에서 논의하겠다). 어떤 면에서 사이드의 엄청나게 많은 글과 활동은 사이드를 제대로 이해하지 못하게 만들기도 한다.[4] 1990년에 씌어진 「제3세계 지식인과 제국주의 모국의 문화」에서 이와 같은 문제점을 노출하고 있다면 이보다 훨씬 전인 1978년에 씌어진 『동양론』에서는 이데올로기적 · 정치적 입장의 중요성을 말하고 있기도 하기 때문이다.[5] 여기에서 그는 서구의 교육을 받은 동양

---

[4] 사이드 본인에게 이런 문제점을 제기한다면 아마 모든 것을 해결해주는 '아르키메데스의 받침점Archimedean point' 같은 절대적 시각, 절대적 입장은 어디에도 없는 것이라고 대답할지 모르겠다. 아랍 세계를 위시한 동양을 이해하는 '아르키메데스의 받침점'은 없다고 그는 다른 글에서 말한다(Edward W. Said, "Orientalism Reconsidered," *Race and Class* 27. 2, Autumn 1985, p. 3 참조). 조금 더 사이드의 편에서 얘기하면 사이드는 현재 주어진 역사적 · 지리적 위치에서 어떻게 하면 가장 효과적으로 저항할 수 있는지, 그리고 그것은 어떻게 하면 가능한지에 대해 생각하고 이를 실천한다고 볼 수도 있다.

[5] 필자는 사이드가 이론적으로 점점 덜 치밀해지고 있다고 생각한다. 1975년의 『시작』과 1978년의 『동양론』이 현대 이론을, 특히 푸코의 담론 이론을, 발전시킨 것이라면 그후에 나온 저술에서는 점점 휴머니스트, 서양 고전 문학 중심주의자 등의 면모로 돌아가고 있는 듯이 보인다.

의 지식인이 서구의 동양론을 재생산함으로써 서구 담론의 동양
에 대한 지배를 영속하는 데 기여했다고 비판하면서 그는 그러한
동양론의 담론에서 벗어나기 위한 지식인의 비판적 역할을 주장
한다. 여기에서 "지식인의 역할은 무엇인가? 지식인은 그가 속하
는 문화와 국가를 정당화하기 위하여 존재하는가? 지식인은 어떤
중요성을 독립적 비판 의식, 즉 '저항적' 비판 의식에 부여해야
할까?"[6]라고 진술한다. 이러한 수사적 질문이 뜻하는 것은 바람
직한 지식인이란 지배 이데올로기를 공고히 하는 데 기여하는 지
식인이 아니라 그가 속한 사회의 권위적 질서, 그 사회의 지배 이
데올로기에 맞서 대항하는 지식인이라는 것이다. 물론 이 진술은
사이드 자신이 수행하는 역할을 말하고 있다. 그러나 제국주의에
대한 그의 본격적 비판의 시작인 『동양론』에서도 사이드 자신의
정치적 입장은 모호하게 진술되어 있다. 서구의 동양에 대한 담
론이 왜곡과 편견으로 점철되어 있다는 그의 주장은 (물론 그는
동양의 진실된 모습이 서구의 담론에서 구성되어야 한다고 주장하는
것은 아니다.) 마치 동양에 대한 편견에서 벗어나면 바람직한 동
양에 대한 담론이 구성된다는 주장으로 비칠 수도 있다. 그는 서
구의 동양론자들이 "방법론적 자의식 methodological self-
consciousness"[7]을 가지고 전통적 동양론을 검토한다면 동양론
이 지배적인 독단을 벗어날 수 있다고 시사한다. 즉 객관적으로
정당한 학문적 담론이 가능하다는 주장인 것같이 보인다. 그러나
지식의 구성은, 일반적인 표현으로는 학문적 진리는, 어느 편에
서 보더라도 받아들일 수 있는 보편 타당한 것은 아니다. 지식은
정치적 · 이데올로기적 입장에 근거하여 구성되며 어떤 사회의



---

**6** Edward W. Said, *Orientalism*(New York : Vintage Books, 1978), p. 326 ; 에드워드
사이드, 박홍규 옮김, 『오리엔탈리즘』(교보문고, 1991), p. 520.
**7** Said, *ibid.*, p. 326 ; 박홍규 옮김, 앞의 책, p. 521.

지배적 담론이 지배 계층의 편에서 지배 계급의 이데올로기를 반영한다면 위에서 말한 '저항적' 비판 의식에 근거하여 구성되는 지식은 지배 이데올로기에 저항하는 지식이 된다.

　사이드는 「다시 생각해본 동양론」이란 글에서 『동양론』에서 시사한 저항 담론에 대해 조금 더 발전된 논의를 한다. 이 글에서 사이드는 다른 문화에 대한 전통적 방식의 서구 담론을—구체적으로는 다니엘 파이프스Daniel Pipes의 『신의 길을 따라: 이슬람과 정치 권력 *In the Path of God: Islam and Political Power*』라는 저술을—논하면서, 이러한 저술이 "과학도 지식도 이해도 아니다: 이것은 힘을 자랑하기 위한 진술이며 절대적 권위를 말하기 위한 주장이다. 이것은 인종주의에 근거하여 구성된 것이며 그런 식의 힘의 논리에 바탕을 둔 진리에 귀를 기울이는 사람들에게만 인정되는 종류의 저술이다"[8]라고 한다. 이러한 권위적 담론이 전제하는 것은 모든 다양한 가치를 하나의 지배적 가치로 통합할 수 있다는 보편주의이며 서구 지배 계급 중심의 역사 발전에 여타의 역사가 그 과정을 답습하고 있다는 역사주의이다. 이 결과는 지배적 질서와 지배적 인식의 틀과 다른 가치와 실천을 억압하고 봉쇄한다고 사이드는 말한다. 이러한 역사주의와 보편주의에 대항하는 이론과 실천이 반식민주의, 페미니즘, 마르크시즘, 흑인 인권 운동, 소수 민족 연구 등이다. 이들 이론과 실천은 각각이 모순되고 충돌하며 상대적으로 독립된 영역에 관심을 갖지만 이들은 본질적으로 사이에 끼어들어 훼방을 놓는다는 점에서 공통점을 갖는다. 말하자면 현존하는 지배적 질서와 이들 저항적 실천들이 교차하는 지점에서 그러한 지배적 질서가 행하는 억압에 대항하여 그 작용을 드러내 폭로하며 그 지배적 범주

---

**8** Edward W. Said, "Orientalism Reconsidered," *Race and Class* 27. 2(Autumn 1985), p. 8.

를 근본적으로 변형시키려는 시도를 한다는 것이다. 사이드는 이러한 시도들이 "탈중심 의식decentered consciousness"[9]에서 나온다고 한다. 탈중심 의식이란 어떤 사회의 중심 지배 집단에서 배제된 집단의 문제에 관심을 가지는, 이 배제 상태에 비판적인 의식이며 또한 총체화하고 체계화하려는 지배 집단의 기도에 저항하는 의식을 말한다. 이러한 저항 의식은 지배적 권위에 근거한 일관성 있는 보편적 공통 인자를 찾는 노력이 아니라 다양한 여러 집단이 서로 만나서 교류할 수 있는 공동의 지평을 찾는 노력이다. 이러한 노력은 지배적이고 억압적인 지배 체계에 대해 실천적으로 저항하는, 주변부 집단의 가치를 옹호하는 시도이기도 하다. 사이드가 말하는 저항적 비판 의식이란 바로 이러한 실천 의식을 말한다. 여기에서 사이드는 어느 정도 미국의 마르크시즘에, 특히 프레드릭 제임슨Fredric Jameson의 이론에, 이의를 제기하고 있기도 하다. 「미국의 '좌파' 문학 비평 고찰 Reflections on American 'Left' Literary Criticism」이란 글에서 사이드는 현존하는 지배 체제에 관심을 기울이지 않는 미국의 진보적 비평이 지배적 가치에 도전을 하기는커녕 이를 공고히 하는 데 기여하고 있다고 비판한다. 그러한 좌파 비평가 중의 대표적 비평가인 제임슨은―「미국의 '좌파' 문학 비평 고찰」에서 주비판 대상은 폴 드 만Paul de Man이지만―억압받는 주변부 집단들이 가질 수 있는 정치적 실천으로 이론적 마르크시즘의 '총체성'이란 개념에 비견되는 '연합 전선의 정치alliance politics'[10]를 주장한다. 이는 마르크시즘의 '총체성'이 갖는 이론적 포섭의 기능을 실천의 영역으로 확대한 것이다. 연합 전선의 정치란 마르

---

**9** *ibid.*, p. 14.
**10** Fredric Jameson, *The Political Unconscious: Narrative as a Socially Symbolic Act*(Ithaca: Cornell University Press, 1981), p. 54.

크시즘의 중요 개념인 집단의 역사, 집단의 정치라는 틀에 주변부 집단의 정치적 실천들을 포섭하는 실천을 뜻한다. 사이드는 직접 제임슨의 정치적 실천에 대한 언급을 하지는 않으나 어떤 식으로든 고정된 체제, 미리 주어진 가치 체계를 거부한다는 점에서 제임슨이 주장하는 마르크시즘의 실천과는 거리를 두고 있다. 사이드의 마르크시즘 비판에서 제임슨이 '부재'의 형태로 존재한다는 것은 뒤에 논의할 '결연' 개념이 제임슨의 '연합 전선의 정치'에 대한 비판이며 대안이기 때문이다. 사이드가 마르크시즘을 거부하는 태도는 집요하다.[11] 「세속 비평」에서 그는 "'비판하기 이전에 우선 연대'라는 단언은 비판의 끝을 의미한다"[12]라고 주장한다. 이런 태도는 유태인이면서 이스라엘의 팔레스타인 정책에 신랄한 비판을 가하는 노엄 촘스키Noam Chomsky를 "홀로 서 있는 과격주의independent radicalism"[13]의 대표적 지식인이라고 경의를 표하는 데서도 나온다.

중심 지배 체제에서 배제된 주변부 집단의 가치와 그들의 저항은 어떻게 이루어질까? 사이드의 지배 체제에 대한 저항 전략은 지배 체제와 질서를 거꾸로 이용하는 것이다. 사이드가 저항의 중요 전략으로 사용하는 '결연affiliation'[14]은 원래 구지배 체제가

---

[11] 현대의 진보적 이론들의 마르크시즘에 대한 비판은 집요하고 지속적이다. 포스트모더니즘 · 후기구조주의 · 현대 페미니즘 등의 이론이 이론적인 면에서, 그리고 실천적인 면에서 계급 중심의 마르크시즘을 비판한다. 그러나 이들 이론이 가하는 마르크시즘 비판은 대부분의 경우 고전적 마르크시즘의, 알튀세르에 의하면 잘못 읽은 마르크스의, 틀을 비판함으로써 마르크시즘의 문제점을 지적한다. 마르크시즘에서 계급 투쟁의 개념을 무시할 수는 없겠지만 마르크시즘은 다양하고 복잡한 사회구성체를 계급으로 환원시킨다거나 미래가 보장된 투쟁의 역사를 말하는 것은 아니다. 오히려 마르크스의 자본주의 체제 분석은 왜 자본주의가 그 체제를 잘 유지하는가라는 데에 주로 관심이 있다고 보는 것이 옳다. 이러한 논의가 이 정도의 각주로 처리될 수 있을 만큼 간단한 것은 물론 아니다.

[12] Edward W. Said, "Secular Criticism," *The World, the Text, and the Critic*(Cambridge : Harvard University Press, 1983), p. 28.

[13] Edward W. Said, "Orientalism Reconsidered," *Raca and Class* 27.2(Autumn 1985), p. 13.

제 기능을 하지 못할 때 그 지배 체제가 새로운 지배 질서를 구축하는 방식을 말한다. 사이드가 자신의 글에서 밝히지 않았으나 '종친filiation'과 '결연'의 개념은 원래 이슬람 문화에서 나온 것이다.[15] 코란이 가르치는 것은 혈연으로 맺어진 연대에서 벗어나 정신적이고 종교적인 믿음에 바탕을 둔 가족을 이루라는 것이다. 혈연적 관계인 '종친'에서 벗어나서 정신적·종교적 관계인 '결연'에 의한 공동체 건설이란 원래 어떤 사회의 지배적 가치를 다른 집단에 전파함으로써 그 집단을 포섭하는 개념이라고 일반화할 수 있다. 사이드가 예를 드는 T. S. 엘리엇의 경우, 『황무지』나 「프루프록의 연가」가 현대 사회의 불모성·황폐함 등을 말함으로써 자연적이거나 출생적인 관계에 의한 공동체 구성이 불가능함을 주장하는 것이라면 후기 작품인 『재의 수요일』이나 『사중주』 등은 종교나 제도 등을 통한 결연적 관계의 공동체 구성이 가능함을 주장한다고 할 수 있다. 엘리엇의 이데올로기가 영국 국교회에 바탕을 둔 왕정 보수주의라는 것은 이미 알고 있는 사실이다. 여기에서 사이드가 말하려는 것은 자신의 출신 때문에 자연적으로 갖게 된 소속감 대신에 지식이나 믿음 때문에 갖게 되는 새로운 의미의 소속 집단이 가능하다는 것이고 비평가는 이 둘의 차이를 의식하고 자신이 마주하는 사회 제도나 그 사회의 지배적 가치를 진단해야 한다는 것이다. 이러한 대안적 사회 내지 공동체가 가능하다고 생각하게 되면 현존하는 사회 제도와 가치를 어



---

**14** 김성곤 교수는 사이드의 filiation과 affiliation을 '파생'과 '제휴'로 번역한다. 그러나 이 말은 사이드의 진술 "if a filial relationship was held together by natural bonds and natural forms of authority 〔······〕 the new affiliative relationship changes these bonds into what seems to be transpersonal forms"에 적합하지 않은 듯하여 이들 각각을 자연적 혈연 관계를 의미하는 '종친'과 인위적 관계 맺음을 의미하는 '결연'으로 옮겨보았다.

**15** Ferial J. Ghazoul, "The Resonance of the Arab-Islamic Heritage in the Work of Edward Said," Michael Sprinker ed., *Edward Said: A Critical Reader*(Oxford: Blackwell, 1992), p. 168.

쩔 수 없는 것으로 받아들이지 않을 수 있다. 그렇게 되면 현존하는 지배 집단이 배제하려는 집단과 그 집단에 대한 제한·억압 등을 인식할 수 있는 시각을 가질 수 있다. 더 나아가 대안적 실천이 이루어질 수 있는 지평도 또한 열어놓는다. 사이드가 말하는 '결연'은, 브루스 로빈스가 지적하듯이, 모호하거나 가치 중립적인 개념이 아니라[16] 지배 집단이 피지배 집단, 주변적 집단을 포섭하는 방식을 거꾸로 받아들여 저항 전략의 출발점으로 삼는 개념이라 할 수 있다.

## 3. 사이드의 한계: 제3세계에 대한 거리 두기

그러나 '결연'의 개념이 강조점을 '저항'이 아니라 '대안'적 질서에 두면 저항의 효과는 미심쩍어진다. 사이드는 지배 집단의 권위에 도전하면서 끊임없이 바람직한 사회, 바람직한 대안을 제시한다. 『동양론』에서는 서구의 동양론에 의해 구성된 '동양'이 없어졌을 때 학자·지식인·일반 사람들이 '인간 공동체'를 진작시키는 공동의 노력을 하게 될 것이라고 얘기하고 「다시 생각해본 동양론」에서는 지배적 범주의 가치를 대신할 수 있는 '새로운 지식' '새로운 인간적 행위의 실천'이 가능해진다고 한다. 이 말은 프란츠 파농이 식민지 시대가 종식되었을 때 '신인본주의' 시대가 도래한다고 예언한 것과 궤를 같이한다고 볼 수 있다. 그러나 파농의 예언이 정치적 식민지 시대가 지나고 나서도 새로운 식민지 시대가 새로 자리잡을 것에 대해 심각한 주의를 기울이지 않았던 것과 마찬가지로 사이드 역시 현존하는 지배 체제가 언젠

---

**16** Bruce Robbins, "The East is a Career: Edward Said and the Logics of Professionalism," Michael Sprinker ed., *Edward Said: A Critical Reader*, pp. 61~62.

가는 종식될 것을 상정하는 데서, 그리고 그때에는 일종의 유토
피아가 도래할 것임을 상정하는 데서 '대안'에 바탕을 둔 그의 저
항 전략은 한계가 있다. 이러한 대안의 정치적 실천은 여러 대안
의 가능성을 상정하는 데서 또 어느 대안도 원칙상 부정할 수 없
는 데서 곧 상대주의·다원주의로 전락할 위험이 있다. 사실 사
이드는 다원주의를 옹호한다. 1995년에 한국에 번역된 『문화와
제국주의』에서는 '대위법'의 개념을 제시한다. 대위법이란 독립
적인 여러 선율이 동시에 경쟁적으로 연주됨으로써 음악적 질서
와 조화가 생기는 고전 음악의 방식을 말하는데 사이드는 이러한
대위법적 방식이 서양의 문화를 읽을 때 적용되어야 한다고 주장
한다. 그 결과로 새로 나타나는 대안적 담화들이 제도화되며 안
정된 담론의 실체를 이룬다는 것이다.[17] 그러나 여러 선율의 조화
라는 대위법의 방식이 제국주의 문화 읽기에 적용되었을 때는 사
이드가 애초에 의도한 반식민주의 저항과는 거리가 멀어져버린
다. 왜냐하면 다원주의란 지배 집단이 다양한 피지배 집단을 그
들의 단일 이데올로기로 포섭하여 통제할 수 없는 상황에서 지배
집단과 피지배 집단의 충돌을 방지하기 위해 일정한 한도 내에서
피지배 집단의 가치를 용납하는 방식을 말하기 때문이다. 이 경
우 강조돼야 할 지배/피지배, 억압/저항의 관계는 타협과 조화라
는 탈정치적인 관계로 변형되어버린다. 현재 미국의 제도 교육에
서 강조되는 무지개 프로그램rainbow program은 언뜻 보기에는
백인·아시아인·인디언의 문화와 가치에 대해 모두 동등한 위
상을 부여하는 것같이 보이지만 사실은 지배적인 백인 문화가 행
해왔고 행하고 있는 타문화에 대한 억압을 문제삼지 않게 하는
결과를 가져온다. 동일한 크기를 갖는다고 생각되는 무지개의 각

---

**17** Edward W. Said, *Culture and Imperialism*(New York: Alfred A. Knopf, 1993),
p. 51.

색깔에 백인 · 흑인 · 아시아인 · 남성 · 여성 · 동성애자 등의 가치를 대응시키는 것은 실재하는 다른 소수 집단의 가치에 대한 백인 남성 가치의 압도적인 억압과 지배를 망각하게 하는 결과를 가져온다.

이와 같이 사이드 자신은 저항적 지식인의 입장에 있으면서도 지배 문화에 어느 정도는 타협적일 수밖에 없는 이유는 위에서 밝힌 바대로 그의 처지 때문이다. 제3세계 출신이면서 제국주의의 세계에 거주하는 것은 한편으로 그가 말하듯이 제국주의 질서에 대한 교란 지점을 확보하고 있기도 하지만 어쩔 수 없이 그가 현실적으로 속해 있는 제국주의 체제를 전면적으로 거부하지 못하게 하는 결과도 가져온다. 사이드는 아랍 민족주의자들의 자신의 동양론 분석과 같은 것이 서구의 아랍 세계에 대한 통제에 기여한다는 비판을 논평하면서 "희극적"[18]이라고 냉소를 보낸다. 물론 사이드가 가하는 동양론 비판에 대해 제국주의의 드러내지 않는 음모로 몰아붙이는 태도에 대해서는 동의할 수 없다. 그러나 계속하여 서구 제국의 지배를 받아온 아랍 민족의 입장에서는 서구 제국의 내부에서 진행되는 아랍에 대한 논의는 의심의 대상이 될 수는 있다. 서구 제국에 맞서기 위한 효과적인 투쟁 전략으로서 배타적 회교 근본주의를 채택하고 있는 아랍 민족주의에 대해 일고의 가치도 없다는 듯 조소하는 사이드의 태도는 적어도 제3세계의 입장에서는 받아들일 수 없는 것이다. 우선 이런 이유로도 사이드가 김성곤 교수가 평하는 "제3세계적인 역사 인식과 저항"을 시작하게 한다거나 "제3세계 문학과 문화를 대변해온"[19]

---

**18** Edward W. Said, "Orientalism Reconsidered," *Race and Class* 27.2(Autumn 1985), p. 9.

**19** 에드워드 사이드, 김성곤 · 정정호 옮김, 「역자 서문: 에드워드 사이드의 '문화와 제국주의' 이론에 대해」, 『문화와 제국주의』, p. 12.

이론가라는 인식은 지나치게 사이드를 미화하는 것이고 사이드를 잘못 읽은 것이다. 사이드에 대한 적절한 평가는 아이자즈 아마드가 말한 "양면성ambivalence"[20]일 것이다. 아마드는 『동양론』에서 행했던 제국주의에 대한 신랄한 비판이 그 이후에 나온 저술들에서는 제3세계로부터 거리를 두고 제국주의 내부의 위치에서 행하는 저항을 찬양함으로써 사이드의 저항이 미심스럽다고 비판한다. 나로서는 『동양론』과 그후에 나온 글들 사이에 제3세계적인 역사관과 제1세계적이라는 역사관의 차이가 작용한다는 아마드의 견해에 동의할 수 없지만 사이드의 이론적·정치적 실천이 크게 보아 긍정적인 면과 부정적인 면을 모두 가지고 있다는 점에서는 아마드의 견해에 동의한다.

아마드는 사이드의 활동에 일단 찬사를 보낸다. 문학을 가르치는 교수이면서도 대학의 교실이라는 비좁은 영역을 박차고 나가 미국의 제국주의를 비판한다든지 서구의 지식인이면서도 팔레스타인 출신임을 잊어버리지 않으면서 팔레스타인 해방 운동에 계속하여 참여한다든지 하는, 더 나아가 그의 이러한 활동이 그를 때때로 암살 위협에 몰아넣을지라도 이에 굴하지 않는 사이드에게 아마드는 경의를 표한다. 그러나 사이드가 식민지 모국에서 활동하는 제3세계 출신 지식인이 진정한 제국주의 비판을 할 수 있다고 함으로써 자기 자신의 입장을 옹호하는 주장에 대해서 아마드는 참을 수 없어한다. 아마드는 제국의 중심부에서 활동하는 지식인들이 피억압자로서의 자신들의 목소리를 내기 위해 단지 '제3세계 출신'임을 강조할 때에는 설득력이 없다는 것이다. 사실 사이드 자신을 비롯하여 사이드가 찬사를 보내는 라나지트 구



---

**20** Aijaz Ahmad, "Orientalism and After: Ambivalence and Metropolitan Location in the Work of Edward Said," *In Theory: Classes, Nations, Literatures*(London: Verso, 1992), pp. 159~219.

하, 가야트리 스피박 등은 그들이 원래 소속되어 있던 인도 사회나 팔레스타인 사회에서 본다면 상류층, 심하게 말하면 식민 체제에 영합함으로써 특권을 차지하고 있었던 매판 계급에 속한다 할 수 있다. 이렇게 계급이라는 관점에서 보았을 때 피억압 집단에 속한다고 자신들을 규정할 수 없기 때문에 마르크시즘을 그리고 마르크시즘이 강요하는 집단적 입장의 선택을 사이드는 거부한다고 아마드는 지적한다.[21] 마르크시스트 입장에서 사이드를 비판하고 있는 아마드가 보기에 이런 '입장'을 취하지 않음으로써 사이드는 제3세계 민족주의에 동참할 수 없게 된다는 것이다. 사이드는 제3세계의 중요성을 말하면서도 그가 다루는 제3세계 텍스트는 서구에 널리 알려진 극히 제한된 부분이며 또한 그러한 텍스트를 다룰 때에도 서구의 고급 문화 텍스트를 다룰 때 보이던 자세함, 정교함, 새로운 안목 등이 결핍되어 있다. 결국 사이드는 제3세계의 문학·문화·민족주의에 상당히 제한적으로만 공감을 표시하고 있다. 어떤 '입장'을 취한다는 것은 사이드의 말대로 어떤 면에서는 자신을 폐쇄시키는 결과를 가져올 수도 있지만 또 다른 면에서는 입장을 취하지 않았을 때 얻지 못하는 새로운 지평을 얻을 수도 있기 때문이다. 아마드 쪽에서 보았을 때 사이드는 '입장'을 취하고 있다. 즉 '개인적' '세속적' '저항적' '식민지 모국의 지식인적' 등의 입장을 취하고 있는 것이다. 아마드의 불만은 그가 '마르크시스트'와 같은 집단적 입장을 취하지 않음으로써, 즉 마르크시스트가 되지 않음으로써, 제3세계의 민족주의에 거리를 둘 수밖에 없다는 것이다.[22]

---

**21** 앞의 글, pp. 218~19.

**22** 철저한 마르크시즘의 옹호자인 아마드는 이론적으로 제3세계의 존재를 인정하지 않는다. 그에게는 자본주의와 사회주의의 대립이 있을 뿐이다. 이 논지는 제임슨을 비판한 글에 잘 나와 있다. 그의 "Jameson's Rhetoric of Otherness and the 'National Allegory'," *Social Text* 15(Fall 1986), pp. 95~122 참조.

　　아마드식의 논점으로 본다면 사이드가 제국주의 체제 내에서 제국주의의 언어를 (단순히 영어만이 아니라 방법론적·이론적 틀을 포함한) 거꾸로 이용하여 제국주의 체제를 비판하는 것은 단지 제3세계 출신 지식인이 서구에서 살아남기 위한 전략 정도라는 것이다. 그러나 사이드의 작업은 대부분이 인정하다시피 이보다는 좀더 의의가 있다. 사이드의 작업이 일관적이지 못하고 또 서구의 고전적 휴머니즘에서 못 벗어났다는 주장에 대해 제국주의 체제 내의 청중들이 이해하고 공감할 수 있는 지평을 확보하기 위한 전략의 일환으로 전통적 휴머니즘의 자세를 때때로 취하고 있다고 티머시 브레넌은 사이드를 옹호한다.[23] 또한 아마드의 사이드 비판을 직접 논의하면서 마이클 스프링커는 동구권의 몰락 이후 제3세계 민족주의가 더욱 위축된 역사적 시점에서 제3세계의 가치를 서구 제국의 내부에서 사이드만큼 옹호한 지식인이 없다는 점에서 그의 공을 인정해야 한다고 주장한다.[24] 아마드와 이들이 다른 점은 사이드를 포함한 이들 서구의 지식인들은 그들이 이미 속한 서구 사회의 지배 질서에 대한 효과적인 저항을 모색하고 있다는 점이다. 아마드를 포함한 제3세계에 속한 진보적 지식인들은 제국주의 체제 내에서 작업하고 있는 이들 진보적 지식인들과는 다른 — 말하자면 사이드와는 다른 — 저항 전략을 모색할 수밖에 없다. 물론 이들 제국주의 체제 내의 진보적 지식인들의 저항 전략을 수정하여 받아들임과 동시에 우리에게 맞는 저항 전략을 개발해야 한다는 뜻이다. 이의 가능성을 사이드를 염두에 두며 간단히 논의해보겠다.



---

**23** Timothy Brennan, "Places of Mind, Occupied Lands: Edward Said and Philology," Michael Sprinker ed., *Edward Said: A Critical Reader*, pp. 74~95.

**24** Michael Sprinker, "The National Question: Said, Ahmad, Jameson," *Public Culture* 6(1993), pp. 3~29, 특히 pp. 10~19.

## 4. 우리의 반식민 저항

위에서 제국주의 체제 내에서 활동하는 제3세계 출신 지식인으로서의 사이드의 기여와 한계를 살펴보았다. 만일 그가 이집트의 카이로 대학교 또는 한국의 서울대나 중앙대에서 가르치고 있다면 어떤 작업을 하고 있을까? 형편없는 도서관 시설이나 그 외 여러 열악한 학문적 조건을 일단 배제한다면 현재의 그의 작업과 비슷할까? 어느 장소에 있더라도 문제되는 것은 어떤 정치적 입장이냐 하는 것이기 때문에, 즉 이데올로기의 문제이기 때문에, 지리적 문제는 그리 중요한 논란거리가 아니라고 주장할 수도 있을 것이다. 그러나 장소의 문제는 정치적 입장의 문제를 조건짓기도 한다. 왜냐하면 제3세계에서 지식인이 맞대고 이야기해야 하는 제3세계의 청중이나 독자는 제국주의 내부의 독자나 청중과는 다르기 때문이다. 스탠리 피쉬의 표현을 빌리면, '해석의 공동체 interpretive community'가 다르기 때문이다. 보수적이고 비정치적인 피쉬의 '해석의 공동체' 이론을 조금 연장 확대하면 다른 집단 사이의 정치적 입장을 설명하는, 그리고 그들의 현상을 읽어내는 방식을 잘 설명해준다.[25] '해석의 공동체'가 다르다는 것은 현실을 보는 시각과 입장이 다르게 구성됨을 의미하며 더 나아가서 지배 체제에 대항하는 전략도 다르게 구성됨을 의미한다.

---

**25** Stanley Fish, *Is There a Text in This Class?: The Authority of Interpretive Communities*(Cambridge : Harvard University Press, 1980), 특히 6장 "Interpreting the Variorum"을 볼 것. 여기에서 피쉬는 어떤 텍스트에 대한 해석의 다양성 또는 일관성은 그 텍스트에 고유한 어떤 자질에 의하여 결정되는 것이 아니라 그 텍스트(여기에서 '텍스트'는 잠정적으로만 사용된다)를 맞대는 독자의 집단이 다르거나 일관적이기 때문에 생긴다고 한다. 즉 '해석의 공동체'가 텍스트를 구성한다는 것이다. 그러나 피쉬는 다수 '해석의 공동체' 간의 차이와 경쟁에 대해서는 별 설명이 없다. 어느 한 집단의 해석의 공동체에 소속되어 그 해석을 공유하는 것은 순전히 '주관적인' 판단이라는 그의 설명은 그의 한계를 드러낸다.

사이드가 소속된 해석의 공동체는 제3세계에 속하는 우리가[26] 소속된 해석의 공동체와는 다르다. 1995년에 사이드가 서울대에서 초청 강연을 하고 나서 질문 시간에 어떤 청중이 제국주의에 예속된 한국의 문화 또는 제3세계의 문화에 대해 어떻게 생각하나는 질문을 한 적이 있다. 사이드는 단호하게 서구의 지배는 종식되고 있다고, 문화적 예속이란 없다고 대답했다. 너무나 자신에 찬 그의 대답에 더 이상의 논의나 질문이 없었지만 사이드의 입장의 한계를 말해주는 상황이었다. 그 청중의 질문은 소위 식민지 시대가 지난 뒤에 더욱더 집요하게 덮씌워오는 제국주의의 이데올로기적·문화적 지배에 대해 제3세계 민족주의자로서의 위기감을 표현한 것이었다. 이러한 위기 상황을 의식하지 못한다면, 그리고 소수 엘리트 집단의 저항적 활동으로 '탈'식민주의 시대가 도래했다고 믿는다면 계속 변화하는 상황에 변신하며 지배를 강화해오는 제국주의에 속수무책일 것이다. 그 당시 사이드는 한 번 강연으로 2만여 달러(자세한 거래는 모르나 그렇게 들었다)를 받는 서구의 지식인 연설가로서 우리 앞에 있었던 것이다. 그러나 사이드가 제3세계에 삶의 터를 새로 차리고 우리와 더불어 작업한다면 달라질 것이다.

사이드가 제3세계의 지식인이라면 우리는 그와 더불어 제3세계 반식민 저항을 함께하는 '해석의 공동체'를 확대하는 데 이바

---

26 필자 자신의 논지를 약화시키는 말이기는 하지만 한국이 제3세계에 속한다는 일반적인 인식에 개인적으로 필자는 선뜻 동의하지 않는다. 식민 체제를 겪었다는 사실이, 그리고 미국이나 일본에 경제적·정치적·이데올로기적으로 종속되었다는 사실로는 제3세계라 할 만하다. 그러나 남미나 동남아시아·아프리카 심지어 동구권에까지 뻗어가는 한국의 자본, 그리고 한국 내의 노동력과 중국·동남아시아 등으로부터 오는 이입 노동력 간의 분화, 이에서 결과되는 제3세계 노동력의 착취, 저개발 국가의 원시 문화를 찾아 보여줌으로써 그들에 대한 문화적 우월감과 정복과 지배의 가능성을 북돋우는 방송 프로그램 등은 한국이 이미 제국주의의 대열에 끼어 있음을 말해준다. 한국의 진보적 지식인은 이제 미국의 제국주의에 대해서뿐만 아니라 한국 제국주의에 대해서도 본격적으로 분석하고 비판해야 한다.

지할 것이다. 왜냐하면 '해석의 공동체'는 교육에 의해 구성되는 것이기 때문이다. 현재 여러 곳에 퍼져 있는 진보적 학자들의 작업에도 불구하고 반식민 저항의 싸움터가 되어야 할 대학 교육의 장은, 특히 외국 문학 교육의 장은, 여전히 식민 이데올로기를 자연스레 이입하는 장이 되고 있다. 우선적 과제는 신비평의 탈정치성으로 위장된 식민 교육을 받은 교수들이 지배적인 외국 문학 교육의 장에서 이루어지고 있는 서양 고전 중심의 식민주의 휴머니즘 교육에 대한 훼방이다. 이는 사실 쉬운 싸움이 아니다. 다수를 차지하는 인본주의 교육자들에 의해 이미 문학 교육을 받고 있고 또 감수성을 계발하거나 인간의 가치를 높이는 것이 문학이라고 십수 년을 주입받아온 학생들에게 외국 문학이 식민 이데올로기를 전파하는 것이라고 교육하기란 쉽지 않다는 것이다. 이러한 상황을 타개하기 위한 전략으로 우선 사이드가 말하는 '결연'의 이론을 우리식으로 고쳐 생각할 수 있다. 외국 문학을 가르치는 사람으로서 필자는 다음의 프로그램을 염두에 두고 있고 실천하고 있다. 필자는 스스로 페미니스트라 규정할 자신이 없지만 강의실에서 페미니즘을 많이 이야기한다. 이는 페미니즘의 이론적 진보성과 반식민주의를 연결시키려는 시도이기도 하지만 그보다는 진보적 페미니스트들에 대한 지지이며 그에 대한 보답으로 반식민주의 이론에 대한 지지를 기대하고 있기 때문이다. 필자의 방식에 동의하든 그렇지 않든 간에 어떤 식으로든 교육에 종사하는 진보적 비평가들의 제휴 내지 결연이 필요하다고 본다. 어떻게 보면 페미니즘은 좋은 출발점이기도 하다. 진보적 계급이나 반식민 투쟁 등의 용어나 개념에 거부 반응을 보이는 1990년대 이후의 학생들도 남녀의 차이, 성의 분화, 갈등 등을 이야기하는 페미니즘의 이론에는 귀를 기울일 준비가 되어 있다. 모순, 갈등, 지배, 정체의 이데올로기적 구성 등을 남녀의 문제로 논의하면서 교육하면 일반적인 문화 사회 현상을 이와 같은 틀로 구성하는 '저항'의 '해석 공동체'가 구성된다. 이렇게 구성된 '해석의 공동체'는 어렵지 않게 반식민 저항의 '해석 공동체'로 확대되거나 전이될 수 있다. 왜냐하면 페미니즘이나 마르크시즘, 반식민 이론은 갈등과 저항을 이론적 틀의 기본으로 삼고 있기 때문이다. 이런 과정을 통하여 성·계급·제국주의 등의 문제를 논의하는, 그리고 그런 기존 지배 질서에 저항하는 '해석의 공동체들'이 이론적으로 더 나아가 실천적으로 '결연'이 이루어진다. 이러한 저항적 해석의 공동체는 앞에서 사이드에게 질문한 그 청중이 걱정하는 대중 문화에도 확대된다. 이데올로기나 자본으로 제국주의가 판을 치는 현 문화 현상에 대해 현재의 대학 교육은 속수무책이다. 교과 과정이란 이름으로 꽉 짜여진 틀 안에서 기껏해야 1920년대 정도까지 씌어진 문학 작품만을 가지고 논의를 하는 영문학 교육은 서태지나 핑클의 음악에서 제국주의의 이데올로기가 어떻게 지배하고 있는지, 또는 어떻게 그에 맞서 싸우고 있는지에 대해 논의할 준비를 전혀 못 시키고 있다. 대학의 문학 교육이 『구운몽』이나 『폭풍의 언덕』에 머무르는 한 현실 문화에 대한 진술은 극히 제한적일 수밖에 없다. 갈등과 모순을 밝혀내는 것으로서 '결연'이 이루어지는 저항적 '해석의 공동체'는 기존의 대학 교과 과정의 틀을 깨고 현실 문화에 대해서도 개입을 시작할 것이며 이를 통해 우리 문화에 지배적인 제국주의 이데올로기에 대해 저항하는 싸움터를 만들어갈 것이다.

# 제4장 서구의 제3세계 담론
## —— 제임슨, 아마드, 스피박



오늘날 미국에서 행해지는 교육을 언뜻 살펴보면 백인 중심의 제국주의는 이제 더 이상 존재하지 않는 것같이 생각된다. 백인의 역사와 문화만이 진정한 역사와 문화라는 제국주의적 사고는 다양한 인종과 집단의 다양한 문화와 역사가 모두 존중되어야 한다는 문화 다원주의의 지배적 흐름에 의해 더 이상 설자리가 없는 듯이 보이기 때문이다. 대학의 교과 과정과 교수들의 구성에 있어서도 마찬가지다. 대부분의 대학에서 아시아·아프리카·남아메리카 등 과거에 무시되어왔던 지역의 문화와 역사가 진지한 학문적 조명을 받으며 연구되고 교육되고 있으며 또한 교수진의 구성 역시 과거와는 달리 흑인이나 아시아 지역 출신이 상당한 정도 차지하고 있으며 이러한 추세는 더욱 가속화되고 있기 때문이다.

그러나 이런 고무적인 현상에도 불구하고 미국의 제국주의는 더욱더 야만적이 되어가고 있음도 또한 분명하다. 최근에 있었던 정당화될 수 없는 미국의 아프가니스탄 침략이나 미국 내의 최하층 노동 계급을 형성하며 대다수 미국인들의 삶의 질을 고급화시키는 데 기여하고 있는 불법 체류 외국인에 대한 사회 보장 제도의 무자비한 박탈은 이러한 사실을 여실히 말해주고 있다. 이러한 미국의 패권적 제국주의의 횡포는 위에서 진술한 미국 교육의 고무적인 현상을 단지 긍정적으로만 받아들일 수 없게 만든다. 따라서 우리는 미국 교육의 변화를 양면적으로 평가할 수밖에 없다. 한편으로는 현재 미국에서 논의되는 제3세계의 문화적 가치의 옹호에 대한 여러 진술들은 제3세계 자체에 대한 진술이라기보다는 미국의 이미 다원화된 인종과 문화의 구성에 대한 진술, 즉 미국 내의 다양하고 이질적인 역사와 문화 집단을 지배적인 백인 중심 집단의 가치에 접목하여 포섭하려는 시도라고 이해해야 한다는 것이다. 다른 한편으로는 직접적이고 실질적인 영향력이라는 면에서는 대통령이나 국회의원과 같은 직접적인 폭력의 행사자들과 비교해볼 때 미약한 존재이긴 하지만 적어도 교육 기구를 통해 지배 계급과 그 지배 계급이 형성하는 지배 이데올로기에 대한 저항이 지속되었으며 어느 정도 성공하고 있다고 말할 수도 있다는 것이다. 전자와 후자는 서로 모순되는 진술이긴 하지만 이 둘의 작용을 동시에 고려했을 때에야 우리는 현재 미국에서 이루어지는 진보적 지식인들의 작업에 대해 정당한 평가를 할 수 있다.

위와 같은 일반적 사실을 염두에 두고 여기에서는 제1세계의 진보적 지식인을 대표한다고 할 수 있는 마르크시스트 비평가 프레드릭 제임슨의 제3세계 담론, 그리고 그러한 제1세계 진보적 지식인에 대해 도전하는 제3세계 지식인 아이자즈 아마드의 서구 담론 비판, 그리고 서구의 교육을 받은 제3세계 출신 지식인인 가야트리 스피박이 개입하는 서구의 제3세계 담론을 살펴봄으로써 서구에서 생산되는 진보적 지식이 한국에서 어떻게 수용되어야 할 것인지를 생각하려 한다.


## 1. 프레드릭 제임슨: 제3세계 후견인

현재 활동하고 있는 서구의 비평가 중 프레드릭 제임슨만큼 한국의 독자에게 익숙한 비평가도 드물 것이다. 그의 여러 저술들이 한국어로 번역되었을 뿐만 아니라 한국에서 행하는 마르크시즘의 문학 이론 논의가 상당한 정도 그에 의지하고 있기 때문이다. 제임슨이 한국과 같은 비서구 세계에서 의의를 갖는 것은 그가 제1세계에 위치해 있으면서 자본주의와 제국주의 체제, 그리고 그 문화에 대한 이론적이고 분석적인 비판을 제공하고 있기 때문이다.

여기에서 논의하려 하는 그의 글 「다국적 자본주의 시대의 제3세계 문학」[1]을 읽어본 독자라면 제3세계에 속했다고 생각되는 우리에게 무척이나 고무적인 진술을 하고 있다고 생각할 것이다. 제1세계의 문학, 그리고 여타 문화적 생산물들이 직접적으로 사회적·집단적 진술을 하지 못하고 있는 반면 제3세계의 문학 작품은 의식적이고 분명하게 민족 문제에 대한 집단적 진술을 하고 있다고 그가 주장하고 있기 때문이다. 그가 행하는 서구 문화적 생산물들에 대한 분석이 궁극적으로 정치적이고 역사적인 작업이기 때문에 그의 이와 같은 진술은 서구의 문화적 생산물은 기본적으로 정치적·집단적 의식이 무의식적으로 재현되고 있는 반면 제3세계의 문학 작품은 그런 의식이 직접적이며 의식적으로 재현된다는 주장이다. 따라서 제3세계 문학에 들어 있는 집단 의식과 그 집단의 사회 변혁 의지가 서구 문학 내지 문화적 생산물을 분석할 때 필요한 복잡한 이론적 분석 과정을 거치지 않고도 드러난다는 것이다. 그는 제3세계의 문학 작품은 '민족적 알레고리' 즉 "개인적인 운명을 다루는 이야기라 할지라도 그러한 이야기는 항상 제3세계의 험난한 위험에 빠진 문화와 사회적 상황에 대한 알레고리"[2]라고 한다. 이러한 주장을 예증하기 위해 그는

---

**1** Fredric Jameson, "Third World Literature in the Era of Multinational Capitalism," *Social Text* 15(Fall, 1986), pp. 65~88.

제국주의 침략 시기의 중국의 상황을 재현한 루쉰의 작품과 현대 신식민 시대의 서구 자본에 의해, 그리고 그 자본에 기생하는 매판 계급에 의해 유린받는 세네갈의 상황을 그리는 우스먼 셈벤Ousmene sembène의 「저주」라는 작품을 든다. 간단히 말해 루쉰의 작품이 민족적 위기에 대처하는 지식인의 사명에 대한 진술[3]이라면 셈벤의 작품은 상부상조하는 공동체 원칙을 천명하는 진술[4]이며 이러한 삶의 가치는 제3세계의 문학 작품에서야 찾을 수 있다는 것이다.[5]

제임슨의 이와 같은 주장을 "제3세계가 제3세계의 해방뿐만 아니라 전세계의 해방을 위한 비전을 가질 수 있음은 제임슨이나 우리의 민족문학론자들이나 공히 인정하는 바다"[6]라는 식으로 받아들이는 입장이라면 제임슨에 대해 우리는 감사의 마음을 가져야 할 것이다. 왜냐하면 제국주의가 지배하는 서구 체제 내에서 우리가 해야 할 말을 그가 대신해주고 있기 때문이다. 또한 이 말을 뒤집어 얘기하면 제임슨이 우리에게 우리의 사명과 가능성에 대해서 우리 대신 말해주고 있다는 것이기도 하다. 이러한 제임슨의 대신 말해주기는 마르크스가 나폴레옹 3세가 집권하는 과정을 그린 「루이 보나파르트의 안개의 달 18일」에서 분석하는 계급 형성의 조건을 상기시킨다. 즉 농민 계층이 타계급에 대해 경제적·문화적으로 적대적 관계에 놓여 있다는 점에서 계급 형성 조건을 갖추었으나 그들의 경제적 이익에 근거한 공동체 의식이 형성되지 않을 때는 하나의 계급으로 형성되지 못한다는 진술을 상



---

**2** Jameson, *ibid.*, p. 69.

**3** Jameson, *ibid.*, p. 74.

**4** Jameson, *ibid.*, p. 86.

**5** 제임슨의 이 글에 대한 다른 관점의 요약과 해설에 대해서는 이경덕, 「모더니즘, 포스트모더니즘, 제3세계」, 『실천문학』 34호(1994년 여름), pp. 253~81 참조.

**6** 이경덕, 위의 글, p. 280.

기시키는 것이다. 이렇게 계급이 형성되지 못하고 따라서 그들 자신들의 이익을 집회나 의회를 통하여 발언할 수 없을 때에 그들의 후견인이라고 자처하는 어떤 인물이 그들의 이익을 대변하는 척하는 '대표자'가 된다는 것이 마르크스의 주장이다.[7] 제임슨이 제3세계의 목소리를 대신 말해주는 대표자가 된다는 것은 그가 이 논문에서 아프리카와 아시아의 목소리를 함께 엮어 진술한다는 점에서 더욱 그렇다. 아시아와 아프리카, 즉 공통의 경제적·문화적 이익 관계를 가진 아프리카와 아시아가 공동의 목소리를 내지 못하는 상황에서 — 마르크스의 표현으로는 동질적이기는 하지만 자체 모양을 형성하지 못하는 포대 속에 들어 있는 감자들인 아시아와 아프리카 사람들 — 제임슨이 아시아와 아프리카의 역사적 위치를 말해주고 있기 때문이다.

그러나 제임슨은 이 논문에서, 루이 보나파르트가 농민 계층을 위해 쿠데타를 일으키지 않은 것과 마찬가지로, 제3세계를 위해 제3세계와 제3세계의 문학을 다루는 것은 아니다. 그는 제1세계의 대학에서 문학을 가르치는 교수의 입장에서 보편 문학 또는 세계 문학의 일환으로서의 제3세계 문학을 논의하고 있는 것이다. 이 논문의 도입부에서 그는 "위대한 책, 위대한 정신, 위대한 사상"이란 말로 대표되는 서구 중심 정전 교육이 더 이상 설득력이 없다고 말하면서 이를 대신할 새로운 교과 과정 수립을 위해 제1세계에서의 제3세계 문학의 의의를 논의하고 있다. 물론 제임슨은 세계 문학이란 이름으로 제3세계 문학 작품을 서구 문학 작품의 목록에 구색 맞추기 위해 끼워 넣는 방식으로는 '세계 문학'의 위상을 정립하지 못함을 알고 있다. 이런 맥락에서 그는 제3세계의 문학과 문화적 생산물이란 제국주의와의 죽기 아니면 살기식

---

**7** Karl Marx, *The 18th Brumaire of Louis Bonaparte*(New York: International Publishers, 1963), p. 124.

의 싸움의 과정에서 생산된 것이며 따라서 제3세계 문학이란 제1
세계에 처한 '우리'로 하여금 '밖에서' 과거의 문화가 남아 있는
그런 지역에서 행하는 '우리'의 역할을 알게 해준다는 것이다.[8]

이렇게 놓고 보면 제임슨이 전제하고 있는 것은 제3세계와 제3
세계 문학이 제1세계와 제1세계 문학과는 다르게 구성되어 있음
을 알 수 있다. 이러한 전제는 익히 알다시피 에드워드 사이드가
그의 『동양론』에서 비판하고 있는 서구 제국주의의 동양 담론과
같은 것이다. 물론 제임슨은 사이드의 『동양론』을 의식하고 있
다. 따라서 그는 제3세계가 서구와는 다르다는 것을 부정하게 되
면 매우 일반적인 휴머니즘의 보편주의에 빠질 수밖에 없다고 한
다. 그러나 제3세계가 서구와는 근본적으로 다르다는 것을 부정
하는 것이 단지 일반적인 보편주의적 시각을 가지고 있어서는 아
니다. 제임슨이 다른 곳에서 서구 세계를 분석하면서 하는 진술
을[9] 그의 제3세계에 대한 진술에 그대로 적용해본다면, 제3세계
사회 구성 역시 다양한 생산양식이 그 자체들의 통시적인 역사적
변환 과정을 거치면서 동시에 공존하고 있음을 알 수 있다. 말하
자면 제3세계란 서구 제1세계와의 관계에 있어서 서구의 지배 대
제3세계의 피지배라는 이원적 관계에서 후자를 차지하고 있지만
또한 제임슨이 견지하는 역사주의적 관점으로 보았을 때는 미래
에 나타날 제1세계적 요소들을 현재에도 가지고 있으며 또한 극
복했다고 생각되는 고대 사회나 중세의 봉건주의적 요소도 갖고
있다는 것이다. 한국이 제3세계로 규정될 수 있다 해도 현대 · 삼
성 등이 주도하는 다국적 자본주의 체제에서 한국은 기술과 자본
이라는 제1세계의 제국주의적 속성을 가지고 저임금 노동을 제공



---

**8** Jameson, *ibid.*, p. 68.

**9** Fredric Jameson, *The Political Unconscious: Narrative as a Socially Symbolic
Act*(Ithaca : Cornell University Press, 1981), p. 97.

하는 동남아시아나 남미를 지배하고 있다. 또한 다음 세대 국가 지도자나 통일 등 민족의 운명에 관한 문제에서도 고대 신권 사회에나 있을 법한 점쟁이의 말을 경청하고 있는 사회가 바로 한국 사회인 것이다.

위에서 간단히 살핀 제임슨의 오류는 역사 발전 과정에서 선발주자의 역할을 한다고 여겨지는 제1세계의 관점에서 제3세계를 보고 있다는 점이다. 물론 제임슨은 제1세계의 역사적 선두 역할에 대해 긍정적인 평가를 하고 있지는 않다. 그가 헤겔의 유명한 주인과 노예의 의식에 대한 논의를 빌려서 제3세계가 진정한 역사 인식을 가지고 있다는 진술은 언뜻 듣기에는 좋은 말일 수도 있다. 그러나 비록 역전된 역사 과정이라 하더라도 제1세계의 현대성, 아시아의 근대성, 그리고 아프리카의 원시성을 대비시켜서 역사를 선적인 관계로, 따라서 현 세계 체제를 선적인 역사 발전 관계의 공시성을 보여주는 것으로 진술하는 것은 단지 제3세계의 보호자 내지 후견인 역할을 한다고 의식하는 서구 지식인의 서구 중심적 의식인 것이다. 아무리 제3세계가 진실한 역사 인식을 가지고 있다고 주장하고 그러한 역사 인식을 서구의 지식인이 배워야 한다고 주장하더라도 서구의 제3세계에 대한 지배가 종식되는 것은 아니다. 제3세계의 역사 현실은 제임슨이 생각하는 것보다 훨씬 중층적으로, 그리고 모순적으로 구성되어 있다(필자는 알튀세르의 사회구성체 이론을 받아들이고 있다. 이 이론은 이어서 논할 아마드에게도 역시 적용된다). 근본적으로 제3세계를 타자로 인식하고 있는 제임슨과 같은 서구 지식인의 제3세계관은 제1세계의 완성을 위해 제3세계가 존재한다는 것이다. 다음은 제임슨의 위의 논문을 비판함으로써 서구의 진보적 지식인들의 주목을 받게 된 제3세계 출신 지식인 아이자즈 아마드의 제1세계의 제3세계 담론에 대한 제3세계 지식인의 개입을 살펴봄으로써 서구 담론 체계에서의 제3세계의 위치를 알아보자.

## 2. 아이자즈 아마드: 제3세계에서의 저항 담론



서구 마르크시스트의 거장인 제임슨의 제3세계 문학에 대한 논의를 신랄하게 비판함으로써 일약 제1세계의 진보적 지식인들의 주목을 받게 된 아이자즈 아마드는, 논리의 탁월함이나 정교한 이론 체계보다도 제3세계 지식인의 제1세계의 제3세계 담론에 개입해서 목소리를 내고 있다는 점에서 의의가 있다. 물론 제3세계에서 활동하며 제1세계 담론 체계를 비판하는 지식인은 아마드 말고도 많고 또 더 주목할 만한 논의를 하고 있는지도 모른다. 그러나 아마드의 작업은 제3세계 지식인이라는 정체성을 유지하면서 서구 지식 체계에 개입함으로써 서구 지식인들의 주목을 받고 있기 때문에 중요하다. 제임슨의 논문을 비판한 「제임슨의 타자성의 말장난과 '민족적 알레고리'Jameson's Rhetoric of Otherness and 'National Allegory'」로 주목을 끈 이후 곧 이어서 이 논문을 비롯하여 제3세계 문학, 에드워드 사이드, 제3세계 출신 제1세계 작가 등을 논의한 글을 묶어 『이론에서: 계급, 민족, 문학 *In Theory: Classes, Nations, Literatures*』을 펴냈다. 『공공 문화 *Public Culture*』지는 1993년 가을호에 이 책을 특집으로 다룸으로써 제1세계에서의 그의 중요성을 부각시켰다. 여기에서는 그의 제임슨 비판을 잠깐 살피고 그의 제3세계론의 문제점을 논의하겠다.

아마드는 제임슨의 제3세계 문학론을 비판하기 위해 제임슨이 전제하고 있는 세계 체제론──제1세계, 제2세계, 그리고 제3세계로 이루어진다는──을 우선 읽는다. 그리고 이러한 세계 체제론에 근거하여 제3세계 문학은 '민족적 알레고리'라는 제임슨의 주장의 문제점을 지적한다. 그는 제임슨이 말한 "모든 제3세계 문학은 민족적 알레고리이다"라는 말은 사실상 "민족적 알레고리를 제공하는 문학 작품만이 진정한 제3세계 문학 작품이고 따라서 그 외의 문학 작품은 제3세계 문학 작품이 되지 않는다"[10]고 한다. 더 나아가 이 말은 제3세계 문학 작품에 대한 사실적 진술이라기보다는 제1세계의 권위 있는 아버님 말씀이 되어 "너희들은 내 체계에서 인정받으려면 이러이러한 문학 작품을 써야 하느니라"[11]라는 것이다. 이렇게 요약할 수 있는 아마드의 진술은 크게 보아 두 가지의 논점을 담고 있다. 하나는 제임슨의 제3세계 인식에 대한 비판이며 또 하나는 제1세계의 아버님의 권위에 대한 도전이다.

아마드는 우선 제임슨의 제3세계와 제3세계 문학에 대한 사실적 진술에 대해 반박한다. 그는 제임슨이 전제하고 있는 세 개로 구성된 세계 체제론을 비판하는 것이다. 그에 의하면 세계는 세 개의 다른 체제로 구성되어 있는 것이 아니라 하나의 체제로 구성되어 있으며 그것은 자본주의, 또는 제국주의 체제이며 소위 제2세계라고 불리는 사회주의 체제는 제3세계와 마찬가지로 전 지구적 자본주의 체제에 대한 저항 체제를 이름한다는 것이다. 더 나아가 후발 자본주의 체제에서도, 예를 들어 그가 살고 있는 인도에서도, 선진 자본주의 체제에서 나타나는 계급 분화와 모순이 동일한 양상으로 나타난다는 것이다. 요는 제임슨의 이론적 틀인 헤겔식 역사주의 이론으로서 설명할 수 있는 제1세계와 제3세계식의 이원적 투쟁이 아니라 알튀세르의 틀로 설명되는 중첩적 모순으로 세계가 구성된다는 것이다. 이러한 세계 인식은 문

---

**10** Aijaz Ahmad, *In Theory: Classes, Nations, Literatures*(London: Verso, 1992), p. 107.
**11** Ahmad, *ibid.*, p. 107.

학 작품에도 적용된다. 그는 제임슨이 서구 문학이 개인적이라는 주장에 반박하여 랠프 엘리슨Ralph Ellison이나 리처드 라이트 Richard Wright 등의 문학 작품은 제임슨이 제3세계의 집단 의식이 재현된다는 문학 작품의 유형에 해당하며 포스트모더니즘이 지배한다고 말하는 미국에서 현재 진행되고 있는 흑인 문학이나 여성 문학의 유형들은 바로 집단 의식의 표출이라고 반박한다. 또한 제3세계에서 씌어진다는 문학 작품의 경우에도 제임슨의 틀로는 설명할 수 없다는 것이다. 그는 이러한 반박의 예로 힌두어와 영어가 지배적인 인도에서의 소수 인종 집단의 문학인 우르두 문학을 든다. 1947년 이전 소위 식민 시대에 씌어진 우르두 문학의 대부분은 식민지 경험과는 무관한 봉건 지주의 야만성, 광신 종교에서 행해지는 살인과 강간, 고리대금업자의 하층민에 대한 횡포 등이 두드러진 주제라는 것이다. 또한 1947년 이후의 우르두 문학은 바로 제1세계에 대한 제3세계의 저항이라기보다는 힌두·모슬렘 등 지배적 인종 집단 사이에서 소수 민족이 겪는 집단의 정체성 문제가 오히려 주된 관심이 되며 따라서 제1세계 제국주의에 대한 저항 이데올로기의 재현과는 거리가 먼 문학 작품이 나온다는 것이다. 우르두 문학은 적어도 '민족 집단'의 관점에서는 논의가 가능할지 모르나 '민족주의'라는 집단 의식으로는 도저히 설명할 수 없다는 것이다.[12]

위에서 자신이 현재 위치하고 있는 인도의 예를 들어 실증적으로 제임슨의 제3세계론이 잘못되었음을 지적하였지만 사실 그가 근거하고 있는 이론틀이란 원주민이 그 사회 문화에 대한 가장 올바른 지식을 갖는다는 소박한 경험주의가 아니다. 제3세계인 인도에 관한 논의에서 아마드가 근거하고 있는 것은 인도의 고유

---

**12** Ahmad, *ibid.*, p. 119.

사상이나 제3세계에 근원을 두고 있는 어떤 설명 방식이 아니라 서구에 기원을 두는 마르크시즘의 이론인 것이다. 결국 아마드와 제임슨 사이의 논쟁은 누가 더 이론적으로 옳은가라는 마르크시스트 이론가들 간의 논쟁인 것이다. 그는 제임슨이 근거하고 있는 세 개의 세계로 이루어진다는 세계 체제론이 마르크시즘의 정통 이론을 어기고 있다고 비판한다. 즉 제1세계가 자본주의적 생산양식이 지배적이고 제2세계가 사회주의적 생산양식이 지배적이라는 식의 마르크시즘의 역사 발전론에 근거한 사회구성론이라면 제임슨이 말하려는 제3세계는 이론적으로 설자리가 없다는 것이다. 제임슨이 말하는 식민주의 경험이 제3세계를 구성한다는 것은 앞의 제1세계, 제2세계의 구성 원리의 이론적 틀에서 벗어나기 때문에 제임슨의 관점에서 보았을 때 이론틀이 다른 제3세계의 구성 원리를 생산양식에 근거한 제1세계, 제2세계의 구성 원리에 함께 접목시킬 수 없다는 것이다. 제임슨은 논리적으로 모순되는 이론에 근거하고 있다는 것이다. 제임슨의 세 개의 세계 체제론을 이런 식으로 비판함으로써 시작하는 그의 세계 체제론은 결국 제2세계는 사회주의적 생산양식에 의해 규정되는 것이 아니라 자본주의 체제에 대한 저항 체제로 이루어진다는 주장을 한다. 즉 세계는 세 개로 이루어지는 것이 아니라 하나로 이루어져 있으며 그 하나 안에 자본주의의 지배와 그에 대한 저항인 사회주의가 있다는 것이다. 마르크스의 이론틀로 다시 말한다면 『그룬트리세 *Grundrisse*』의 주논점인 생산양식의 변화에 근거한 역사 발전론으로 세계 체제와 제3세계를 설명할 수 있는 것이 아니라 『자본론』에 근거한 자본과 노동의 모순, 즉 부르주아지 계급과 노동 계급의 모순으로 세계 체제를 설명해야 한다는 것이다. 이렇게 정리할 수 있는 아마드와 제임슨의 논쟁은 결국 제3세계에 관한 제1세계 지식인과 제3세계 지식인의 논쟁이 아니라 사회구성체 이론에 관한 마르크시스트들 간의 논쟁이며 이 논쟁에서 아마드의 논점은 마르크시즘의 이론틀에 충실하지 못한 제1세계의 마르크시스트 권위자인 제임슨에게 좀더 마르크시즘에 충실하라는 촉구인 것이다.

여기에서 볼 수 있는 아마드의 제임슨 비판의 의의는 제1세계의 마르크시스트 권위자인 제임슨에 대해 제3세계 마르크시스트로서의 비판이다. 아마드는 제임슨 비판을 시작하면서 "오늘날 미국에서 저술 활동을 하는 이론가 또는 비평가 중 가장 존경하는 사람을 단 한 사람만 꼽는다면 물론 제임슨이다"[13]라고 쓰고 있다. 이어서 그는 제임슨의 글을 15년 동안이나 읽어왔으며 그에게서 서구 문화와 문학에 관한 논의를 배우기도 했다고 한다. 또한 제임슨과 자신은 둘 다 마르크시스트로서 한 무리라고 진술한다. 이러한 아마드와 제임슨과의 관계, 그리고 아마드 역시 학생 시절 미국에서 교육받았으며 현재 역시 서구의 지식인들과 교류하며 자신의 지적 활동을 펼치고 있다는 점을 염두에 두면 여기에서 행하고 있는 제임슨 비판은 단지 제임슨 비판에 머무르는 것이 아니라 제1세계에서 교육을 받은 제3세계 출신 지식인의 제1세계 담론에 대한 저항 담론 구성 전략의 일반적 형태라고 할 수 있다. 서구가 구성하는 제3세계 담론이 제3세계에 대한 이론적 · 이데올로기적 종속을 목적으로 하고 있다면 그러한 서구 담론에 저항하는 방식은 서구의 이론틀 내에서 그 서구 이론에 대한 교란의 방식을 취해야 한다는 것을 아마드는 보여주고 있는 것이다. 왜냐하면 바로 서구 지식 체계가 구성하는 제3세계 담론은, 마르크시즘의 용어를 여기에서 쓴다면, 바로 계급 투쟁의 현장, 즉 제3세계 지식인이 서구의 제3세계 담론 체계에 진입하여 교란



---

[13] Ahmad, *ibid.*, p. 95.

할 수 있는 현장이 되기 때문이다. 아마드는 어느 정도 성공하였다. 만일 그가 제임슨과 마찬가지로 제1세계 출신이면서 제1세계의 제3세계에 대한 정치적 · 경제적 · 문화적 억압에 대해 문제삼는 지식인이었다면 별다른 주목을 받지 않았을 것이다. 그의 지적 논의의 수준만 두고 말한다면 "정치적 · 이론적 기반이 미약한 상태에서, 지나치게 비난을 일삼고 조롱조로 상대방을 무시해버리며 자기 주장만 일삼는"[14] 논객이란 진술이 별로 틀리지 않기 때문이다. 그러나 제1세계의 진보 담론은 그의 주장에 주목해 서구의 중요한 문화론 전문 학술지가 그의 논의를 특집으로 다룰 정도이며 또한 마르크시스트의 거장 제임슨을 비판하기 위해 그의 주장을 인용하며[15] 그와 제임슨의 주장을 같은 무게로 다루어 그 둘 사이의 논쟁에서 해결책을 모색하기도 한다.[16]

필자로서는 상당한 정도 아마드의 제1세계 비판에 공감하고 있으나 그를 서구 담론 체계에서 제3세계의 목소리를 제대로 대변하고 있는 지식인으로 보고 싶지는 않다. 그는 적어도 현재 한반도에 위치한 지식인의 관점에서는 상당한 정도 시대 착오적이기 때문이다. 그가 고집스럽게 마르크시스트의 고전적인 틀 — 부르주아지 대 프롤레타리아 — 을 자신의 논의의 기반으로 삼고 있다는 것은 적어도 제3세계의 현재 상황을 제대로 대변하지 못하는 요인이 되고 있다. 그가 마르크시즘에 대한 지나친 낙관적 견해는 바로 그가 공산당이 상당한 정도 정치적 지배 세력을 형성하고 있는 인도에서 활동하고 있기 때문에 가능하다. 마르크시스

---

**14** Vivek Dhareshwar, "Marxism, Location Politics, and the Possibility of Critique," *Public Culture* 12(Fall, 1993), p. 42.

**15** Robert Young, *White Mythologie*s: *Writing History and the West*(London: Routledge, 1990), pp. 114~15.

**16** Michael Sprinker, "Marxism and Nationalism: Ideology and Class Struggle in Premchand's Godan," *Social Text* 23(Summer, 1989), pp. 59~83.

트가 상당한 정도 정치 권력을 장악하고 있는 인도에서 마르크시즘을 옹호하고 있다는 것은 그가 말하는 저항 프로그램으로서 마르크시즘과는 거리가 있다. 그가 여성이나 인종 문제에 관심을 보류할 수 없다는 입장이기는 하나 근본적으로 현 사회 구성이, 그리고 세계 체제 구성이 노동자 계급 대 자본가 계급으로 이루어진다는 그의 주장은 제3세계에 대한 일반적 진술은 될 수 없다. 우리의 상황을 본다면 서구 선발 자본주의 체제에 여전히 종속된 한국의 후발 자본주의 체제, 경제적·군사적으로 열세인 북한을 자본주의적 힘으로써 위협하는 남한 정부와 자본가 계급, 사회주의 자체와는 거리가 있는 봉건 체제로서의 북한, 남한에서 현재 진행되는 내부 식민 상황(저임금 외국인 노동자, 영남·경인 중심의 정치 경제 질서 등), 여성 문제 등의 복잡하고 서로 모순되는 각 사회 구성체들 간의 관계를 아마드식 이론으로는 설득력 있게 설명할 수 없는 것이다.

제3세계의 문제가 계급이나 식민 체제 등의 단선적 구조로만 이해할 수 없다는 주장이 당연히 요구되며 이러한 주장을 우리는 제3세계 출신이면서 서구에서 활동하는, 그리고 제3세계 문제와 식민 문제에, 그리고 자신의 출신에 관한 의식을 자신의 지적 활동의 근간으로 삼는 가야트리 스피박에게서 들을 수 있다. 근본적으로 제3세계에서 활동하면서 제1세계의 담론에 개입하는 예로 아마드를 들었지만, 제3세계 자체의 문제와 목소리에 대한 이론적·지적 관심은 오히려 제1세계에서 활동하는 제3세계 출신 스피박에게서 더 분명한 것은, 제3세계인이라는 자신의 정체성이 물리적으로 규정되는 지역성에 의해서가 아니라 이데올로기적으로 규정될 수 있다는 것을 말해주기 때문이다. 비슷한 위치에 있는 에드워드 사이드나 호미 바바를 예로 들 수도 있겠지만 스피박을 논의하는 이유는 그가 제1세계의 제3세계 담론에 더 직접적인 저항 담론을 구성하기 때문이다.


## 3. 가야트리 스피박 : 서구의 배움에서 벗어나기




스피박의 글은 무척이나 어렵다. 기억나는 일화가 하나 있다. 필자가 공부했던 대학에 스피박이 와서 논문을 발표했는데 어떤 교수가 왜 당신의 글은 그렇게 어렵냐고 불평을 늘어놓았다(스피박의 글이 어렵지 않다고 말하는 사람이 있다면 스피박의 글을 읽으려고 시도해보지 않았거나 거짓말을 하는 사람일 것이다). 스피박의 대답은 만일 자신의 글이 어려워서 읽지 못할 정도의 사람이라면 대학의 구성원이 될 자격이 없다는 것이었다. 인도라는 제3세계 출신 여자가 백인이 지배하는 미국에서 백인 교수에게 교수 자격이 없다고 말한 것이다. 이러한 태도는 단지 스피박의 오만함만을 시사하는 것은 아니다. 이것은 서구 지식 생산의 중심부에서 스피박 자신의 정체성을 확인하는 노력의 한 방식이다. 제3세계 출신이라는 자신의 정체성은 그로 하여금 서구 중심부에 자연스럽게 진입하지 못하게 한다. 결국 그는 서구의 지식 생산의 장에서 변경에 위치할 수밖에 없다. 그러나 스피박이 위치하고 있는 변경이란 단지 중심부에서 배제된다는 그런 의미만은 아니다. 그는 서구의 이론 생산의 중심에서 벗어났지만 그가 생산해내는 지식이란 서구의 이론 체계를 교란하고 극복하고 앞서나간다는 그런 의미에서의 변경, 즉 서구 이론의 최첨단에 서 있다는 의미에서의 변경이다. 스피박을 요약하는 수식어인 페미니스트 마르크시스트 해체론자라는 말은 바로 그의 이러한 시도를 말해준다. 그는 페미니스트로서 서구 페미니스트들이 행하는 제3세계 여성에 대한 침묵의 강요에 저항하며, 마르크시스트로서 마르크스의 이론을 재구성하여 전통적 마르크시즘을 극복하려 하며, 탈정치적 경향의 해체론을 정치화함으로써 데리다를 넘어서려 한다. 그는 또한 끊임없이 자기 자신의 위치, 즉 비서구 출신이면서 서구에서 활동하는 지식인으로서의 자의식을 그의 작업의 출발점으로 삼고 있기도 하다.

제3세계 출신 서구 지식인으로서 서구의 제3세계 담론에 직접적 저항을 하는 그의 작업을 가장 잘 보여주는 것이 「하층민도 말을 할 수 있을까?」[17]이다. 또한 이 글은 그의 논문 중 가장 잘 알려진 글이기도 하다. 이 글은 흔히 제3세계 여성의 위치, 즉 식민지 또는 제3세계가 제국주의 체제로 인하여 억압받고 있는데 여성의 경우에는 그 식민지 내의 가부장제에 이중으로 억압받는다는 사실을 밝히는 글이다. 더구나 스피박과 비슷한 작업을 하는 호미 바바의 작업과 대조하여 호미 바바가 피식민인의 반식민 저항을 읽어내는 반면 스피박은 침묵을 읽는다고 소개되기도 한다.[18] 이러한 흔히 알려진 이해는 스피박의 이 글에서 읽을 수 있다 하더라도 스피박의 논점을 오해하고 있다고 필자는 생각한다. 스피박의 이 논문을 해설하는 것이 이 글의 목적이 아니기 때문에 스피박의 논의를 전반적으로 다루지는 않겠지만 스피박의 이 논문의 서두에서 말하는 진술 — "이 글은, 필연적으로 우회의 과정을 거치겠지만, 종속된 주체subject를 문제시하려는 현재의 서구의 노력을 비판하는 것으로 시작하여 서구 담론에서 제3세계의 종속된 주체가 어떻게 재현represent되는가의 문제로 나아간다. [……] 끝으로 서구 담론과 하층 여성에 대한 (또는 위한) 진술

---

17 Gayatri Chakravorty Spivak, "Can the Subaltern Speak?" Cary Nelson and Lawrence Grossberg eds., *Marxism and Interpretation of Culture*(Urbana : University of Illinois Press, 1986), pp. 271~313.

18 Bill Ashcroft et al., *The Empire Writes Back* (London : Routledge, 1989), p. 178.

가능성 간의 관계에 대한 대안적 분석을 시도해보겠다"[19] —을 염두에 두면 스피박이 이 논문에서 의도하는 것은 기본적으로 서구의 제3세계 담론 비판이며 서구의 이론틀을 갖춘 제3세계 출신 지식인이 제3세계 하층민과 어떤 관계를 설정하는가의 문제임을 알 수 있다.

스피박은 서구의 지배 담론이 비서구를 타자화시켜 제국주의 체제의 피식민인으로 구성하는 것과 마찬가지로 서구의 진보적 담론들도 비서구 세계를 타자화시키고 있다고 비판한다. 그는 서구의 비판 담론의 대표자인 푸코와 들뢰즈의 대담을 예로 드는데 그들의 주장, 즉 권력(푸코의 이론틀)/욕망(들뢰즈의 이론틀)/이익의 세 관계가 너무나 이질적이어서 이 셋을 하나의 일관된 체계로 구성하는 것은 불가능하다는 진술, 그리고 서구의 지식인들은 사회의 타자(노동자·여성·동성애자·제3세계 등) 문제에 관심을 가져야 한다는 진술에 문제를 제기한다. 스피박에 의하면 권력 이론가인 푸코와 욕망 이론가인 들뢰즈의 결정적인 과오는 권력과 욕망에 관한 진보적 담론이 피지배 계층을 구성하는 경제적 억압에 관심을 갖지 않는다는 것이다. 푸코의 사회의 지배 계층뿐 아니라 피지배 계층 역시 그들 각자의 방식으로 권력을 갖고 있다는 견해에 동조하는 들뢰즈의 진술 "대중은 특수한 경우에 정말로 파시스트 통치를 요구했다"는 진술이 바로 푸코와 들뢰즈가 욕구(망)의 구성이 경제적 이해 관계에서 결과된 지배 계급의 이데올로기적 구성물의 결과라는 사실을 간과하고 있다는 것이다. 이데올로기와 그 이데올로기를 구성하게 하는 경제적 수탈 관계를 분석하지 않는다면 그러한 이데올로기를 생산하고 있는 지배 집단의 편이 될 수밖에 없다는 것이 스피박의 주장이다.

---

**19** Spivak, *ibid.*, p. 271.

따라서 서구의 타자들——지식인·노동자·여성 등——은 제3세계를 피지배자로 구성하고 있는 제국 체제의 관점에서 볼 때 그들역시 서구의 지배 주체들이 되는데 이들 지배 주체들과 제3세계를 푸코가 말하는 '연합 전선'이라는 이름으로 한 무리를 지어놓을 때는 바로 하층 계급의 이익을 대변한다는 명분으로 자신의 이익만을 챙겼던 루이 보나파르트의 농민 계층을 대변하는 방식[20]과같다는 것이다. 제국주의 지배 세력의 비서구를 타자화시키는 방식과 서구의 진보 담론이 비서구를 단순화시키는 방식을 근본적으로 동일한 제국주의적 기획이라고 분석하는 스피박은 따라서제3세계가 서구에 의해서 대변되는 것이 아니라 자신이 직접 목소리를 낼 수 있는지를 분석한다. 이러한 분석을 통하여 스피박의 주장은 그가 분석 대상으로 삼는 제3세계 여성——제국주의와가부장제에 의해 이중으로 억압된 여성——은 제국주의 담론이나피식민지 원주민 사회를 지배하는 가부장제의 담론을 통해서는스스로의 목소리를 낼 수 없다는 것이다. 그러나 스피박의 논점은 그렇게 이중으로 침묵이 강요된 하층민인 여성의 경우에 그들의 목소리를 어떻게 찾아내는가에 있다. 여기에서 스피박은 탈식민 지식인으로서의 자신과 제3세계 하층민인 여성과의 관계 설정을 한다.

하층 여성의 목소리를 찾아내기 위해서는 그들의 목소리에 귀를 기울이거나 그들을 대변하려 해서는 안 된다. 침묵이 강요된그들은 스스로의 목소리를 낼 수 없기 때문이다. 그들이 목소리를 찾기 위해서는 그들에게 말을 거는 법을 배워야 하는데 그것은 서구 이론에 의해 오염된 탈식민 지식인으로서의 스피박 자신의 경우 페미니스트 여성으로서의 특권을 체계적으로 "벗어나는

---

**20** Karl Marx, *The 18th Brumaire of Louis Bonaparte*(New York: International Publishers, 1963).

배움unlearn"[21]을 갖추는 것이다. 체계적으로 배움에서 벗어난다는 것은 목소리를 들을 수 없는 제3세계 여성의 위치를 단순히 대신 떠맡음을 의미하지 않는다. 이 말은 서구 담론이 제공할 수 있는 서구 이론의 틀을 이용하여 서구의 담론이 어떻게 이데올로기적으로 제3세계 식민인을 구성하고 있는가를 밝히는 것을 뜻한다. 서구의 지배적 담론이 행하는 타자화의 대상으로서의 제3세계는 서구 이론이 서구 체계 내에서 분석하고 비판하고 있는 지배 주체/종속 주체 형성 과정의 이론에 의해서 분석될 수 있다는 것이다. 즉 서구 이론으로써 이미 특권을 부여받은 제3세계 출신 지식인의 역할이란 그 특권을 역이용하여 서구의 제3세계 식민인 구성 과정이 이데올로기적 종속 과정임을 드러냄으로써 서구의 제3세계 담론 형성에 개입하여 훼방을 놓아야 한다는 것이다.

이런 '배움에서 벗어나기'의 과정을 통해 스피박은 제3세계 하층민인 인도 여성의 미망인 순장(sati: 죽은 남편을 화장할 때 미망인이 같이 따라 죽는 의식)에 대한 영국과 인도의 논쟁을 예로 들면서 이들에게 가해지는 이중의 질곡—하나는 인도 사회의 가부장제 이데올로기에 구성된 양처로서의 인도 여성, 그리고 다른 하나는 전통적 인도 사회로부터 억압받는 인도의 하층민을 구원한다는 제국주의의 보호 대상인 인도 여성—을 분석한다. 이러한 분석을 통해 하층민인 인도 여성의 목소리가 억압되어 있음이 밝혀지고, 따라서 인도 내의 가부장제에 대해서나 외부의 제국주의에 대해서 본격적인 저항은 가능하지 않다는 것도 밝혀진다. 그러나 스피박이 주목하고 있는 것은 그러한 질곡에도 불구하고 인도 여성의 저항은, 탈식민 지식인의 배움에서 벗어나기의 과정을 거친 하층민에 대한 말 걸기를 통해, 찾아내어 읽을 수 있다는

---

[21] Spivak, *ibid.*, p. 295.

것이다. 그는 무장 독립 운동 조직에 있다가 암살 지령을 받았으나 그 임무를 수행하지 못한 책임을 의식해 자살했다고 알려진 한 젊은 인도 여자의 예를 든다. 가부장적 이데올로기는 그 여자를 불륜의 사랑이나 인도의 독립 운동에 일정한 정도 기여한 여자의 이야기로 보고 있으나 스피박은 월경 기간 중에 자살했다는 사실을 들어 전통적 인도 관습인 미망인 순장에 대한 다시 쓰기의 형태를 그 여자는 취하고 있었음을 읽는다. 가부장제 이데올로기가 구성하는 미망인 순장은 그 의식을 행하는 여성의 청결함을 요구하나 이 여성의 경우 일부러 더러운 때를 골라 자기 자신을 제사 지내고 있다는 데서 스피박은 미망인 순장 관습에 대한 역전, 즉 가부장제의 억압에 대한 하층민 여성의 몸으로 글 쓰는 저항을 이루어내고 있다는 것이다.

서구 이론을 교육받은 제3세계 출신 지식인으로서 스피박은 끊임없이 자기 자신의 위치를 의식하고 또 그 특권적 위치를 자신의 출신 지역의 억압받는 하층민의 위치와 연결시키려는 노력을 통해 지배적 서구 담론에 대한 저항을 시도한다는 점에서 서구 중심 교육과 서구 중심 이데올로기가 지배하는 제3세계의 교육 현장에 위치한 우리에게 중요한 저항 전략을 제공하고 있다. 그러나 그는 하층민 중의 하층민인 제3세계 여성의 억압에 지나치게 관심을 갖는 나머지 제3세계가 처한 현실, 그리고 제1세계의 진보적 지식인들이 일정한 정도 제3세계의 반식민 저항에 기여할 수 있다는 사실을 애써 외면하는 과오를 범하고 있다. 그의 제3세계 여성을 제3세계의 다른 사회구성체(가부장제)와 구별하려는 노력은 결과적으로 제3세계 여성이라는 최하층민을 제외한 다른 집단들을 크게 보아 하나의 억압적 타자로 역구성함으로써 그 다른 집단들의 모순되게 구성된 중첩적 구조를 망각하는 것이다. 말하자면 서구의 대표적 진보 담론으로서 푸코와 들뢰즈의 대담을 예로 들 때 그 진보 담론이 구성하는 제3세계 타자에 대한 변별 없는 재현과 결과적 억압을 문제삼는 것은 정당하지만 적어도 푸코와 들뢰즈가 스스로를 위치시키는 이데올로기적 입장, 즉 지배적 서구 담론에 대한 저항 담론 구성이 궁극적으로 제3세계의 저항 담론 구성에 기여할 수 있다는 사실을 외면하고 있는 것이다. 이런 비변별성은 인도 내의 가부장제가 가하는 여성 억압에도 적용된다. 영국 식민 통치 시대의 인도 사회는 상당한 정도 인도의 전통적 지배 계급과 식민 체제의 영합에 의해 이루어졌는데 스피박은 오히려 그 한통속이라 할 지배 계급을 이질 집단으로 구분하고 구분되어야 할 독립 운동을 위한 저항 세력과 인도의 전통적 지배 계급은 가부장제라는 하나의 이름을 내세워 구별하지 않고 있는 것이다. 이러한 과오는 푸코가 역설하는 '연합 전선의 저항'을 거부하는 데서 나온다. 물론 연합 전선이라는 이름으로 매몰되어버리는 하층민 여성의 억압과 저항에 대한 이론적 · 정치적 관심은 필요하지만 그러한 억압에 대한 저항을 효과적으로 어떻게 구성하고 수행할 것인가는 연합 전선의 저항이 위험하기 때문이라는 이유로 거부되어서는 안 되는 것이다.


## 4. 서구 이론과 한국의 지식인

위에서 필자는 현재 서구에서 진보적 지식인들에 의해 생산되는 제3세계 담론에 대해 비판적 입장을 유지하며 개괄하였다. 당연한 말이지만 이 글에서 서구 진보적 지식인들의 한계를 말하는 것이 그들의 작업이 의미가 없다거나 부정되어야 함을 말하는 것은 아니다. 요는 서구의 진보적 지식을 받아들이는 작업이 서구의 정치적 상황과 지적 배경과는 다른 한국의 정치적 · 이데올로

기적·지적 상황을 염두에 두며 이루어져야 함을 주장하려는 것
이다. 한국의 상황이 서구의 상황과 다르기 때문에 한국에서 이
루어지는 지적 작업은 한국적 토대 위에서 주체적으로 이루어져
야 한다는 주장을 우리는 곧장 듣게 된다. 상식적인 차원에서 이
러한 주장을 한다면 간과할 수 있을지도 모른다. 그러나 그러한
학문의 '주체성'을 주장하는 입장이 영향력 있는 학자들에 의해
주장되고 있고 또 상당히 파급되어 있는 것 역시 사실이기 때문
에 그러한 입장에 대한 약간의 언급이 필요하다고 생각한다.

　서구의 이론이 서구의 문화적·사회적 산물이고 또한 서구 사
회와 문화를 그 분석 대상으로 삼고 있다는 데서 한국의 학문이
나 이론이 한국적 산물이어야 하고 따라서 서구와는 다른 한국적
인식틀을 가지고 '주체적으로' 정립해야 한다는 주장을 할 수 있
다. 그러나 이런 주장은 한국이 현재 처해 있는 정치적·지적 상
황에 대한 간과 내지 무시에서 나오는 것이다. 한국의 학문은 원
하든 원하지 않든 간에 서구의 제국주의적 팽창의 결과이며 한국
의 교육과 학문은 서구의 지적 체제 아래 종속되어 있다. 따라서
한국의 주체적 학문을 구성한다는 것은 다른 말로 하면 이러한
서구의 지배에 눈을 감아버리겠다는 진술과 별반 다르지 않다.
사실상 주체적 학문을 이루고 있다고 주장하는 학자들의 논의를
살펴보면 그들이 말하는 주체적 이론이란 서구의 현대 이론이 이
미 극복해버린 서구의 과거 이론틀에서 작업을 하고 있는 결과임
을 알 수 있다. 예를 들어 한국 문학 이론의 틀을 주체적으로 세
웠다고 주장하는 조동일 교수의 『한국 소설의 이론』은 비록 이기
철학의 용어를 가지고 우리 문학을 분석하고 있지만 그 방법론과
인식틀은 사실상 19세기 헤겔 철학의 틀을 받아들여 적용하고 있
는 것이다. 이 말은 헤겔 철학 또는 넓은 의미의 서구 학문 체계
가 없었더라면 조동일 교수의 『한국 소설의 이론』은 가능하지 않

았을 것이란 얘기이다.

서구의 이론을 한국에서 논의한다는 것은 이중의 부담이다. 하나는 서구에 종속되어 있는 한국의 학문 체계에서 서구의 급속도로 변하는 학문의 장에 계속 개입할 준비를 갖추어야 한다는 것이다. 이는 물론 쉬운 일이 아니다. 그러나 이를 간과해서 학문적 논의의 지평을 서구의 지적 흐름과 공유할 수 없다면 서구 이론이 일방적으로 우리 학문 체계를 지배하는 것을 용인하는 결과를 가져올 것이다. 서구의 이론을 논의한다는 것은 서구의 지배적 학문의 장에 개입하여 서구의 이론이 행하는 비서구 세계에 대한 이데올로기적 종속화의 과정을 드러내는 과정을 통해 그 서구 이론이 일방적으로 작용하지 못하게 훼방을 놓는다는 것을 의미하기 때문이다. 이러한 사실을 염두에 두고 본다면 서구의 진보적 이론가 또는 이론틀을 우리가 어떻게 받아들여야 할지를 생각해 볼 수 있겠다. 이 글에서 대표적으로 거론한 제임슨, 아마드, 스피박 등은 서구의 이론틀에서 지배적 역할을 수행하고 있으면서 동시에 서구의 지배 체제에 정치적 · 이데올로기적 · 이론적으로 저항하고 있는 이론가들이다. 그들의 이론은 물론 그들이 현재 처해 있는 상황, 즉 서구 체제 내의 지배 체제에 대한 저항과 교란을 시도하고 있다.

서구의 진보적 이론가들이 그들이 속한 사회 내에서 여성 · 유색인 · 하층 계급 등 주변부 집단 또는 피지배 집단의 억압에 대해 문제삼으면서 지배 집단의 가치에 대해 저항과 교란을 시도하고 있다면 우리는 그들의 저항 전술을 우리 사회의 지배 집단의 피지배 집단에 대한 억압을 문제삼는 데 받아들여 이용할 수 있을 것이다. 이러한 저항의 방법론을 배우는 것이 우리가 서구의 진보적 이론가들의 작업을 논의하는 의의라고 할 수 있다. 그러나 이론적으로는 우리가 훨씬 복잡한 상황에 놓여 있다고 할 수 있다. 서구의 진보적 이론이 서구의 지배 체제를 문제삼는 과업을 가지고 있다면 우리는 단지 서구의 제국주의 체제가 한국이라는 제3세계에 가하는 지배와 억압만을 문제삼는 것이 아니라 한국의 지배 집단이 주변부 집단에 가하는 억압도 문제삼아야 하기 때문이다. 문제를 더욱 복잡하고 어렵게 만드는 것은 한국이 현재 처해 있는 세계 체제 내에서의 위치이다. 한국은 더 이상 제3세계로서만 설명할 수 있는 사회는 아니기 때문이다. 한국은 제3세계적 속성을 가지고 있으면서도 제1세계적 속성을 가지고 있기도 하다. 한국의 제3세계적 속성은 미국을 비롯한 서구 체제의 제국주의적 억압과 지배에 저항하는 과제를 우리에게 주고 있다면 또한 한국이 가하는 제국주의적 억압, 즉 동남아시아·남아메리카·아프리카 등에서 현대·삼성 등 한국의 자본이 가하는 착취와 억압은 서구 지식인들이 그들 체제 내의 제국주의적 속성에 대한 비판의 방식을 우리 문제로 변형 환원시켜볼 과제를 주고 있다. 또한 한국 내에 현존하는 내부 식민지적 상황은—경인·영남 중심의 지역적 내부 식민지, 외국인 노동자와 여성·장애인·노인 등 우리 사회의 주도적 집단에서 배제되어 있는 계급 내지 사회 구성상의 식민 상황, 또 벌써 우리의 심각한 우려를 낳고 있는 북한이라는 동일 민족 공동체 내의 피식민 집단화 현상 등—제국주의 체제가 외부에만 존재하는 것이 아니라 우리 내부의 문제임을 일깨워주고 있다. 이러한 복잡한 문제는 한국에서 작업할 과제의 어려움뿐만 아니라 그 작업의 의의와 중요성도 또한 일깨워주고 있다.

이러한 작업을 이론적으로 가능케 하는 것은 단순히 한국 사회에 속해 있는 지식인으로서의 한국의 사회적·역사적 상황에 대한 현실 인식만은 아니다. 이러한 인식은 오히려 서구의 이론틀을 배움으로써 얻게 된 것이다. 서구 제국주의 체제와 그에 대한 피식민인의 저항의 역사가 말해주듯이 비서구 세계의 지식인은 서구의 배움을 통하여 서구의 체제에 저항하며 동시에 그가 속한 사회의 민족 공동체를 구성하는 것이다. 서구의 배움을 역이용하여 서구의 정치적·이데올로기적 체제에 저항하고 서구의 민족 구성의 방식을 흉내내고 변용시키면서 제3세계의 저항적 민족 공동체의 형성을 이끄는 것이 서구의 배움을 받은 피식민 지식인들의 몫이었듯이 한국의 진보적 지식인들은 서구의 이론이 형성하는 이론적·이데올로기적 싸움의 ―그 싸움이 가시화되든 은폐되든 간에 ― 장에 진입하여 저항의 작업을 하며 동시에 한국 사회 내의 지배적 체제에 대한 저항의 작업 역시 수행해야 할 것이다. 서구의 교육을 역이용하는 것이 바로 서구의 배움을 받은 지식인의 몫이다.

제2부

# 식민주의와 민족 정체성

# 제5장 식민 역사와 민족 공동체의 형성



근래에 상당한 영향력을 행사해온 소위 '탈식민주의' 문학 내지 문화 이론의 의의는 서구 세계의 변방에 위치한 우리로 하여금 서구 사상과 문화가 비서구 세계를 지배하는 이데올로기적 장치로서 작용했음을 드러낸 것이다. 이 이론은 서구와 비서구 세계 간에 작용하는 이데올로기와 권력 관계를 밝힘으로써 비서구인인 우리로 하여금 이론적이든 실천적이든 서구 체제에 대한 저항 전략을 구축하는 데 기여하였다. 이제 우리는 서구 문학 작품이나 문화적 생산물을 접할 때에 탈정치적 또는 보편적 휴머니즘이라고 위장한 서구 중심적 이데올로기의 강요에 정치적 저항 의식을 가지고 적극적으로 맞설 수 있게 되었다.

그러나 '탈식민주의'의 이론과 실천은 서구 중심 이데올로기의 폭로와 그 이데올로기에 대한 저항에 주로 관심을 기울이는 나머지 그러한 저항을 시도하는 비서구인들 자신들의 문제에 대해서는 상대적으로 덜 관심을 가진다. 반식민 저항의 실천자들에 대한 이론적 관심의 결여는 크게 보아 제2차 세계 대전 이후에 나타난 제3세계 민족주의의 발흥이라는 세계 체제의 역사적 변화에 이론적 대응을 하지 못했다고 할 수 있다. 반식민 저항은 단순히 서구 식민 체제의 해체만을 가져온 것이 아니라 과거 식민 체제를 겪었던 지역에서 민족 공동체와 그리고 민족 국가 형성을 가져왔기 때문이다. 제3세계의 민족 문제에 대해 에드워드 사이드, 가야트리 스피박, 압둘 잔모하메드 등 소위 '탈식민' 이론가들이 관심을 덜 기울이는 것은 그들이 작업하고 있는 현장이 과거 식민 체제를 경험했던 현재의 제3세계가 아니라 미국 등 서구의 중심권이기 때문이다. 형태를 달리하지만 현재에도 계속된다고 할 수 있는 서구의 제국주의적 체제에 대한 저항과 교란은 서구 체제 내에서 작업하는 저항적 지식인들이라면 당연히 취해야 할 과제라 할 수 있다. 그러나 비서구 세계에서 작업하는 우리는 우리 자신의 문제에 깊은 관심을 가져야 한다. 서구 제국주의 또는 식민 체제를 논의하는 맥락에서 볼 때는 그러한 식민 체제에 대한 저항의 결과인 민족 공동체 형성 문제가 우리의 관심이 될 수 있을 것이다. 여기의 논의는 1980년대와 1990년대의 서구 문화 이론의 주요 흐름이었던 '탈식민' 이론 또는 식민 담론 비판의 발전적 형태인 민족 이론과 그 맥을 같이하고 있다. 필자는 여기에서 대부분의 전통적 민족 이론가들이 주로 관심을 기울여온 서구 민족주의 또는 민족주의 일반론보다는 우리와 같이 식민 체제를 겪었던 지역의 민족 공동체 형성 과정을 논의하려 한다. 필자의 주장은 제3세계의 민족 공동체는 서구 민족주의와 제국주의에 대해 저항과 모방의 과정을 거치며 형성된다는 것이다.


## 1. 민족 정체성: 제한적 공동체

너무나 자명하여 논란의 여지가 없을 것 같지만[1] 민족이란 개념은 사실상 규정하기가 상당히 어렵다. 논자들 사이에 민족은 다른 공동체 집단(가족 · 계급 · 인종 · 지역 · 종교 등)과 구별된다

---

[1] 예를 들어 『세계의 문학』 80호(1996년 여름)의 특집인 '민족주의는 유효한가'에서 논자들은 민족이란 개념에 대해서는 거의 논의를 하지 않고 바로 민족주의에 대한 긍정 또는 부정적 반응을 보이거나 민족주의의 바람직한 진로에 대해 논의한다.

는 점에서는 의견의 일치를 보이지만 민족이 그러한 다른 공동체 집단과 어떤 요인에 의해 구별되는지는 의견의 일치를 보기 어렵기 때문이다. 민족을 구성하는 요소로 일차적으로 생각해볼 수 있는 것은 혈연·언어·종교·경제 공동체·지형 등이다. 이러한 소위 '객관적' 요소들은 일견 민족 공동체를 구성하는 요인으로 생각되나 근대 민족 이론을 출발시킨 르낭Ernest Renan이 반박하는 바[2]에 의하면 어느 것 하나 이미 주어진 것은 아니다. 이러한 자연적·객관적 요인은 사실 민족이라는 공동체가 형성되고 난 다음에 사후적으로 규정된다. 가장 객관적으로 보이는 지형적 요소를 살펴보면 압록강과 두만강이라는 지형적 요인에 의해 한민족이 만주 또는 중국 민족과 분리되는 것 같으나 고구려가 한민족의 역사에 포함된다고 볼 때 이 두 강이 중국 민족과 한민족을 근본적으로 분리시키는 기능을 하지는 않았던 것이다. '객관적' 요인이 민족의 구성을 설명할 수 없다면 우리는 '주관적' 요인에 기대를 걸 수밖에 없다. 그러나 주관적 요인으로 거론되는 동질성을 지키려는 의지나 공통된 역사적 경험 등도 역시 사실 조금 따져보면 그러한 주관적 의식이 민족을 구성하고 있다기보다는 민족이라는 정체성이 먼저 있고 나서 그러한 정체성을 유지하려는 의지가 사후적으로 나타나는 것이기 때문에 민족을 구성하는 요인으로 받아들이기에는 무리가 있다. 예를 들어 민족성이라고 불리는 주관적 요인을 고려해볼 때 우리가 한민족의 특성이라고 할 수 있는 민족성이라는 것이 있다면 그러한 민족성은 규정되기 전에 존재하고 있어서 그러한 특성의 지속과 변화가 한민족의 역사를 구성하고 있다기보다는 한국사라는 범주를 먼저 정해놓고 그러한 범주 안에 나타나는 특성을 추려내는 과정을 통

---

**2** Ernest Renan, "What is a nation," Homi K. Bhabha ed., *Nation and Narration*(London: Routledge, 1990), pp. 12~19.

하여 한민족의 특성이 생겨났다고 보아야 한다. 소위 '객관적' 요인보다는 '주관적' 요인이라고 설명되는 동질성에의 의지, 공통된 역사적 경험 등이 민족의 구성을 설명할 때 더 설득력이 있는 것은 사실이지만 민족의 구성은 어떤 본질적 요인에 의해 그것의 발현된 형태로 나타나는 것은 아니라는 것이다. 따라서 민족의 구성 또는 형성을 논의하기 위해 우리는 어떤 본질이 민족을 구성하느냐 하는 논의보다는 민족이 어떤 과정을 거쳐 구성되느냐 하는 논의를 먼저 시도할 필요가 있다. 이 말은 예를 들어 유럽 대륙이라는 동일 지형 안에 있는 독일 민족과 프랑스 민족의 경우 현대적 의미의 독일과 프랑스를 절대적으로 나누는 경제적·문화적·언어적 경계가 불분명할 때 어떤 과정을 거쳐 독일과 프랑스가 분리될 수 있었는가 하는 논의라 할 수 있다. 복잡한 논의의 과정을 거쳐야겠지만 간단히 말해 독일이 독일인 것은 독일이 프랑스가 아니기 때문이다. 이렇게 '다름'에 근거한 민족의 형성은 필자가 여기에서 본격적으로 논의할 식민 체제 하에서의 피식민인의 민족 공동체 형성에서는 결정적 요인이라 할 수 있다. 흔히 말해지는 '저항적 민족주의'란 그러한 민족주의를 주장하는 공동체가 외부 집단이 강요하는 정체성을 그들 자신의 정체성이 아니라는, 즉 그들 자신의 정체성과 다르다는, 의식에서 출발하는 민족주의를 말한다.

이러한 '다름'에 의해 규정하는 민족의 정체성은 기존의 민족 이론가들도 염두에 두어왔다. 민족의 정체성을 이론적으로 논의하기 시작한 어니스트 르낭이 민족은 과거의 풍부한 유산과 현재에 더불어 살려는 의지를 공통으로 가진 집단[3]이라고 규정하였을 때 그러한 유산과 의지는 모든 인류가 공유할 수 있는 것이 아니

---

3 Renan, *ibid.*, p. 19.

라 특정 집단—르낭의 경우 프랑스 민족—만이 공유하는 것이며 그 밖의 집단인 독일 민족이나 영국 민족은 그 특정 집단에서 제외되는 것이다. 즉 프랑스 민족은 그 밖의 민족과는 다른 과거의 유산과 현재의 총의를 가지고 있다는 뜻이다. 좌파 민족 이론의 원조인 스탈린Joseph Stalin이 민족은 공통의 언어·영토·경제 생활, 그리고 정신적 유대감에 근거한 역사적으로 구성된 안정을 이룬 인민의 공동체[4]라고 정의했을 때 그 역시 마찬가지로 언어·영토 등을 공유하는 영역 밖에는 다른 민족이 존재한다는 것을 전제하고 있었던 것이다. 현대에 일반적으로 받아들여지는 민족-국가의 개념으로서 국가 체제와 민족을 같이 설명하려는 앤서니 기든스Anthony Giddens는 민족-국가를 주권이 선포된 영토에 통일된 행정을 발휘하는 국가가 존재할 때만 가능한 개념으로서 경계 안에 들어 있는 권력을 담는 그릇이라고 규정한다.[5] 이 말은 그러한 그릇 밖에는 또 다른 그릇이 존재함을 역시 전제하고 있다. 물론 이렇게 규정되는 정의 외에도 더 있을 수 있겠지만 대표적인 이론가들 사이에 통용되는 민족의 개념에서 공통되는 특징은 그것이 제한적이란 사실이다. 이 말은 특정 민족 집단 밖에는 다른 민족이 존재한다는 것을 전제한다는 뜻이다. 다른 말로 하면 민족은 복수로서만 설명되는 개념이기도 하다. 전세계에 단 하나의 민족 집단만이 있다면 그때는 더 이상 그 집단을 민족이란 말로 규정할 수 없다는 뜻이다. 민족을 규정할 때 분명히 드러나는 '제한적'이란 특성에도 불구하고 지금까지 민족 또는



---

**3** Renan, *ibid.*, p. 19.

**4** Joseph Stalin, "Marxism and the National Question," Ephraim Mimni ed., *Marxism and Nationalism: Theoretical Origins of a Political Crisis*(London: Pluto, 1991), p. 91에서 재인용.

**5** Anthony Giddens, *A Contemporary Critique of Historical Materialism,* vol. 2, *The Nation-State and Violence*(Berkeley: University of California Press, 1987), p. 119.

민족주의의 이론가들은 그들이 전제하고 있는 이러한 제한적 특성에 별 주의를 기울이지 않았다. 민족이 제한적 공동체라는 개념은 제3세계 또는 식민 체제 하의 또는 식민 체제를 경험했던 집단의 민족 개념을 논의할 때에는 간과할 수 없는 중요성을 가지고 있다. 왜냐하면 제국주의란 보편성의 이름으로써 세계를 지배했던 이념과 실천이었으며 따라서 민족의 특성을 규정하는 '제한성'을 무시한 데서 나왔던 체제였기 때문이다.

이러한 사실을 염두에 두지 않아왔던 고전적 민족주의 이론가들은 민족주의의 양면성에 당혹해왔다. 민족주의의 발현이 서구 계몽 사상에 기원을 둔 이성과 합리주의를 바탕으로 한 것이라면 왜 그 민족주의의 구체적인 발현의 한 형태인 파시즘이나 나치즘이 다른 집단을 침략하는지를 설명하지 못한다는 것이다. 또한 이러한 파시즘이나 나치즘의 민족주의적 속성을 염두에 두는 이론가들은 민족주의는 비합리적이고 파괴적이고 국수주의적인 허위 집단 의식인 이데올로기에 불과하며 따라서 극복될 대상이라고 보기도 한다.[6] 한편 제국주의 지배로 억압받아왔던 제3세계에서는 민족주의의 발현이 제3세계의 과제라고 천명된다. 이렇게 다양하고 상호 모순적인 민족 또는 민족주의의 속성에서 민족주의는 그 자체가 진보적이면서 동시에 퇴행성을 갖는 양면성이라고 규정되기도 한다.[7] 그러나 이러한 민족주의 또는 민족의 정체성에 대한 혼란은 민족이 갖는 '제한성'을 제대로 인식하지 못하는 데서 오는 오해이다. 다시 말해 제한적이라고 정의되는 민족과 무한 또는 보편성을 추구하는 제국의 관계를 제대로 규명하지

---

**6** 이러한 주장을 대표하는 이론가로 에릭 케두리Eric Kedourie를 들 수 있다. 그가 편집한 *Nationalism in Asia and Africa*(London: Weidenfeld and Nicolson, 1970)의 서론 참조.

**7** Tom Nairn, "The Modern Janus," *New Left Review* 94(November~December, 1975), p. 17.

않은 데서 오는 오해인 것이다.

여기에서는 이러한 민족의 특성을 논의의 출발점으로 삼아 근래의 민족 담론 영역을 새로 열었다 할 수 있는 베네딕트 앤더슨 Benedict Anderson의 제3세계 민족 공동체 형성을 논의하며 그의 서구 중심적 이론의 한계를 살핀다. 이러한 논의를 위하여 제3세계 민족 이론가인 파르타 차터지 Partha Chatterjee의 주장을 함께 살피면서 제3세계 또는 식민 체제의 지배를 받았던 민족이 어떤 과정을 거쳐 민족 공동체를 형성하고 있는가를 논의하려 한다.

## 2. 비서구 세계의 민족 공동체 형성: 모방인가 차별화인가?

앤더슨의 『상상의 공동체들』[8]이 민족주의 이론에서의 영향력

---

**8** Benedict Anderson, *Imagined Communities: Reflections on the Origin and Spread of Nationalism*(London: Verso, 1983); 한글판으로 윤형숙 옮김, 『민족주의의 기원과 전파』(나남, 1991)가 있다. 한국에서는 아직 이 책의 중요성에 대해 별 주의를 기울이지 않는 것 같다. 앞에서 언급한 『세계의 문학』 80호(1996년 여름)의 '민족주의는 유효한가'의 논자들 중 박명규와 박명림만이 앤더슨을 언급한다. 그러나 이 두 논자 역시 서너 줄 정도의 논평 — 박명규의 경우는 앤더슨이 말하는 상상성이 실체를 구성한다는 점에 동의하지만 박명림의 경우는 앤더슨의 상상성이 한민족 논의의 경우는 해당되지 않는다고 단언해 버린다 — 으로 앤더슨에 대한 진술을 끝낸다. 서구 이론을 공부한 사람들이 서구의 이론을 '소개'하는 몫을 담당해야 한다면 필자의 이 글은 맡은 바 소임을 다하지 못하고 있다고 할 수밖에 없다. 이 글은 앤더슨의 이론을 소개하는 것이 아니기 때문이다(소개의 차원이라면 윤형숙이 번역한 『민족주의의 기원과 전파』면 된다고 생각한다). 소개의 차원도 그렇지만 논의의 차원에서 앤더슨은 반드시 중요하게 다루어져야 한다. 최근에 나온 민족에 관한 중요한 이론서인 『민족의 지도 그리기 *Mapping the Nation*』(London: Verso, 1996)의 서문을 앤더슨이 쓰고 있으며 또한 앞에서 인용한 호미 바바 편저의 『민족과 서사 *Nation and Narration*』에서는 『상상의 공동체들』이 이 편저의 논의들을 위한 길을 닦아놓았다고 진술하고 있는 데서 앤더슨의 이론이 갖는 영향력을 주목할 수 있을 것이다. 『상상의 공동체들』이 기존의 민족 이론과 다른 점은 민족 공동체들이 문화 공동체, 즉 언어를 매개로 하여 사람들의 의식 속에 생겨난 상상의 문화적 공동체임을 주장한다는 점이다. 자연적인 의미의 어떤 독일 사람이 정치·문화적 의미의 독일 민족 구성원이 된 것은 그가 독일어로 된 신문을 읽고 독일어로 된 소설을 읽기 때문이며 직접 만나볼 수

과 독창성은 그의 인쇄 자본주의와 민족 공동체의 형성의 관계, 그리고 발터 벤야민의 역사 이론을 원용한 동질성의 의미 없는 시간homogeneous empty time을 민족 공동체 의식에 적용한 것들일 것이다. 그러나 여기에서 필자가 주로 논의하려 하는 것은 제3세계의 민족 공동체 형성 과정이다. 왜냐하면 우리가 처해 있는 한국이라는 사회·역사적 상황을 염두에 둘 때 한국의 민족주의와 민족 공동체를 논의하기 위한 이론적 토대를 우선 마련해야 한다고 생각하기 때문이다. 여기에서 필자는 앤더슨의 제3세계 민족 공동체 형성 논의를 요약하고 또 그의 이론이 일으킨 제3세계 민족 형성에 대한 논쟁을 다루면서 한국에서의 민족 공동체 논의의 지평을 생각해보려 한다.

앤더슨은 그의 『상상의 공동체들』의 제7장 「마지막 물결」에서 서구의 민족 공동체 또는 민족주의가 정착하고 난 다음인 제1차 세계 대전과 제2차 세계 대전 이후의 아시아와 아프리카 등 후발 국가의 민족 공동체 형성을 논의한다. 그에 의하면 아시아·아프리카 등 신생국들의 민족 공동체 형성은 그 자체가 서구의 민족 공동체 형성 과정에 나타났던 인쇄 자본주의, 중앙 집권 권력에 의한 관료 민족주의 또는 아메리카 대륙에서 있었던 식민 통치의 행정 단위가 궁극적으로 민족 공동체 단위가 되는 과정을 그대로 답습하거나 또는 신생국 나름의 어떤 민족 공동체 형성 방식이 있었던 것이 아니라 선발 민족 공동체들의 민족 공동체 형성 과정들을 모델로 하여 그 모델들의 여러 방식의 결합이 민족 공동체 형성 과정이 되었다는 것이다. 그는 "20세기의 민족주의들은 근본적으로 조합적이라는 특징이 있다. 이 민족주의들은 (서구 민족주의의 역사인) 150여 년 이상의 경험과 세 종류의 민족 공동

---

는 없지만 독일어 신문과 독일어 소설을 읽는 그 외의 많은 사람들이 자신과 공통의 경험과 의식을 갖고 있다는 의식이 독일 민족 공동체를 만들어낸다는 것이다.

체 형성 과정을 이용할 수 있었고 이용하고 있다. 그 세 종류란 첫째, 관 주도 민족 공동체 형성의 모형인 교육 체계를 통한 민족의 형성을 여기의 민족 지도자들이 의식적으로 이용할 수 있는 위치에 있었다는 것이며, 둘째, 그들이 채택한 선거 제도, 당 조직, 그리고 문화적 유산에 대한 기념과 찬양 등은 19세기 유럽의 대중적 민족주의에 그 모형이 있는 것이었으며, 셋째, 시민 의식에 바탕을 둔 공화제를 채택한 것은 아메리카식 민족 공동체 형성 과정에서 전례를 찾을 수 있는 것이다"[9]라고 한다. 이 말은 적어도 앤더슨이 예를 들고 있는 모잠비크·베트남·캄보디아 등의 민족 공동체 형성 과정과 그 결과적 현상들을 잘 설명해주고 있다. 20세기 신생국들의 경우 그들은 원시적 부족 제도나 중세적 봉건 제도를 극복하였으며 또한 그 극복된 형태는 유럽 또는 미 대륙의 여러 국가들에서 볼 수 있는 정치적 공동체로서의 민족 국가의 기본 틀이 되고 있기 때문이다. 설사 구제도에 있었던 군주가 명목상 존재한다 하더라도 기본적으로 20세기 신생국들의 민족 국가의 모습은 국가 단위로서의 민족이 서구식 제도를 받아들이고 있기 때문이다. 심지어 사회주의를 표방하는 국가 체제일지라도 원칙은 서구식 민족 국가인 것이다.

이와 같이 간단히 요약할 수 있는 앤더슨의 제3세계 민족주의의 형성은 근대 이후의 세계 체제가 서구 중심적이며 비서구 세계의 역사 과정은 서구 세계의 계속적인 추종이라는 역사관, 즉 역사주의적 역사관에 근거하고 있다. 결국 제3세계의 역사는 서구가 형성해놓은 모형에 의하여 조건지어지고 결정된다는 것이며 제3세계의 역사 과정이란 서구의 역사 과정을 되풀이한다는 것이다. 이러한 사실을 염두에 두면 '하층민 연구 모임 Subaltern

---

**9** 앞의 책, p. 123.

Studies Group'[10]의 이론가인 파르타 차터지[11]의 앤더슨 비판은 당연히 있을 법한 일이다. 차터지는 그의 작업의 배경인 비서구 제3세계인으로서의 인식적 지평을 가지고 앤더슨의 민족 이론에 이의를 제기한다. 차터지는 아시아나 아프리카 등의 과거 식민지 지배를 받고 있던 지역의 민족 공동체 형성이 앤더슨이 주장하는 바와 같이 서구의 민족주의 형성 과정과 동일하다거나 조합적 답습이라기보다는 서구 민족 공동체 모델과의 "차별화"[12] 방식으로 설명되어야 한다고 주장한다. 차터지는 그의 주장에 대한 근거로 인도 민족주의 형성 과정을 예로 드는데 인도의 경우 근대 인도 민족의 형성기로서 일반적으로 받아들여지는 인도 민족의회 Indian National Congress가 발족된 1885년으로 볼 것이 아니라 영국 제국주의 체제가 강요하던 인도의 서구화에 저항하는 인도 고유의 문화를 되살리고 유지하는 방식을 적극적으로 취하는 시기를 인도 민족의 출발점으로 보아야 한다는 것이다. 즉 차터지

---

**10** 하층민 연구 모임은 『하층민 연구: 남아시아의 역사와 사회에 대한 논술 *Subaltern Studies: Writings on South Asian History and Society*』이라는 연구서를 시리즈로 내고 있는 학자들의 모임이다. 란지트 구하Ranjit Guha, 파르타 차터지, 기야넨드라 판디 Gyanendra Pandey 등으로 대표되는 이들 학자들은 인도를 위시한 남아시아의 역사와 문화에 대한 기존의 연구가 엘리트주의에 의해 왜곡되어왔다고 주장한다. 따라서 이들의 기획은 하층민의 관점에서 남아시아의 역사를 새로 쓰는 것이다. 여기에서 엘리트주의란 서구 제국주의자와 남아시아의 부르주아 지배 계층을 의미한다. 또한 이들은 하층민의 시각으로 역사를 해석한다는 것은 엘리트들이 행해왔던 역할에 대한 객관적 해석 역시 포함한다.

**11** 차터지는 『민족주의 사상과 식민 세계: 빌려온 담론? *Nationalist Thought and the Colonial World: A Derivative Discourse?*』(London: Zed Books, 1986)으로 우선 서구 식민 이론가들과 민족 이론가들의 주목을 받기 시작했다. 이 책은 푸코와 그람시의 이론을 원용하여 반킴찬드라에서부터 간디를 거쳐 네루에 이르는 민족 운동가들의 사상을 조망하며 인도의 민족 의식의 성장을 분석하고 있다. 필자는 그의 두번째 책인 『민족과 이의 조각들: 식민 및 탈식민 역사들 *The Nation and Its Fragments: Colonial and Postcolonial Histories*』(Princeton: Princeton University Press, 1993)에 있는 그의 앤더슨 비판을 염두에 두고 그의 이론을 논의하고 있다.

**12** Partha Chatterjee, *The Nation and Its Fragments*, p. 5.

에 의하면 영국인과는 다른 문화와 정서를 인도 사람들이 갖고 있다는 의식에 의해 인도의 민족 공동체가 형성되었다는 것이다. 따라서 영국 제국주의에 의해 정치·경제·군사 면에 있어 물리적으로는 지배받고 있었다 하더라도 인도의 주체성은 문화적이고 정신적인 면에서 독립되어 있으며 이러한 문화적·정신적 독립을 근거로 인도의 민족이 독립하여 주체적으로 형성된다는 것이다. 이러한 문화와 의식에 근거하여 민족의 형성과 독립을 주장하는 양식으로, 즉 정치적으로는 외부의 지배를 받고 있지만 문화라는 내부적 의식으로는 민족성이 존재하며 이 내부적 문화가 민족을 형성한다는 방식으로 설명될 수 있는 식민 체제 하의 민족의 형성 과정은 인도뿐만 아니라 아시아·아프리카 등 서구의 식민 지배를 받고 있던 지역의 민족 공동체 형성 과정을 설명할 수 있다고 차터지는 주장한다.

차터지의 주장은 어느 정도 설득력이 있다. 민족의 여러 구성 요소 중에 문화의 중요성은 무시할 수 없으며 또한 문화란 외래 문화의 이식이 있다 하더라도 과거로부터 전해오는 고유의 문화를 그 집단은 자신들의 문화로 규정하여 그들 집단의 정체성을 주장하기 때문이다. 그러나 차터지가 주의를 기울이지 않은 것은 그러한 고유 문화를 민족의 정체성으로 규정하는 상황이다. '고유하다'는 의미가 그 지역에 원래 살고 있던 집단에 의해 생산된 문화를 말하는 것이라면 인도의 경우 인도의 고유 문화란 사실상 존재하지 않는다. 왜냐하면 인도 대륙에 살고 있었던 원주민들은 기원전 16세기에 시작된 아리안족의 인도 대륙 정복으로 멸종되었으며 또한 아리안족 역시 10세기부터 시작된 페르시아 제국의 인도 대륙 정복으로 그들 고유 문화를 유지하지 못하였기 때문이다. 따라서 본질적으로 인도라는 것은 — 그것이 물리적인 의미에서 인도 대륙이라는 지형을 의미하지 않는다면 — 그리고 인도 고유 문화란 것은 존재하지 않는 것이다. 따라서 차터지가 주장하는 바대로 인도 문화라고 규정할 수 있는 어떤 것이 있다면 그것은 영국 제국주의 체제의 정치 · 문화 · 이데올로기의 강요와 주입에 맞선다는 의미에서의 인도의 문화나 인도인의 집단 의식일 수밖에 없다. 힌두나 모슬렘 문화를 인도 문화라고 규정하여 그것을 통하여 인도인의 정체성을 확인하는 것이라면 인도 문화는 단지 영국 문화가 아니기 때문에, 그리고 영국인이 아니라는 집단 의식을 통하여 영국 제국주의 체제에 저항하고 있었기 때문이다. 결국 인도의 정체성은 영국 제국주의 체제에 의해 만들어진, 말하자면 영국 제국주의 체제에 대한 역작용에 의해 구성된 문화와 민족 공동체 의식이라고 해야 한다. 따라서 차터지가 주장하는 인도의 자율적인 고유 문화란 문화 자체로서 의의를 갖는 것이 아니라 문화가 정치적 의의를 획득함으로써 그 존재 의의가 규정되는 것이다. 따라서 식민지 하의 민족 공동체 형성 과정은 그것이 직접적으로 정치 의식으로 나타나든 문화적 차원의 차별성으로 나타나든 제국주의에 저항하는 집단을 형성하는 방식으로 나타나며 그 구성은 그 피지배 집단의 제국주의 체제와의 관계를 분석함으로써 알 수 있다.

## 3. 식민 체제의 모순과 민족 공동체 형성: 인도의 경우[13]

이제 제3세계의 민족 공동체 형성 과정에 관한 논의는 앤더슨

---

[13] 여기에서 한민족이 아니라 인도 민족 공동체를 논의하는 이유는 우선 여기에서 필자가 도전하고 있는 앤더슨과 특히 차터지의 민족 이론이 인도의 민족 공동체를 중심으로 논의되고 있기 때문이다. 필자 자신 인도의 역사에 대해 어느 정도 알고 있기 때문에 인도를 중심으로 제3세계의 민족 공동체 형성을 논의하고 있기도 하다.

의 주장인 20세기 신생국의 서구 민족주의의 조합적 모방과, 차터지의 논의에서 제기된 제국주의 체제 하에서의 저항적 공동체 집단 의식이라는 두 요소를 동시에 고려함으로써 좀더 나은 민족 공동체 형성 과정을 논의할 수 있을 것이다.[14] 서로 화합할 수 없을 것 같은 앤더슨의 서구 민족주의 모방론과 차터지의 문화 주권론 사이의 거리는 서구 민족주의 또는 제국주의의 속성을 고려함으로써 해결된다. 식민지에 구축되었던 서구 체제는 단지 제국주의(차터지가 염두에 두는 서구 체제)로서만 존재한 것도, 선발 민족주의 체제(앤더슨이 20세기 신생국이 모방 대상이라고 주장하는)로만 존재한 것도 아니다. 이를 염두에 두었을 때 식민지 체제 하의 민족 공동체 형성 과정을 제대로 규명할 수 있다고 할 수 있다. 여기에서 필자는 앤더슨의 중요한 통찰이면서도 그 자신 그 의의를 놓쳤다고 생각되는 "제국과 민족의 공존 불가능성the inner incompatibility of empire and nation"[15]이란 진술에 주목하려 한다. 영국 제국주의 체제 하에서 식민 교육을 받고 또 그 체제 하에서 영국 신민으로서 성장한 인도인이 결국 그가 받은 교육적 배경을 갖고 영국 제도 안의 고급 관료와 같은 특권적 위치를 획득하려 했을 때 영국 관료 제도는 이러한 인도인을 영국인들의 특권적 위치에서 배제하려 하고 결국 교육받은 인도인의 영국 체제에 대한 저항을 가능하게 한다는 설명을 하고 나서 앤더슨은 이를 "영국의 관제 민족주의의 근본적 모순"이라고 설명

---

**14** 민족주의 이론에 관한 한 마르크시즘의 취약성에도 불구하고 마르크스의 동료였던 엥겔스는 우리에게 중요한 통찰을 보여주고 있다. 1857년에 쓴 「신 아메리카 백과사전」에서 그는 프랑스의 알제리 정복이 알제리 부족민 사이의 민족 정신의 발생에 대하여 "아랍과 커빌의 여러 부족들은 혹독한 약탈로 분쇄되고 파괴되었으며 〔……〕 이 부족들은 그들의 독립을 외치고 프랑스 제도를 증오한다"고 쓰고 있다(백낙청 엮음, 『민족주의란 무엇인가』, 창작과비평사, 1981, p. 108에서 재인용).

**15** Anderson, *ibid.*, pp. 88~89.

한다. 그러나 그는 영국의 관제 민족주의와 "제국과 민족의 공존 불가능성"의 관계에 대해서는 더 이상 자세히 논의하지 않는다. 그러나 영국의 인도 지배 역사를 고려한다면 식민지에서의 민족 공동체 형성 과정은 19세기의 서구 민족주의의 형성과 16세기 이래 지배적이었던 서구 제국주의의 패권 사이의 모순의 결과로 나타난 역사적 변화 과정이었음을 알 수 있다.

19세기 서구의 민족주의 형성과 그에 따른 서구 열강의 각축전 이전의 서구 제국주의는 근본적으로 서구의 보편성을 추구했던 제국주의였다. 이 경우 서구의 지배는 '영국' 또는 '스페인'의 가치에 의해 식민지를 지배했다기보다는 '기독교 왕국' '서구의 합리성' 등의 가치로 나타났던 서구 보편적 가치를 옹호하는 제국주의였다. 따라서 비서구 세계에 대한 문명화의 과업은 '영국의 사명'이 아니라 '백인의 사명'이었다. 경제적 의미에서도 인도의 경우 1857년 이전에는 영국이라는 민족 국가는 공식적으로 인도에 대해 아무런 관계가 없었으며 영국의 인도 지배는 상행위를 위해 설립된 '동인도 회사'에 의해 이루어지고 있었다. 그러나 19세기 중반 이후 식민 통치의 정책은 그전과는 다른 양상을 띤다. 1857년의 세포이의 항쟁과 그에 따른 인도에서의 영국 식민 정책에 대한 위기감은 그 항쟁이 진압된 이후 영국 정부가 처음으로 공식적으로 총독을 임명하여(1858년) 직접 인도를 통치하는 양상을 띠었으며 결국 1877년에 빅토리아 여왕이 '영국 민족의 군주이며 인도 제국의 제왕 queen of England and empress of India'이라는 직함을 취하여 공식적으로 영인도 제국의 황제임을 천명한다. 이 직함이 갖는 내적 모순이 바로 대영 제국과 영국 민족 국가의 모순이며 그 모순이 결국 인도의 민족 공동체를 가능하게 하였다고 할 수 있다. 말하자면 당시 영국 군주인 빅토리아는 영국 민족 국가의 수장으로서 인도의 공식적인 지배자가 된 것도 아니고 또한 대영 제국주의의 제왕으로서 영국을 비롯하여 영인도 식민지를 포함한 대영 제국을 지배한 것도 아니라는 것이다. 즉 영국인에게는 단지 영국 민족 국가의 수장으로서 영국 민족 공동체의 대표자가 되었던 것이며 인도를 포함한 식민지인들에게는 대영 제국의 절대 보편적 가치에 근거한 제국주의 체제의 수장이었던 것이다. 빅토리아 여왕은 한편으로는 제한적이며 폐쇄적 의미에서의 영국 민족 공동체의 보호자로서, 다른 한편으로는 보편적 가치의 옹호자로서 기능하고 있었다는 것이다. 이 두 가치는 공존할 수 없다. 그리고 이 두 가치의 모순적 빈틈을 비집고 나타난 것이 인도 민족의회의 성립이었고 또한 인도 민족 국가의 성립이었다.

인도의 역사를 염두에 둘 때 근대 이전의 인도와 근대 이후의 인도의 분기점은 1885년의 인도 민족의회의 성립이다.[16] 역사적 사건의 규모만을 염두에 둔다면 1857년에 발발하여 1년 이상 영국의 식민 지배를 위협하였던 세포이의 항쟁이 1885년의 인도 민족의회의 성립보다 훨씬 의의 있게 다루어져야 할 것이다. 그럼에도 불구하고 이 항쟁은 인도의 독립 운동으로 다루어지기는 하지만 민족주의 운동으로 다루어지지는 않는다. 왜냐하면 이 항쟁은 대부분 인도의 전통 귀족 계급에 의해 주도되었고 새로운 영국 식민 체제를 극복한 인도의 민족 국가를 세우는 것을 목적으로 하였다기보다는 영국 식민 체제에 의해 멸망한 과거 무굴 제국의 복원을 목적으로 하였기 때문이다. 물론 역설적으로 대규모 세포이의 항쟁을 가능하게 했던 것은 영국 식민 통치였으며, 그 통치에 대한 역작용이 세포이의 항쟁이었기는 하다. 영국의 인도

---

**16** 예를 들어 수미트 사카Sumit Sarkar의 *Modern India, 1885~1947*(Houndmills: Macmillan, 1983)에서 그 제목이 시사하듯이 근현대의 시작을 1885년으로 잡고 있다. 이것은 사카만의 견해가 아니라 인도 역사 서술의 일반적 현상이다.

에 대한 '문명화의 사명'으로서 전신과 철도가 놓였으며 바로 이 효과가 예기치 않게 거대한 인도 대륙을 연결시키며 대규모 항쟁을 가능하게 하였기 때문이다. 물적 조건으로만 보면 근대 인도의 민족 국가 형성의 가능성이 이미 영국에 의해 구축되었던 것이다. 그러나 이 물적 조건을 인도 민족의 형성으로 발전시키게 되는 이데올로기적 장치가 세포이의 항쟁 기간에는 결여되어 있었다. 말하자면 인도인들 사이에 자신들이 영국인과 구별되는 '인도인'이라는 의식, 그리고 그들이 영국인이 아니기 때문에 영국 제국주의 체제의 지배를 받고 있다는 의식은 영국인들에게서 서구식 교육[17]을 받고 난 다음에 생길 수 있었던 것이다. 이러한 교육의 결과가 1885년 인도 민족의회의 성립이다.

1885년의 인도 민족의회의 성립이 근대 이후의 인도 역사를 가름하는 분기점이 되는 것은 이 인도 민족의회의 성립이 인도 민족 국가의 역사적 출발로 보기 때문이다. 설립 초기에는 상당히 영국 식민 체제에 타협적이었음에도 불구하고 1930년대 간디와 네루 등의 시대를 맞이하면서부터는 영국 제국주의 체제의 인도 지배에 위협적인 저항 운동을 하였으며 궁극적으로 1947년 인도의 독립을 쟁취하게 만들었다. 이 인도 민족의회는 물론 인도인들에 의해 구성된 것이지만 따지고 보면 영국의 식민 지배 체제가 만들어놓은 것이기도 하다. 영인도 식민 체제는 어느 다른 식민 체제와 마찬가지로 영국인들이 직접 인도인들을 관리하고 지

---

**17** 영국 식민 체제의 인도인 교육에 대한 본격적인 관심은 1813년에 제정된 조직령 Charter Act까지 올라갈 수 있다. 이 법령에서 "인도인들에게 유용한 지식을 소개하고 종교 및 도덕적으로 더 나은 삶을 도입"하게 하는 것이 영국의 책임이라고 선언하고 있다. 그러나 구체적인 기획은 1835년 영어 교육령 English Education Act에 의해 인도인들에게 영어와 영문학을 교육시켜야 한다고 선언하였을 때 시작되었다고 볼 수 있다. 그러나 고급 교육의 형태를 제대로 갖춘 인도에서의 영국식 교육은 1857년에 영인도 대학교 presidency universities가 벵갈을 비롯한 세 지방에 설립됨으로써 비로소 시작되었다.

배하는 방식은 아니었다. 피지배 집단인 인도인들을 통치하고 관리하려면 지배 집단인 영국인들에겐 인도의 관습과 언어를 모르는 그들 자신과 영어와 소위 '문명화의 사명'을 이해하지 못하는 인도인들 사이를 연결시켜주는 통로로서의 중간 집단이 필요하였다. 토머스 배빙턴 매컬리의 유명한 진술이 이를 입증해주고 있다. "인도에서의 교육은 우리들과 우리들이 지배하는 수백만 명 사이를 연결시키는 통역 계급을 만들어내는 것이다. 즉 피와 피부색은 인도인이지만 취향·견해·도덕·지성에 있어서는 영국인인 계급을 양성하는 것이다"[18] 그러나 영국 제국주의 체제를 유지하기 위해 기획되고 생산된 통역 계급으로서의 이러한 중간 집단은 궁극적으로 영국 제국주의 체제에 저항하며 인도의 민족 공동체 형성을 주도한 집단으로 발전한다.

인도 민족의회의 창시자들 대부분은 영인도 체제 아래에서 매컬리식 기획에 의해 교육을 받은 사람들이다. 그들은 대영 제국의 신민이라고 믿고 있었던 인물들이었으며 영국식 고급 교육을 받고 대영 제국 체제 내에서 관리가 되려 하거나 서구의 합리주의에 근거한 교육으로 서구식 사고를 갖고 있는 자들이었다. 그러나 초기의 인도 민족의회 지도자들은 매컬리식의 통역 집단으로 진입하는 관리 채용 시험에 합격하고도 영국 출신들과 동일한 대우를 받지 못했던 것에 대해 자신들이 처한 이중적이며 모순적인 정체성을 확인하고 있었다.[19] 이 말은 그들 스스로는 대영 제

---

**18** Thomas Babington Macaulay, "Minute on Indian Education," Stephen Hay ed., *Sources of Indian Tradition* vol. 2(New York : Columbia University Press, 1988), p. 31 에서 재인용.

**19** 인도인으로서 최초로 1869년 인도 관리 고시 Indian Civil Service Examination에 우수한 성적으로 합격한 수렌드라나트 바네르지아 Surendranath Banerjea는 라틴어·영문학·철학·승마 등 모든 분야에서 고급 관리의 자질을 인정받았음에도 나이를 속였다는 이유로—만으로 치는 영국식 나이 계산과 잉태부터 시작하는 인도식 나이 계산 사이의 차이로 인한 오해였는데— 임용이 거부되었으며 나중에 여왕에게 청원하는 절

국의 신민이라고 자신의 정체성을 규정하고 있었으나 영국 관료
체제는 서구식 교육을 받은 이들 인도인들을 영국인으로 받아들
이지 않았던 것이다. 즉 평등과 보편성을 주장하는 서구 제국주
의 체제 내의 영국 제국의 신민으로서의 자신들과 유럽의 한 민
족 국가로서의 영국이라는 영토 내에 속하지 않는다는 의미에서
의 영국 민족의 구성원에서 배제되는 인도인이라는 모순적 정체
성을 그들은 갖고 있었으며 이 민족 구성원이라는 견지에서 발생
하는 배타성이 바로 초기 인도 민족의회의 구성원들을 만들어내
고 있었다는 것이다. 영국이 갖는 이중적 양상이, 즉 보편적 제국
주의 체제로서의 대영 제국과 배타적 민족 공동체로서 영국 사이
의 화해할 수 없는 모순이 바로 인도 민족의회를 생성시키고 있
었다는 것이다. 따라서 인도 민족의회는 영국에 대해 이중적 양
상으로 관계를 맺는다. 한편으로는 제국주의 체제의 교육을 받아
서구의 근대성을 자신의 정체성으로 받아들이나 다른 한편으로
는 영국이라는 민족 국가에 대해서는 민족 공동체 형성 과정을
배워 받아들이면서 동시에 체제로서의 영국 제국주의에 대해 배
타적 저항을 시도하고 있었다는 것이다.

　이러한 사실은 인도의 독립 국가 건설이 구체화되고 있던 1930
년대에 민족 운동을 지도했던 네루의 인도의 정체성을 보면 좀더
구체적이 된다. 네루는 독립 운동 집회에서 흔히 외치는 "어머니
인도에 승리를"이라는 구호의 의미를 대중에게 설명하며 인도의
정체성은 인도의 거대하고 다양한 대지와 자연을 의미한다기보
다는 바로 인도의 독립을 위하여 영인도 체제에 저항하는 집회에

---

차를 거쳐 임용되기는 하였으나 3년 근무한 후 사소한 규칙 위반을 이유로 해고되었다.
이런 부당한 대우가 인도인이기 때문에 생긴 결과로 받아들인 바네르지아는 인도인으로
자신을 규정하며 최초의 민족 운동 단체인 '인도 연합Indian Association'을 조직하였으
며 이어서 1885년에 설립되는 인도 민족의회의 주도적 인사가 된다.

참여한 모든 인도인들, 즉 "어머니 인도에 승리를"이라는 정서를 가지고 있는 모든 인도인을 의미한다고 한다.[20] "어머니 인도에 승리를"이라는 진술은 곧 영인도 제국주의 체제에 저항하는 집단의 승리와 독립을 의미하는 것이기에 네루에게 있어 인도의 정체는 제국주의 지배 체제에 의해 피지배 집단이라고 차별적으로 규정된 집단이 되는 것이다. 이 영국 제국주의 체제와 차별적으로 규정된 인도는 사이드가 비판하고 있는 '차별화'된 동양의 모습과는 다른 모습이다. 사이드가 무시하고 있던 역사 과정상의 차이를 네루는 의식하고 있었다. 네루는 동양과 서양의 근본적인 차이는 없다고 하면서 차이가 있다면 "그 차이는 단지 유럽과 미국이 고도 산업 사회를 이루었다면 아시아는 이런 면에서 뒤처져 있다는 정도이다. 이 산업화란 세계 역사상 새로운 어떤 것이다. 말하자면 헬레니즘 문명과 현대 유럽과 미국 문명이 원래부터 맺어져 있었던 것은 아니다"[21]라고 한다. 여기에서 네루가 지도하고 있던 인도 민족 공동체 구성은 두 개의 모순되는 과제를 갖고 있는 것이며 이것이 식민 체제를 경험하고 있는 피식민 집단의 과제이기도 하다. 하나는 제국주의 체제에 저항하여 그 체제로부터 벗어나는 것이며 또 하나는 그 체제를 통하여 받아들인 산업화의 과제, 다른 말로 하면 서구의 발전 단계를 흉내내야 하는 과제를 동시에 갖고 있는 것이다. 이것이 네루가 이끌던 인도 민족 공동체가 구성되는 과정이며 또한 그 민족 공동체의 계속되는 과업, 일반화한다면 제3세계의 민족 공동체의 형성 과정이며 그 과업이기도 하다.

이제 다시 앤더슨이 주장하는 제3세계 민족 공동체의 형성 과정이 서구와 아메리카의 민족 공동체 형성 과정을 "모방하고, 적





---

20 Jawaharlal Nehru, *The Discovery of India*(New York: John Day, 1946), p. 48.
21 Nehru, *ibid.*, p. 143.

용하며, 더 낮게 만들어가는" 것이었다는 진술은 그 모방과 적용 과정이 저항의 과정을 통하여 동시에 이루어지고 있었다는 것을 추가해야 하는 것이다. 제3세계 민족의 형성은 단순히 서구의 민족주의 형성 과정을 답습하는 것이며 서구의 민족 형성이 비서구에 전파된 것으로는 볼 수 없다. 오히려 서구의 민족 형성 과정보다 더 험난하고 복잡한 과정을 거치면서 민족이 형성되고 있는 것이다. 제국주의 체제와의 관계에서 설명하는 역사적 단계로서의 제3세계 민족 형성을 이와 같이 설명할 수 있다 하더라도 제3세계 민족 형성은 더 논의해야 할 과제를 안고 있다. 그것은 제3세계 민족 형성 과정은 제국주의, 그리고 선발 민족 공동체와의 관계에서만 설명할 수 있는 것이 아니라 서구의 민족 공동체가 해결해야 할 과제인 그 공동체 집단 안의 상이하고 이질적인 집단의 문제도 또한 중요한 고려 대상이 될 수밖에 없는 것이다. 인도의 경우 비록 부르주아 엘리트 집단이 민족 공동체 형성에 지배적으로 작용한 것은 사실이라 하더라도 그 공동체가 해결해야 할 과제들인 하층민과 지배 집단 간의 갈등, 그리고 이질적 종교 집단 간의 분쟁 등의 문제는 민족 형성을 고려할 때 중요한 과제이다. 이 과제를 고려하기 위해 필자는 이제 인도에서 벗어나 우리의 문제를 잠깐 언급하려 한다. 여기에서 다루는 한민족 공동체 문제는 본격적인 논의라기보다는 논의의 출발을 시사하고 있는 정도이다. 본격적인 논의는 이후의 과제가 될 것이다.[22]

---

[22] 이에 대해서는 제6장의 「초민족 시대의 한민족 정체성」에서 자세히 다루었다.

## 4. 한민족 공동체의 논의를 위하여

인도의 민족 문제에서 우리의 민족 공동체 문제로 논의를 전이
할 때 단지 어느 한 지역의 민족 문제에서 다른 지역의 민족 문제
로 논의의 관점을 수평 이동하는 것은 아니다. 과거의 문제에서
현재의 문제로, 다시 말해 통시적 민족 공동체 문제에서 공시적
민족 문제로 논의의 초점을 전이하고 있다. 과거와 현재의 관계
는 분리되어 있기도 하지만 또한 현재의 공시성 안에 내재되어
있기도 하다. 이러한 상이한 역사성이 공존한다는 것은 그 상이
한 역사성이 각각 평화롭게 공존한다는 것을 의미하는 것이 아니
라 긴장과 모순 관계를 형성하면서 공존한다는 것을 의미한다.

한반도에서 민족이라는 공동체가 형성된 것은 고조선 또는 통
일 고려와 더불어 이루어진 것은 아니다. 민족을 구성하였던 자
연인들이 현재의 한국 영토라고 규정된 지형 안에 거주하였던 것
은 사실이라 하더라도 그 사람들이 바로 한민족 공동체라고는 할
수 없다. 한민족 공동체의 형성은 우리나라 사람들과는 다른 중
국 사람들이나 일본 사람들이 한반도의 외부에 존재하고 있고 우
리 민족은 그러한 외부의 공동체와 구별된다는 의식이 형성되어
가던 19세기 말에야 시작되었다. 이러한 공동체 의식은 일본을
포함한 서구 제국주의의 침략의 결과물이다. 신채호가 「민족주의
와 제국주의」라는 짧은 글에서 한민족을 있게 하는 것은 제국주
의에 반대하는 민족주의일 뿐이라고 역설하였을 때 그는 민족 공
동체의 구성을 제국주의에 대한 반작용의 결과물이라는 점을 말
했던 것이다. 한민족 공동체의 형성은 앞에서 필자가 인도의 민
족 공동체의 형성을 논의하면서 밝히려 한 것과 같이 제국주의에
대한 저항의 결과였으며 또한 민족 운동을 이끌었던 대부분의 지
식인들이 서구식 지식을 받아들이면서 민족 의식을 갖게 된 것에

서 알 수 있듯이 서구의 모방물이기도 하였다. 이렇게 외부적 요인에 의해 한민족 공동체가 구성되는 사실은 단지 과거의 사건만은 아니다. 모계에 의해서도 대한민국 국적을 취득할 수 있다는 1997년의 국적법 개정은 형식적으로만 보면 남녀 평등이라는 헌법의 원칙에 근거해 기존 국적법의 부계 혈통주의라는 문제 있는 조항을 삭제한 것에 지나지 않는다. 그러나 이 국적법 개정은 한국인 하류 계층의 여성들과 가족 관계를 이룬 파키스탄인·네팔인 등 외국인 노동자들도 한민족 공동체의 구성원이라는 법률적 확인이었다. 이러한 국적법의 개정은 지금까지 상당한 정도 유지되어온 지배 계층 중심의 민족 공동체 의식을 변화시키는 것이기도 하다. 외국 국적자의 한국 국적 취득의 경우 미국이나 프랑스 국적자가 한국 국적을 취득하는 길은 사실상 개방되어 있었다. 기존 국적법에서 일정 정도 이상이라는 고소득과 3년 이상 국내 거주, 그리고 법무부 장관의 승인이라는 조항은 미국인이나 프랑스인 등 한국의 상류 계층과 관계를 맺고 있는 외국인들에게는 별 문제가 되지 않았던 것이고 또 미국인 등이 한국 국적을 원하는 경우도 무시할 만한 숫자였기 때문이다. 그러나 한국보다 경제적으로 낙후된 지역의 외국인이 한국에 와서 사회의 하류 계층을 형성하며 한민족의 구성원이 된다는 것은, 또 이러한 국적법의 개정으로 이러한 추세가 가속화된다는 것은, 한민족 공동체의 구성에 관한 근본적인 사고의 변화를 요구하는 것이기도 하다. 이러한 추세는 하위 계층, 주변부 외국인, 여성 등 지금까지 남성 부르주아 지배 계층 중심의 민족 담론 구성에서 배제되어왔던 계층의 제 목소리 내기의 시작이라 할 수 있기 때문이다

한민족은 그 구성원들이 동질성이라는 특징이 있다고 일반적으로 진술되어왔다. 한민족은 "역사와 단일 중앙 정부, 문화, 혈연, 언어의 측면에서 동질성이 가장 높은 민족"[23]이라는 진술은

새삼 확인할 필요도 없다. 그러나 중앙 정부라는 국가 기관을 염두에 둔 민족의 구성 요인을 제외하면 어느 것 하나 동질성으로 설명할 수 있는 것은 없다고 할 수 있다. 하층 계급과 상류 계급의 문화 구성 방식은 상당히 다르다는 점을 염두에 두고 보면 현대 서구 문화가 이입되기 전 시대의 전통 문화라 하더라도 한민족이 단일 문화를 가졌다는 것은 어느 특정 집단의 문화만이 문화라는 사고방식에서 기인한 것이다. 혈연 역시 중국과 일본 만주족과 계속하여 교류해왔다는 사실 또한 염두에 둘 필요가 있다. 한민족이 단일 언어를 사용해왔다는 관념 역시 역사상 절대적 영향력을 행사해왔던 한문 중심의 문어 공동체의 작용을 간과하는 관념이다. 한민족의 동질성이란 르낭의 표현대로 잔인한 폭압의 결과이며 잊도록 강요된 과거를 잊어버린 결과이다.[24] 한민족이 동질성을 갖고 있다는 설명은 한민족 공동체를 논의하는 데 고려해야 할 여러 집단의 가치를 억누름으로써 배제하는 작용을 하기 때문에 바람직한 민족 공동체를 이루는 데 방해가 된다. 따라서 민족 공동체의 규정은 주변부 집단, 피지배 집단 등에 대한 고려를 포함해야 한다. 한민족 공동체를 규정하기 위해서는 유구한 역사와 전통에 빛나는 단군 조선의 영속성이라는 것을 넘어서서 구체적으로 한민족이라는 사회를 구성하는 여러 집단들 — 여성 · 외국인 노동자 · 하층민, 그리고 통일 전이든 후이든 민족 공동체에 포함해야 할 북한 사람들 — 을 동시에 고려하며 그 각각의 모순과 긴장, 또한 결연을 고려해야 한다. 호미 바바식으로 얘기하면 민족 문제란 여러 이질적인 집단들의 “차이들”[25]이 하나

<hr>

23 박명림, 「분단 시대 한국 민족주의의 이해」, 『세계의 문학』 80호(1996년 여름), p. 62.
24 Renan, *ibid.*, p. 11.
25 Homi K. Bhabha, “Dissemination: time, narrative, and the margins of the modern nation,” idem ed., *Nation and Narration*, p. 299. 여기에서 바바는 민족이란 외부의 다른 민족들과 대립적 관계에 있을 뿐만 아니라 문화적 차이들, 경쟁적 관계에 있는 집단들

의 민족 집단으로 규정되는 의의에 대한 질문이어야 한다. 한민족 공동체의 민족 문제는 일본·미국을 거친 식민 체제의 산물로서, 그리고 남성 중심 지배 집단에 의해 목소리를 잃은 여성들의 목소리가 복원되는 과정을 추적하는 것으로서, 그리고 근래에 나타나게 되는 외국인 노동자 등의 내부 식민 집단에 대한 고려를 통하여, 또한 불안정하고 불완전하게 규정된 한민족 공동체의 다른 반쪽인 북한 체제 내의 민족 구성원 등을 고려할 때 한민족 공동체의 구성에 관한 바람직한 논의가 이루어질 것이다.



---

의 상이한 역사들, 적대적 권위들, 긴장 관계를 갖는 문화 영역들이 내부적으로도 각인된 공간이라 진술한다.

# 제6장 초민족 시대의 한민족 정체성



　가수 유승준이 대한민국 국민으로서의 병역 의무를 면하기 위해 미국 국적을 취득하였을 때 대한민국 정부는 그의 입국을 금지시켰다. 유승준이 국익을 해칠 우려가 있다는 것이 그 이유였다. 그러나 유승준은 가능하면 한국에서 가수 활동을 하고 싶다는 의견을 피력했다고 한다. 이에 대해 많은 국민은 유승준을 배신자라고 비난하였고 또한 정부의 조치가 옳았다고 정부의 방침을 지지하였다. 많은 젊은이들이 될 수 있으면 피하고 싶지만 어쩔 수 없이 수행해야 하는 병역의 의무를 외국 국적을 취득함으로써 피하는 유승준이 많은 젊은이들에게는 혐오감을 불러일으켰을 것이다.

　그러면 유승준은 미국 사람인가? 미국 국적을 갖고 있다는 의미에서 본다면 당연히 미국 사람이라고 할 수 있겠지만 그의 정서나 활동, 그리고 그의 소속감에서 본다면 미국 사람들과 한 무리라고 말할 수 있기보다는 한국 사람들과 한 무리라고 보는 것이 더 옳을 것이다. 그의 노래와 춤은 미국 사람들이 좋아하는 것이라기보다는 한국 사람들에게 즐거움을 주는 것이고 이는 결국 한국 사람들에게 이익이 되는 것이 아닌가? 그러면 한국 정부가 그의 입국을 허락하지 않은 명분인 국익은 무엇인가? 유승준의 경우에 한국 정부가 국익에 위해하다고 판단하는 것은 그가 병역의 의무를 수행해야 하는 젊은 남성들에게 좋지 않은 영향을 줄 것이라고 판단하였기 때문일 것이다. 그러면 다시 그가 병역 의무를 수행하였을 때의 국가의 이익과 연예인으로서 한국 사람들에게 주는 즐거움은 상호 배타적인가? 이러한 의문들은 한국 사람이라는 것이 도대체 무엇인가라는 문제에 대하여 근본적인 생각을 하게 한다. 유승준의 문제에서 제기될 수 있는 한국 사람의 정체성에 대한 질문은 점점 가속화되어가는 외국과의 인적·물적·문화적 교류와 혼재 현상에 대하여 민족 정체성 논의라는 이론적 모색을 필요로 하게 한다.

여기에서 필자의 논의는 궁극적으로 국가와 민족은 구분되어야 한다는 주장을 하기 위한 것이며 또한 국가와 민족은 서로 모순되는 가치를 갖고 있다는 주장을 하기 위해서이다. 이러한 논의를 진행하기 위해 우선 한민족의 역사적 형성의 문제를 먼저 살피고 나서 국가와 민족 간의 모순을 논의한 다음 변화하는 한민족 정체성의 문제를 논의하려 한다. 한민족의 정체성을 밝히지 않고 흔히 말하는 세계화·초민족·통일 등을 생각하는 것은 단지 순서가 잘못된 정도가 아니라 한민족 공동체에 대한 심각한 위협이 될 수도 있다. 전통적 또는 관습적 의미에서의 한민족 공동체는 국가 권력으로 대변되는 기득권 층이 배타적으로 구축해 놓은 가치 체계로서, 하층민·여성·외국인 노동자·미성년자 등 주변부 집단을 배제하고 있다. 제대로 된 한민족 공동체의 정체성을 설명하려면 지배 집단과 주변부 집단의 역동적 긴장 관계를 설명할 수 있어야 한다.


## 1. 한민족 공동체 형성의 역사: 오천 년 / 백 년 / 오십 년


민족이란 너무나 당연해서 논의할 필요가 없는 것 같지만 사실은 자명한 개념이 아니다. 국어 사전의 정의를 먼저 갖다 쓰면 민족은 "오랜 세월 동안 일정한 지역에 함께 삶으로써 독특한 언어, 풍습, 역사 등을 가지게 된 사람들의 공동체"(『연세한국어사전』)이다. 따라서 민족은 국가를 전제하는 '국민,' 군주를 전제하는 '백성,' 그리고 공민권을 전제하는 '시민'과 혼동되지 않게——이러한 혼동을 문제삼는 것이 이 글의 논점이기도 하다——사용해야 하는 개념이다. 민족은 백성이나 국민과 구분되고 또한 가족·인종 등 여타의 다른 공동체와도 구분된다. 전통적인 민족 이론은, 국어 사전의 정의와 같이, 민족을 객관적 요소들인 언어·지역·혈연·문화·정치·경제·역사 그리고 주관적 요소인 민족 의식을 공통으로 갖는 집단이라 설명해왔다.[1] 그렇지만 객관적 요소로 구분된 것들 중 어느 것도 민족을 구성하는 요소로써 이미 주어진 것이 아니다. 송씨나 주씨 성을 가진 사람들이 그들의 조상이 중국에서 왔다고 하면서도 한국 사람이라고 생각하는 것과 같이 혈연이 민족을 구성하지는 않는다. 더구나 가장 객관적인 것같이 보이는 지형의 경우에도 고구려의 역사를 생각해보면 알 수 있듯이, 압록강과 두만강이라는 자연적 경계가 한국과 중국을 구분하지는 않는다. 객관적 요소가 민족을 설명할 수 없다면 동질성을 지키려는 의지나 공통의 역사적 경험 등으로 설명되는 주관적 요소인 민족 의식이 민족을 구성한다고 생각할 수도 있겠다. 그러나 그러한 민족 의식은 민족을 구성하고 있다기보다는 민족이라는 정체성이 이미 있고 나서 그 정체성을 지키려는 의지가 사후적으로 나타난 것이기에 민족을 구성하는 요소라고 설명할 수 없다. 우리는 민족이 주관적이든 객관적이든 어떤 실체에 의해서 구성되지 않음을 받아들여야 한다. 그리고 민족의 형성이나 구성에 대한 논의는 무엇이 민족을 구성하는가라

---

**1** 신용하, 「민족 형성의 이론」, 신용하 엮음, 『민족 이론』(문학과지성사, 1985), pp. 13~39 참조.

는 의문이 아니라 어떤 과정을 거쳐 민족이 형성되는가라는 질문에서 시작되어야 한다. 단적으로 말해 한민족이 한민족인 것은 한민족이 중국 민족이나 일본 민족이 아니기 때문이다. 한민족은 중국 민족이나 일본 민족과 관계를 맺고 있으며, 그 관계는 한민족과 중국 민족이 서로 다르다는 것, 그리고 그 각각의 정체성은 자신의 민족성에 의해 규정되는 것이 아니라 다른 민족과 구분된다는 사실에 의해 규정된다는 것이다. 그리고 그 다른 민족과 다르다는 것은 자연적으로 원래부터 존재하는 것이 아니라 해당 민족 공동체가 다르다고 의식하는 과정을 통하여 형성된다. 따라서 한민족의 형성이나 구성은 다른 민족과 다르다는 의식이 어떤 과정을 거쳐 형성되는가를 논의하는 데서 시작해야 한다.

이렇게 볼 때 반만년의 유구한 역사라 이야기되던 한민족의 역사는 사실 길게 보아 100여 년 정도이다.[2] 삼국 시대나 고려 시대에는 말할 것도 없고 조선 시대 중기 정도만 하더라도 당시의 평민 대부분은 그들이 조선인이라는 의식이 별로 없었다고 할 수 있다. 왜냐하면 민족을 구성하는 기본 요인인 다른 민족과의 차별적 대비가 사실상 불가능한 시대였기 때문이다. 임진왜란이나 병자호란을 겪으면서도 조선인들은 바다 건너나 북쪽 변방 너머

---

**2** 신용하 교수는 민족을 선민족, 전근대 민족, 근대 민족으로 구분할 수 있다고 하면서 한국의 경우는 서구와는 달리 전근대(통일신라부터 고려 초기)에 한민족이 형성되었다고 주장한다. 그리고 개화기에 한민족이 형성되었다는 주장은 "전혀 역사적·사회적 사실과 일치하지 않는 해석"이라고 말한다. 전근대에 이미 한민족이 형성되었다는 것이 "학문적 주체성"이라고도 말한다. 이러한 신교수의 주장은 『역사비평』19호(1992년 겨울)에 실린 「대토론: 한국 민족은 언제 형성되었나」에서도 볼 수 있다. 이 토론의 발제자인 노태돈·박호성 교수를 비롯한 토론자들은 한민족의 형성을 기본적으로 고대 고조선 또는 삼국을 통일한 통일신라 시대부터라고 본다. 여기의 발제자와 토론자들은 이 토론에서 민족을 구성하는 것은 주관적 요인인 민족 의식이라는 것을 받아들인다. 그러나 그들은 필자가 앞으로 논의할 국가와 민족의 차이점을 염두에 두지 않고 있다. 즉 주권 국가 의식이라고 해야 할 어떤 독립 의식이 있었다면 그런 의식은 집권층에만 가능했지 민족 공동체를 이루는 다수의 평민과는 무관한 의식이었다는 사실에는 주의를 기울이지 않는다는 것이다.

에 우리와는 구별되는 다른 민족이 살고 있다기보다는 야만인들이 살고 있다는 생각을 하고 있었다. 왜놈들이나 오랑캐들은 다른 민족이 아니라 야만인들——즉 인간이 제대로 되지 않은 종족——이었다. 신용하 교수 역시 조선 시대의 민족 의식의 성장은 홍대용·정약용 등이 우리가 살고 있는 세상은 둥글기 때문에 세상 한가운데 있다는 이름을 가진 중국이 조선보다 더 가운데에 위치하고 있다고 생각할 필요가 없다는 의식을 보일 때에 싹트고 있었다고 말한다.[3] 그러나 이때 역시 일부 선구적 지식인들만이 중국과 조선이 대등한 독립 집단임을 또는 독립 집단이 되어야 함을 의식하고 있었지 그런 의식이 일반화된 것은 아니었다. 본격적인 민족 의식의 성장은 조선말 제국주의적 열국과 교류를 시작하면서 나타났다고 하는 것이 옳다. 그때 비로소 한민족은 다른 민족과 구별된다는 의미에서 민족의 정체성을 의식할 수 있게 되었기 때문이다.

조선 말기의 민족 공동체의 형성은 민족 형성의 이중의 과제를 동시에 수행하면서 이루어졌다. 하나는 한반도라는 지역적 범주 안에 거주하는 사람들이 동일 군주에 소속된 백성으로서가 아니라 다른 민족과 구별되는 집단으로서의 정체성을 의식할 필요가 있었으며, 다른 하나는 그렇게 형성된 정체성 의식이 다른 민족 집단이 가하는 위협에 맞서 독립하여 존립할 필요가 있었다는 것이다.

첫째 과제는 우선 다른 민족과 상하 관계가 아니라 대등 관계를 설정하는 것으로 시작한다. 형식적으로 이러한 대등 관계의 최초의 실현은 조일통상조약(1876)이다. 물론 조일통상조약은 한반도에 대한 침략의 길을 열기 위해 일본이 강요해서 체결된



---

**3** 신용하,『한국 근대 민족주의의 형성과 전개』(서울대학교 출판부, 1987), pp. 5~6.

것이었지만, 적어도 형식적으로는 대등한 국가로서의 조선과 일본이 서로를 인정해 이루어진 외교적 조약이었다. 이어 계속해서 조·미, 조·영 조약 등 다른 나라와 형식적으로 대등한 외교 관계를 맺으면서 서구 제국의 존재와 병존해야 하는 조선의 정체성을 확인하게 된다. 그러나 이러한 외교 조약은 어디까지나 정부나 조선 시대의 권력층에 일어난 사건이었지, 일반 평민에게까지 민족 정체성을 각인시킬 수 있는 것은 아니었다. 조선 시대의 평민들이 민족의 정체성을 의식하기 시작한 것은, 조선 말기에 인쇄 기술이 도입[4]되어 한글로 된 신문과 소설이 발행되고 한글 독자 공동체가 형성되면서부터라 할 수 있다. 『독립신문』 창간호에 "각국에서는 사람들이 남녀 물론하고 본국 국문을 먼저 배운다"면서 "우리가 이 신문 출판하기는 취리하려는 게 아닌 고로 값을 헐하도록 하였고 또한 언문으로 쓰기는 남녀 상하 귀천이 모두 보게 함이요"라고 하고 또 "독립신문 분국이 제물포, 원산, 부산, 파주, 송도, 평양, 수원, 강화 등지에 있다"라고 할 때, 이 신문이 의도하고 있는 바는 『독립신문』과 같은 한글 신문의 독자 공동체가 다른 민족의 공동체와 구별되는 평민의 공동체를 만들어내고 있음을 말하는 것이었다. 300부로 시작하여 3,000부까지 발행했

---

**4** 필자는 여기서 베네딕트 앤더슨의 인쇄 자본주의가 민족을 형성한다는 주장을 차용하고 있다. 그는 독일어로 씌어진 신문과 소설의 확산이 독일 민족 공동체를 형성했다고 한다. 이것은 불어나 영어의 경우도 마찬가지다. 윤형숙 옮김, 『민족주의의 기원과 전파』(나남, 1991)(원서: Benedict Anderson, *Imagined Communities: Reflections on the Origin and Spread of Nationalism*, London: Verso, 1983), 특히 1장과 2장 참조. 앤더슨의 이론을 직접 끌어옴으로써 한민족 공동체의 형성이 『독립신문』의 보급과 더불어 시작되었다는 주장은 서구의 이론을 한국의 상황에 기계적으로 적용한다는 비난을 받을 수 있다. 그러나 한민족의 형성이 개항 이후에 시작되었다는 것을 받아들인다면 설사 『독립신문』 자체는 아니라 하더라도 그와 같은 인쇄 대중 매체의 역할을 중시해야 한다는 점은 분명하다. 구한말에 보급되기 시작한 번역 성경도 『독립신문』과 비슷한 역할을 했다고 할 수 있다. 서구의 민족 형성 이론에서 중요시되는 보통 교육을 염두에 두고 말한다면, 일제 식민 시대나 1948년 이후 대한민국과 조선민주주의인민공화국에서 시작한 보통 교육의 확산을 한민족 형성의 출발로 보아야 할 것이다.

다는『독립신문』과 더불어 나타난 한글 신문은 한자 문화권과는
다른 독자 공동체를 만들어냈으며 또한 다양한 방언으로 특징지
어지는 구어 언어권들 사이의 차이를 해소함으로써 한국어 문화
권이 하나의 독립된 집단임을 의식할 수 있게 하였다. 전국적이
라 할 만한 한글 신문의 독자 집단은 한국어를 읽지 못하는 집단
과는 근본적으로 분리된 집단이며, 또한 동일 문어로 씌어지는
신문의 언어는 방언에 의해 분리된 구어 사용 집단을 하나의 집
단으로 통일시키는 역할을 하였다.[5]

독립하여 존재하는 민족의 유지라는 둘째 과제는 제3세계 민족
형성의 일반적 현상인 저항적 민족주의에 의해 이루어지고 있었
다. 신채호가 「제국주의와 민족주의」라는 글에서 주장하듯이 제
국주의의 침략이 민족의 존재를 위협하는 시대에는 민족주의를
일으켜서 민족의 자존을 유지하려 하기 때문이다. 그러나 진정한
의미에서 저항적 민족주의의 발현은 개화 지식인의 의식에서가
아니라 갑오농민전쟁으로 대표되는 평민 의식의 변화에서 찾아
야 한다. 한국 근대사의 가장 중요한 사건이라 할 수 있는 갑오농
민전쟁에 대해서는 너무나 많은 연구가 있어서 자세한 논의는 할
필요가 없겠으나 농민군이 도전하였던 소수 권력 집단인 봉건 체
제와 민족의 자존을 위협하는 외세는 민족 공동체가 극복해야 할
두 개의 중요한 적대 세력이었다. 봉건 체제와 외세가 결탁하여
민족의 정체성을 위협하고 있었다는 사실은 당시의 집권 체제가
농민군을 진압하기 위하여 청국과 일본을 끌어들인 사실에서 분
명히 드러난다. 결국 한민족이 일본의 식민 지배 아래 놓임으로



---

**5** 필자는 여기에서 단지 한글 신문이 민족 공동체의 형성에 기여했다는 사실을 주장할 뿐
이지, 서재필 등의 독립협회가 한민족을 위하여 긍정적 역할을 했다고 말하는 것은 아니
다. 당시의 개화파 정치인들이 주장하는 조선의 청국으로부터의 독립은 사실상 일본으로
의 예속을 의미하였기 때문이다.

써 민족 정체성이 위협받게 된 것은 조선 왕조의 몰락이나 지식인들이 추진했던 개화 정책의 실패에서 왔다기보다는 평민 중심의 민족 운동이었던 갑오농민전쟁의 실패에서 찾아야 한다는 것이다. 그러나 여기에서 잊지 말아야 할 사실은 한민족 공동체가 일제의 지배로 인하여 그 존재가 부정되지는 않는다는 것이다. 부정적인 의미로만 해석되는 일제의 민족 말살 정책은 오히려 그 민족 말살 정책으로 인하여 한민족의 존재를 입증하는 것이 되며 — 존재하지 않는 민족을 말살할 수는 없기 때문이다 — 이 경우 한민족은 봉건 왕조와 일본 식민 체제의 극복이라는 민족 형성의 두 과제를 더욱더 명료하게 인식할 수 있었다는 것을 의미하기도 한다. 식민 체제 하의 한민족 공동체는 다른 민족인 일본 민족에 의해 피지배자 집단으로 규정되었다는 사실 자체로 말미암아 한민족 구성원이 동질 집단임을 의식하게 되었다는 것이다. 따라서 식민 체제 아래서의 민족 운동은 상해나 만주에서 진행되었던 지식인 중심의 독립 운동에서보다는 한반도 내에서 일본 식민 체제에 집단적으로 저항했던 평민 중심의 소작 쟁의나 노동 운동에서 찾는 것이 더 정당하다. 이 말은 대한민국의 정통성을 상해 임시 정부에 두는 민족사에 대하여 문제를 제기해야 한다는 뜻이기도 하다.

100여 년 남짓한 한민족의 역사를 염두에 놓고 보면, "반만년 유구한 역사를 가진 한민족 공동체"라는 말은 수사에 불과할 뿐, 역사적으로 형성되어온 한민족 공동체와는 분명한 거리가 있다는 것을 알 수 있다. 그러나 54년(1948~2002)밖에 되지 않은 국가 체제는 "유구한 역사와 전통에 빛나는" 민족을 대변한다며 우리에게 "길이 후손에 물려줄 영광된 조국" 건설을 위해 현재의 고난을 참아내라고 강요하면서, 그 거리를 은폐한다. 따라서 우리는 현실의 믿음과 역사 현실의 괴리 사이에 작용하고 있는 권력 작용에 대해 의심하고 추적해볼 필요가 있다. 기껏해야 100여

년이 좀 넘는, 그리고 국가 체제로 본다면 50년이 좀 넘는, 한민
족 공동체의 짧은 역사와 반만년의 유구한 역사를 가진 민족이라
는 수사 사이의 거리, 그 거리를 은폐하는 지배 체제 또는 지배
이데올로기를 드러내며 민족 정체성을 새로 논의할 필요가 있다
는 것이다.

## 2. 민족과 국가, 민족 대 국가

국가 체제가 민족 공동체의 의의를 강조할 때 나타나는 가장
큰 이데올로기적 효과는 국가와 민족의 운명이 나의 운명보다 우
선한다는 믿음이다. 민족과 국가의 부름 말고 어떤 다른 요구가
나의 생명도 바치겠다는 믿음을 만들어낼 수 있을까? 국가와 민
족을 위하여 생명을 바친 사람들을 위한 현충원은 민족이라는 현
대판 종교의 성지라고 할 수 있다. 오늘날 순교를 요구하는 종교
가 거의 존재하지 않는다는 사실을 염두에 둔다면 아마도 민족은
어떤 종교 공동체보다도 훨씬 더한 결속력을 가지는 종교 공동체
라고 할 만하다. 민족을 위하여 생명을 바치는 상황이 주로 전쟁
임을 염두에 둔다면 그 전쟁 순교자들이 지키고자 했던 명분적
가치와 그 전쟁의 실제적 가치 사이에는 상당히 거리가 있음을
알 수 있다. 같은 민족끼리 살육전을 벌였던 6·25 전쟁이 한민족
공동체를 지키기 위한 전쟁이 아니었음은 명백하다. 동족 전쟁을
치르면서 지켜야 했던 것은 한민족 공동체가 아니라 '대한민국'
또는 '조선민주주의인민공화국'이라는 국가 체제였기 때문이다.
여기서 우리는 너무나 당연하지만 당연한 것으로 받아들이지 않
는 민족과 국가 사이의 구별을 생각해야 한다.
겉으로 보아 현대의 민족 단위는 대부분의 경우 국가 단위와

일치하기 때문에 현대의 국가 체제는 민족 국가(민족=국가) 체제라고 할 수 있다. 이와 같이 민족과 국가가 구별할 필요 없는 하나로 쓰이고 있으나 민족과 국가는 엄연히 다른 개념이다. 대한민국이라는 국가는 "한반도와 그 부속 도서"라는 특정한 영역 안에 존재하는 "민주 공화 체제"를 수용한 기구 또는 조직인 데 반해 한민족은 객관적 엄밀성을 가지고 정의하기는 어려운, 스스로 한민족 공동체에 속한다고 생각하는 사람들의 모임이기 때문이다. 그럼에도 불구하고 민족과 국가가 동일시되는 것은 국가가 민족 집단을 국가에 종속되는 국민으로 재구성하여 종속시키는 작업을 완성한 결과이다.[6] 앞에서 역사적 한민족 공동체가 평민으로 구성된 한국어 문어 공동체, 열강의 제국주의 체제(특히 일본)에 대한 차별화, 그리고 그에 대한 저항의 과정에 의하여 형성되었음을 언급했다. 그 과정에는 국가 장치의 개입이 없었다. 민족과 국가가 동일시되는 현재의 정서는 1948년 국가 체제 형성 이후에 나타난 것이다(물론 이미 일제 식민 시대의 산물인 민족=국민=신민의 결과이기도 하다).

국가 체제가 확립되어 있는 지금, 우리는 타고날 때부터 이미 그리고 예외 없이 국적을 갖게 된다. 그러나 출생 신고서나 호적에 기재된 국적이 우리의 의식에서 형성되는 민족적 정체성을 만들어내지는 않는다. 우리가 한국인이며 한민족이라는 정체성을 획득하는 것은 보편적 의무 교육을 받을 때부터이다. 우리는 학교 교육을 통해 읽고 셈하는 것뿐 아니라 애국가, 나라를 위하여 목숨을 바친 애국 지사들의 삶, 그리고 그런 삶이 본받을 만한 삶임

---

**6** 민족을 국민으로 구성하는 방식을 필자는 발리바르의 논의에서 빌려오고 있다. Etienne Balibar, "The Nation Form: History and Ideology," Etienne Balibar and Immanuel Wallerstein, *Race, Nation, Class: Ambiguous Identities*(London: Verso, 1991), pp. 86~106.

을 배운다. 즉 교육 과정을 통하여 우리는 국가와 민족을 배우며, 그것을 종교와 유사한, 그리고 종교를 대신하는 실체로서 인식하게 된다. "자랑스런 태극기 앞에 조국과 민족의 무궁한 영광을 위하여 몸과 마음을 바쳐 충성을 다하겠"다고 우리가 다짐할 때, 이런 충성의 대상으로서의 조국과 민족은 구분할 수 없게 된다.

이와 같이 국가 체제가 민족 공동체를 국민 집단으로 전환시킬 때 각 민족 구성원의 개별성은 망각되고 국민이라는 이름으로 획일화·단일화·중앙 집중화된다(대한민국이나 조선민주주의인민공화국에서는 유난히 그 정도가 심하다). 각 가정이나 지역에서 쓰이는 다양한 언어는 학교 교육을 통하여 표준어로 바뀐다. 서로 다른 지역, 교육, 계급적 배경을 갖는 다양한 민족 구성원들은 군복무를 통하여 획일화되며 국가 체제가 강요하는 위계 질서를 교육받고 그 질서를 유지하는 역할을 한다. 국가를 대표하는 중앙 정부는 법적·제도적·재정적 장치를 강요하고 이용하여 민족 국가 형성 이전에 존재했던 각 지역의 개별적 삶의 방식을 중앙 집중화하여 국가 체제로 단일화한다. 국가 체제가 표준어에 의한 표준적 삶의 방식을 유도해내는 것이다. 그리고 이러한 표준화된 민족 공동체의 가치나 삶의 방식에 적응이 되지 않거나 거부하는 집단에 대해서는 국가 체제는 공식적으로, 그리고 비공식적으로 물리적·이데올로기적 폭력을 행사한다. 민족 형성 초기의 신문과는 비교할 수 없을 만큼 영향력이 확대된 텔레비전에서 사투리를 쓰는 인물들이 하층민이나 사회적 일탈자로 제시되는 데서 보듯이 표준화를 거부하거나 표준화되지 못하는 인물들은 국민 국가 체제에서 주변부로 내몰린다. 국가 체제가 주도하는 획일적인 국민화는 자본주의 자체가 형성하는 계급 분화보다도 더욱 정교하며 광범위하게 작용한다. 계급 분화의 경우에 그 구성원들은 자본가와 노동자로 구별되며 따라서 근본적으로 적대적 모순 관계를 형성한다. 그리고 이러한 모순 관계는 대부분의 경우 가시적으로 나타날 수 있다. 그러나 국가 체제가 민족 공동체를 획일적으로 조작하는 방식은 지배 계급의 이름으로 단일화된 조화를 말하는 것이 아니라, 모두의 이름으로 단일화를 이루기 때문에 사회 계층 간의 갈등은 더욱더 은폐된다. 민족적 과업과 국민 총화라는 국가 체제의 이데올로기는 단지 자본에 대한 노동의 저항만 억압되는 것이 아니라 이질적인 문화와 정서 등이 동시에 억압당하는 것이다. 제주도 4·3 항쟁과 그 끔찍한 진압 과정, 현재 진행중인 외국인 노동자들의 노예 노동, 청소년이 주도하는 하위 대중 문화의 형성 등은 그것이 국가 체제가 형성하려는 국민적 민족의 정체성에 어긋나기 때문에 공적 담론의 영역에서 주목되지 못할 뿐 아니라 부당성에 대한 항의의 목소리조차 침묵을 강요당하는 것이다. 여기에서 문제되는 것은 국가 기구가 주도하여 형성하는 민족의 정체성이 역사 현실에 존재하는 민족의 정체성과 차이가 있다는 정도가 아니라, 바람직한 민족의 정체성과는 조화롭게 공존할 수 없으며 모순 갈등 관계에 놓여 있다는 것이다. 민족의 정체성은 국가 기구가 형성하는 표준화된 국민적 민족과는 다르게 규명되어야 한다.

## 3. 주변부 집단이 형성하는 한민족 공동체

한국의 지식인 사이에서는 한민족의 정체성에 관한 논의가 거의 이루어지지 않았다. 한민족 문제에 대한 기존의 논의는 대부분 통일 문제[7]나 해외의 한인 문제 등에 치우쳐 있었다. 기존의

---

[7] 남한 체제가 추진중인 흡수 통일 방식이 민족 공동체에 끼치는 위험성은 그 결과가 심각할 수 있다. 자본주의적 경쟁을 훈련받지 못한 2천만 명이 넘는 북한 주민이 자본주

논의들이 전제하고 있던 것은 한민족 공동체가 단일한 공동체이며, 그 단일성을 북한이나 해외 동포에게서도 찾을 수 있다는 것이다. 그러나 단일 민족으로는 설명할 수 없는 구성원들이 민족 공동체 안에 존재하며, 사실 그것이 민족을 논의할 때 더 시급한 과제이다. 왜냐하면 한 단위로 설명하는 민족의 규정에서 빗나가는 주변부 민족 구성원들이 지배적 민족 범주에 끊임없이 작용을 가하여 민족 구성에 변화를 일으키기 때문이다. 남한 사회에서 여성·노동자·하층민 등 주변부 집단 중에서도 가장 주변으로 내몰린 집단은 외국인 노동자 집단일 것이다. 그들은 백인 외국인들이 일반적으로 받게 되는 호의적 대우를 못 받을 뿐만 아니라 장시간 노동과 저임금으로 인하여 우리 사회 일반인들의 삶에도 끼어들 수 없는 존재들이다. 성남·안산 등 서울의 외곽 지대의 하층민으로 존재하는 이들은 한민족 공동체를 논의할 때 주목해야 할 필요가 없는 존재로 보인다. 그러나 이들 이질적 집단이 한민족 집단의 내부에 진입할 때 한민족의 정체성은 실제로 변화된다.

한국 국적의 여성과 결혼한 외국인 남성에게 한국 국적을 허용하는 내용으로 이루어진 1997년의 국적법 개정은 표면적으로는 남녀 평등의 실현으로 보이지만, 사실은 제3세계적인 이질적 요인이 우리 민족의 구성에 작용한 결과이다. 이전의 국적법은 부계 혈통주의를 취하고 있었다. 출생 신고서의 부친인 남성의 국적에 의해 해당 인격체의 국적이 규정되며, 또한 국가와 민족이 분명히 구별되지 않는 상황에서 대한민국의 국적은 한민족 구성

의 체제의 남한에 흡수되었을 때 그들은 통일된 상태에서 사회의 하층민을 형성하게 될 것이고 남한 주민의 멸시 속에 살아갈 것이다. 통일이 모든 것을 해결해줄 것이란 믿음을 갖고 있는 북한 주민이 사회의 하층민이 되고 그들이 불만 세력이 된다면 민족 화합이라는 통일의 명제는 내부 식민지화 현상과 이 때문에 생기는 갈등으로 인하여 통일 이전보다도 훨씬 심각한 민족 문제를 야기할 것이다. 물론 필자의 주장은 통일이 이루어져는 안된다는 것은 아니다. 통일의 방식이 상호 공존을 전제로 하면서 이루어져야 한다는 것이다.

원의 자격을 부여하는 것이기도 했다. 그러나 한국 남성과 결혼한 다른 국적의 여성이 자동적으로 한국 국적을 취득할 수 있었던 반면, 한국 여성과 결혼한 다른 국적의 남성은 한국 여성과 결혼했을 때 곧바로 한국 국적이 부여되지 않는다는 1997년까지의 국적법 규정은 단지 남성 중심주의적이며 헌법이 보장하는 남녀평등의 원칙에 어긋나는 것만은 아니었다. 과거의 국적법은 여러 사회적 신분에 대해서, 그리고 한민족과 관계를 맺는 여러 다른 민족에 대해서 불평등을 전제로 하고 있었다. 과거의 국적법에서 한국 여성과 결혼한 외국 국적의 남성이 한국 국적을 취득하기 위해서 요구되는 조건(1만 달러 이상의 수입과 3년 이상의 합법적 국내 거주 기간)을 생각해보면 이러한 선별적 불평등을 이해할 수 있다. 한국에 오는 외국인의 대부분은 남성이다. 따라서 한국인 남성과 결혼한 외국인 여성이 한민족 공동체에 가하는 작용은 거의 무시할 만한 수준이었다. 결국 과거의 국적법에서는 한국 국적이 서구의 백인 남성에게는 개방되어 있었던 반면 제3세계 출신의 남성에게는 폐쇄적이었다는 것을 알 수 있다. 한국에 거주하는 외국인 중 수입이 일정액 이상이고, 일정 기간 이상 합법적으로 거주할 수 있는 자는 대부분 소위 선진국의 외국인이지 산업 연수생으로 한국에 와서 한국인 여성 노동자를 만나 혼인한 제3세계의 빈곤층 남성이 아니기 때문이다.

1997년의 국적법 개정은 서구 지향적인 남성, 상층 계급 중심의 지배적 민족 범주가 여성 하층민과 관계를 맺는 이질적 이주 노동자의 주변부적 저항의 힘에 의해 변화한다는 사실을 보여주었던 사건이다. 국가 체제와 자본가들이 산업 연수란 명목으로 외국인 노동자들을 한국에 끌어들인 목적은 그들의 저임금 노동력이 필요했기 때문이다. 그러나 이러한 자본가들의 기획은 그들이 의도하지 않았던 결과도 만들어낸다. 외국인 노동자들이 한국인들과 접촉할 때 그들은 노동력 자체가 아닌 인간적인 교류도 만들어내기 때문이다. 파키스탄 출신의 노동자와 결혼한 남원순이란 노동자는 한국이 파렴치한 사회적 · 법적 · 문화적 제도를 시행하고 있다고 하소연한다. 결혼 신고조차 방해하는 공무원들, 외국인 노동자라는 이유로 신혼 셋방을 줄 수 없다는 한국인 집주인들, 한국 국적을 취득할 수 없기에 남편의 나라에 보내야 하는 아기, 불법 체류자가 되지 않기 위해 3개월마다 입출국을 반복하는 남편 —— 이 노동자가 겪었던 이와 같은 이야기는 하나의 예에 불과하다.[8] 그리고 이와 같은 문제들은 한국의 진보적 사회 운동가들이 관심을 가져야 하는 문제였으며 이들 노동자들과 진보적 운동가들이 연대해 싸운 성과 중의 하나가 국적법 개정이다. 이러한 사건은 한민족 공동체가 기존의 민족 구성 집단에 의해서만 주도되고 유지될 수 없다는 것을 보여주는 실례이다. 여기에서 주목할 수 있는 사실은 외국인 노동자로 대표되는 소위 제3세계 출신 하층민들이 한민족 공동체의 구성에 가하는 작용이다. 기존 한민족 사회의 중심부를 차지하는 남성 혈연과 상층 계급 중심의 가치는 그 사회 자체 내의 작용에 의해서가 아니라 외부와의 관계에 의해서 변화한다는 것이다. 한민족을 사실상 구성하고 있었던 여성이나 노동 계층, 빈민층 등의 주변부 집단은 1980년대 이후 외국인 노동자들이 한국 사회 내에 들어와서 변화를 일으키기 전까지는 민족 구성의 변화 요구를 구체화시키지 못하고 있었다.

국적법 개정이 여성, 빈민층, 제3세계 출신 한국 내 거주 노동자들을 한민족 공동체를 구성하는 가치로서 포함해야 한다는 것을 인정한 사건이었다면, 그렇게 변화된 한민족의 정체성은 내부



---

**8** 남원순, 「외국인 노동자와 결혼한 한 한국 여성의 편지」, 『손에 손잡고』 4호(성남: 외국인 노동자의 집/중국 동포의 집, 1997년 8월), p. 6.

에서가 아니라 한반도라는 경계의 밖에 존재하던 요인이 내부에 들어옴으로써 새로 구성되는 것이다. 이 말은 민족의 정체성이 그 해당 민족의 영역 밖에 존재하는 다른 민족의 정체성을 인정하고, 그들에게서 독립하여 존재하는 공동체가 있다는 의식에서 출발하듯이, 내적인 민족 공동체의 구성 역시 외부적 요인이 내부로 들어왔을 때 변화한다는 것이다. 이제 한민족 공동체에게는 서구뿐만 아니라 제3세계와 어떤 바람직한 교류와 관계를 갖는가가 중요한 과제가 되었다. 또한 그런 이질적 제3세계 요인에 의해 한민족 공동체가 변화했다면 이제는 그 변화된 민족 공동체를 염두에 둘 수밖에 없는 국가 체제가 그들을 포섭하고 장악하기 위해서는 일정 정도 그들을 배려하는 정책을 마련해야 한다는 뜻도 된다. 외국인 노동자 집단을 과거와 같이 법적·제도적 보호 장치 없이 —사실 법적·제도적·물리적 폭력을 행사했던 주체가 국가 체제이다 —내버려둘 수 없다는 말이다. 전통적 민족 이론에서는 제3세계에서의 민족의 성립이 서구에서 먼저 성립된 민족의 구성을 모방하면서 이루어진다고 한다.[9] 필자는 앞에서 이러한 일반론을 비판하면서 제3세계의 민족 형성이 단지 서구의 모방뿐만 아니라 저항의 과정에 의해서 이루어지며 그 저항의 과정은 서구 식민 체제 또는 제국주의 체제의 내적 모순을 비집으면서 생긴다고 주장하였다.[10] 이에 덧붙여 여기에서 필자가 주장하는 것은, 한민족 공동체는 서구뿐만 아니라 다른 제3세계와도 동시에 관계를 맺는 공동체이며, 더구나 그 제3세계는 단지 한국과 외교적·경제적 교류의 대상으로서만이 아니라 바로 한민족 공동체 내부에 민족 구성 요인으로 작용하고 있는 존재임을 인식해야 한다는 것이다.

---

**9** 한스 콘, 어니스트 겔너 등 대부분의 서구의 민족 이론가들이 이러한 견해를 가지고 있다.
**10** 제5장 「식민 역사와 민족 공동체의 형성」 참조.

우리 사회에서 외국인 노동자만큼이나 이질적이고 이단적인 집단으로 비행 청소년과 행려 집단을 들 수 있다. 이들은 국가 체제가 강요하는 규범적 삶에 직접적으로 저항함으로써 국가 체제의 폭력성을 드러낸다. 전두환 집권 시절에 순화 교육의 대상자들이 민주 인사들과 행려, 불량 청(소)년 집단이었음을 생각해보면, 국가 체제는 이들을 통제하기 위해 폭력을 필요로 한다는 것을 알 수 있다. 이러한 비행 청소년과 행려 집단에 의해 드러나는 민족 문제는 장선우 감독의 「나쁜 영화」에서 잘 볼 수 있다.

장선우 감독은 「나쁜 영화」 이전에 이미 「꽃잎」을 통해 — 비평가들이 이 점을 주목한 것 같지는 않지만 — 국가 체제의 폭력과 민족 문제를 다룬 바 있다. 「꽃잎」에서 '소녀'가 미쳐서 그가 살던 공동체와 분리되는 것은 국가와 민족을 말하는 거대 담론이 폭력을 행사한 결과이다. 이 영화에서 가장 인상적인 부분은 애국가가 흘러나오는 가운데 소녀의 어머니가 계엄군의 총격을 받고 죽는 장면이다. 국가 체제가 "대한 사람 대한으로 길이 보전"하겠다는 행위는 바로 민주화를 요구하는 시위 군중에게 총격을 가하는 행위이다. 더구나 소녀의 어머니는 민주화라는 거대 담론과 관계없이 가족의 애정을 확인하려는 노력의 결과로 총격을 받는다. 민족과 국가를 위한다는 거대 권력과 담론에 의해 민족의 평범한 구성원이 희생되는 것이다. 그 충격 때문에 미치게 된 소녀의 모습과 "조국과 민족의 무궁한 영광을 위하여 몸과 마음을 바치겠"다는 대통령의 취임식 장면은 극단적으로 대비된다. 「꽃잎」이 민족의 이름으로 가하는 국가 권력의 폭력을 드러내고 있다면,[11] 「나쁜 영화」에는 국가 기구의 폭력과 그것에 저항하는 집단의 이야기가 동시에 나타나 있다. 「나쁜 영화」는 오토바이 폭



---

**11** 「꽃잎」에 나타나는 민족 문제에 대한 자세한 논의는 제8장의 「문화와 민족 정체성」 참조.

주족과 이들을 구타하는 경찰의 모습으로 시작된다. 경찰의 폭력에 대해 한 행인은 "열 받죠. 같이 싸우고 싶어요"라고 말한다. 이러한 진술은 국가 기구가 사회적 질서를 유지하는 조직이 아니라 폭력 기구라는 말이다. 여러 이야기들이 모여서 이루어진 「나쁜 영화」에서, 민족 문제를 염두에 두고 볼 때 가장 주목할 만한 곳은 '애국가'라는 소제목이 붙은 부분이다.

「나쁜 영화」에서 '애국가'는 현재 한국의 이단적이고 이질적인 주변부 집단인 불량 청소년들과 그들의 문화가 기존의 민족 정체성에 도전하고 있음을 보여준다. '애국가'가 시작될 때 나타나는 '애국가'라는 소제목은 국가 최고 권력을 상징하는 봉황과 무궁화로 장식되어 있다. 이 영화의 '애국가'는 이러한 권위적 국가 체제에 대한 도전이다. '애국가'는 밤이 깊어 영업이 끝난 록카페에 고등학생 정도의 여자 아이들이 몰래 침입하여 술판을 벌이고 음악을 틀어놓고 당구를 치고 싸움을 하는 장면으로 시작한다. 문제의 장면은 여자 아이들이 서로 치고 때리는 싸움을 배경으로, 한 앳된 여자 아이가 술을 마시다 말고 "동해물과 백두산이 마르고 닳도록……" 하며 애국가를 부르는 부분이다. 아무런 반주도 없이 한 아이가 술을 마시다 말고 부르고 있는 그 '애국가'는 과거 영화관에서 영화가 시작되기 전에 모두가 기립해서 들어야 했던 애국가와는 달리 전혀 장엄하지 않고, 애국심을 고취하지도 못한다. 더구나 이 아이는 머리를 노랗게 물들이고 있으면서도 금발의 백인 여성이 주는 미국인다움과는 거리가 있으며, 화장을 하고 있으되 제대로 된 화장이 아니어서 그런지 여자답다는 생각조차 갖게 하지 않는다.

「나쁜 영화」가 만약 박정희나 전두환 정권 시대의 영화였다면, 적어도 이 '애국가' 때문에 상영 허가를 받을 수도 없을뿐더러 어쩌면 국헌 문란, 내란, 또는 국가 전복을 음모하고 있다고 단죄되었을지도 모른다. 그리고 사실 이 영화는 법률적으로야 문제삼을 수 없겠지만, 정치적·이데올로기적·문화적 의미에서 '내란'과 '국가 전복'을 시도하고 있다. 「나쁜 영화」의 주요 인물들은 중딩(중학생)이나 고딩(고등학생) 나이의 문제 청소년들이다. '범생이(모범생)'라면 이 영화에서 나타나는 것같이 가출·앵벌이·무단 침입·절도·퍽치기·본드 흡입·강간 등과 같은 정상적 교육 과정이 주입하는 것과는 거리가 먼 문제적 행동을 일으키지 않을 것이다. 모범생들은 '애국가'를 부르고 "조국과 민족의 무궁한 영광"을 위하겠다고 맹세하면서 바람직한 시민, 자랑스런 대한민국 국민이 되어갈 것이다. 그러나 앞에서 보았듯이 조국과 민족이 동일시되는 규범적 체제는 주변부 민족 구성원들에 대한 폭력을 행사한다. 즉 모범생들은 정상적 교육 제도가 주입하는 민족=국가 이데올로기를 수용하면서 그들 자신이 폭력 기구로 진입하려는 노력을 하게 된다. 교육 제도에 가장 잘 적응하는 인물들이 많은 경우 국가 고시를 통하여 국가 폭력 체제에 가담하는 것을 염두에 두면 이러한 사실을 알 수 있다. '애국가'는 이와 같은 제도 교육 기관이 강요하는 순응적 민족 교육에 대한 패러디이면서 또한 저항이다.

30대 중반 정도의 행려 남자의 인터뷰로 구성된 '애국가'의 뒷부분은 언뜻 보기에 '애국가'라는 소제목과 관련이 없는 듯 보이지만, 한민족의 주변부 집단에 작용하는 미국의 존재를 밝히고 있다는 점에서 '애국가'의 주제를 드러낸다. 행려 남자는 자신이 술을 많이 마시기 때문에 성생활이 불가능하며, 그런 이유로 아내가 다른 남자와 눈이 맞아 달아났다는 이야기를 한다. 그리고 엄마를 찾는 자식에게 그는 '엄마는 미국 갔다'고 한다. 그 행려 남자와 그의 자식에게 있어 미국은 그들의 삶의 방식으로는 접근할 수 없는 다른 세계로 나타난다. 즉 그와 그의 자식의 세계는 미국과 분리되어 있다는 의미에서 동일한 세계이며, 그 동일 의식이 그들 부자 관계를 확보해주는 것이다. 여기에서 그들 부자의 미국에 대한 인식은 한민족의 지배 집단의 미국과는 차별화된다. 즉 한국 사회의 상류층에게 미국은 그들이 주도하는 신분 질서를 유지하고 재생산하는 힘의 원천으로 작용하는 데 반해, '애국가'에서 나타나는 미국은 하층민들이 그들의 삶이 미국과는 관계 없다는 의식을 공유함으로써 그들 사이의 공동체를 유지하는 장치로 작용한다. 한국 사회에서 지배 계층이 미국과의 밀접한 관계를 형성하고 유지함으로써 그들의 권력을 유지한다는 사실을 염두에 두면, 그 행려 남자는 지배 계층을 생산하는 미국에 대해 저항적 거리 두기를 시도하고 있음을 알 수 있다. 하층민 사이에서 미국은 그들과는 단절된 세계로서 그들 사이의 공동체 의식을 형성하는 힘으로 나타나며, 한국 사회의 지배 집단이 형성하는 가치에 어긋나게, 그리고 차별적으로 작용함으로써 지배 집단이 강요하는 한민족의 전통적 · 규범적 정체성에 문제를 제기하며 교란을 일으킨다.

## 5. 글을 맺으며

이 장의 글을 맺으며 앞으로 전개될 민족의 정체성에 대한 지적 논의를 잠깐 언급하고 싶다. 미국의 지배적 · 지적 담론이 여과 과정 없이 직수입되는—물론 어설프게이지만—한국의 지식 생산의 장을 염두에 두고 보면, 현재 미국에서 지배적 담론 중 하나가 되어 있는 초민족/탈민족 담론이 조만간 한국에서 논의될 것이라 예상할 수 있다. 아르준 아파두라이Arjun Appadurai, 호미 바바, 마사오 미요시Masao Miyoshi 등 비서구 출신 서구 지식인들에 의해 주도되고 있는 초민족/탈민족 담론의 주요 논점은, 아주 단순화시켜 얘기하면, 정치·경제·문화 그리고 인적 구성의 혼합·유동·변화로 말미암아 하나의 단위로 설명되는 민족-국가의 개념이 현상황을 설명할 수 없다는 것이다. 이제 사람들은 더 이상 자신이 속한 공동체 집단을 하나의 민족-국가라는 범주와 동일시하지 않게 되었다는 것이다.

우리의 현실을 보아도 이 주장은 설득력이 있다. 몇 년 전에 「LA 아리랑」 같은 텔레비전 프로그램이 인기있는 프로그램 중 하나였다는 것은 많은 사람들이 미국에 사는 한국인의 삶을 남의 이야기가 아니라 자신들의 것으로 받아들이고 있다는 뜻이다. 더구나 인터넷의 확산으로 물리적 실제 공간인 한국의 안방이 컴퓨터 모니터의 화면과 스피커의 소리, 그리고 컴퓨터 사용자의 상상으로 만들어지는 사이버 공간은 실제 효과 면에서 보았을 때 미국이나 일본의 해변이나 공원도 될 수 있다. 이런 현상을 염두에 두면 민족 집단 간의 장벽이 없어지는 초민족 시대, 나아가 민족 자체가 폐기되는 탈민족 시대가 도래하고 있다고 볼 수 있다. 그러나 심각히 고려해야 할 문제는 초민족/탈민족 시대의 정체성을 자신의 정체성으로 받아들일 수 있는 집단이, 적어도 한민족 공동체의 구성원들의 경우, 보편적 일반 집단이 될 수 없다는 점이다. 해외 이주의 기회가 많아진 것은 사실이지만 해외 이주를 할 수 있는 집단은 우리 사회에서 일부 부유층에 해당되며, 더구나 경제적 여건과 언어의 장벽으로 인하여 세계어라고 지칭되는 영어권의 문화를 컴퓨터든 어떤 다른 방식으로든 자신의 문화로 수용할 수 있는 계층은 극히 제한되어 있는 것이 현실이다. 영어 습득의 필요성이 일반화되어 있는 것이 사실이지만 영어를 통해 의사 전달과 수용을 할 수 있는 집단은 한국에서는 상당히 특수한 집단일 뿐이다. 영어 학습 열풍이 지속적으로 유지되는 한국에서 그 영어 교육을 담당하는 교육자들의 영어 수준을 확인해 본 사람이라면 한국에서의 영어 교육의 현실을 실감할 수 있을 것이다. 그렇다고 영어를 배우지 말자거나 해외 이주를 하지 말아야 한다는 이야기가 아니다. 문제는 탈민족/초민족 현상을 일반화할 때, 특수 상류 집단이 경제적·문화적으로 열등한 위치에 있는 평민이나 하층민에 가하는 폭력을 정당화하게 된다는 것이다. 전통적인 국가 체제는 하층민 내지 평민 집단의 삶의 방식을 억압하고 표준화하도록 강요하고 있다. 그런데 여기에 또다시 그들로서는 수용할 수 없을 뿐만 아니라 이해할 수조차 없는 초민족적·탈민족적 정체성을 강요받게 될 때, 그들은 이중으로 정치·문화·이데올로기적 희생물이 된다. 이들의 이중적 억압 상태를 고려하지 않고 민족을 논의한다면 민족 담론은 항상 승리자의 — 발터 벤야민이 말했던 야만적인 승리자 — 담론으로만 작용할 것이다.

# 제7장 비교문학 연구와 민족



## 1. 머리말: 한국의 비교문학 논의

한국비교문학회의 학회지인 『비교문학』을 살펴보면 한국의 비교문학 연구가들이 비교문학의 방법론이나 정체성에 대해 끊임없이 고심하고 논의하고 있음을 알 수 있다. 우선 제1집(1977)에 실린 이혜순 교수의 「한국 비교문학의 위기」를 시발로 하여 조동일 교수의 「비교문학의 방향 전환을 위한 제언」(제12집, 1987), 조성원 교수의 「학부제와 비교문학」(제21집, 1996) 등 여기에서 일일이 나열할 수 없을 만큼 많은 논의들이 있어왔다. 물론 『비교문학』에 실린 글들 말고도 다른 지면이나 단행본을 통하여 많은 논자들이 비교문학에 대해 이론적인 논의를 해왔다. 여기에 개진하는 필자의 논의 역시 그런 논의 중의 하나가 될 것이다. 그러나 필자가 여기에서 다시 굳이 비교문학의 정체성 또는 방향을 논의하는 이유는 탈구조주의의 이론적 성과와 소위 초민족 시대의 도래가 비교문학 연구의 새로운 방향 모색을 강요하고 있으며 이런 인식을 한국에서 있었던 기존의 비교문학 논의가 충분히 반영하지 않고 있다고 믿기 때문이다.

한국에서의 비교문학 논의는 어떤 면에서는 비정상적이라 할 수도 있다. 왜냐하면 비교문학을 논의하는 대부분의 학자들은 본격적으로 비교문학과라는 제도적 장치의 틀 안에서 훈련받은 학자들이라기보다는 국문학이나 영문학 등 전통적인 민족문학 범주의 학문적 제도에서 훈련받은 사람들이며 따라서 비교문학 자체의 이론적 · 방법론적 틀을 염두에 두고 그들 논의의 논거로 삼기보다는 어느 정도는 상식적인 문학의 비교 연구를 하고 있기 때문이다. 이와는 대조적으로 비교문학 프로그램에서 훈련받은 연구자들은 체계화된 이론틀을 갖고 있다고 볼 수 있으며 이들은 국문학 · 영문학 등 민족문학 중심으로 제도화된 학과 체제의 폐쇄성을 인식하고 있다. 그리고 그들은 그러한 폐쇄적 틀을 극복하는 해결책으로서의 학문 간의 통합적인 교류를 이룰 수 있는 독립된 비교문학 전공 과정이 필요하다고 주장한다.[1] 이들의 주장은 사실상 바람직하다. 왜냐하면 주체적이고 독립된 학문 영역을 확보할 때에야 문제적이라 할 수 있는 학문 간의 담벽 쌓기에 권위적 힘을 가지고 개입하여 학문 간의 교류를 촉진할 수 있기 때문이다. 그렇지만 제도의 변화와 전망이라는 관점에서 볼 때 이러한 독립 영역으로서의 비교문학은 그리 설득력을 못 가질 수도 있다. 교육 개혁이라는 이름으로 진행되는 현행 교육 제도 개편 과정은 독립된 학문 영역을 새로 만들기보다는 기존의 여러 세분화된 학문 영역을 통합함으로써 학문 간의 교류와 변화를 추구하고 있기 때문이다. 비교문학자의 존재 의의는 오히려 이러한 학문 간의 교류와 통합 과정에 적극적으로 개입하여 주도하는 것이 오히려 그 주어진 역할을 하는 것이라 할 수 있다. 여기에서 필자는 학문 간의 교류를 주도하는 비교문학의 의의를 염두에 두면서 비교문학의 출발점이 되었던 민족문학 간의 교류가 어떻게 민족문학 연구로서의 비교문학이 되어야 하는지를 논의하려 한다.

이러한 논의를 위하여 필자는 이 글에서 우선 비교문학이라는 학문이 성립된 배경을 논의의 출발점으로 삼으려 한다. 필자는 미

---

**1** 조성원, 「학부제와 비교문학」, 『비교문학』 21집(1996), p. 319; 윤호병, 『비교문학』(민음사, 1994), p. 489.

국에서 논의되는 비교문학을 사실상 염두에 두고 있는데 이는 우선 필자가 비교문학의 학문적 훈련을 받은 곳이 미국이기도 하고 더 중요하게는 미국의 학문적 흐름이 한국의 학문에 지배적 영향력을 미치고 있다고 생각하기 때문이다. 유럽식 비교문학이라는 것을 따로 논의하지 않는 이유는 필자 자신이 유럽식 비교문학에 익숙하지 않은 점도 있지만 유럽식 비교문학이라는 것이 따로 존재한다고 생각하지 않기 때문이다. 다음으로 필자는 현재 미국에서 진행되는 비교문학을 개괄하고 난 다음 세계화·탈민족 시대라고 흔히 말해지는 요즘 한국에서의 비교문학 연구가 한민족 문화의 정체성을 논의하는 방향으로 진행되어야 한다고 주장하려 한다.



## 2. 비교문학의 시작과 제국주의

비교문학이 상이한 언어로 생산된 문학을 비교한다는 견지에서 볼 때는 바이슈타인이 지적한 바와 같이 단테가 『속어론』에서 고대 프랑스 문학과 프로방스 문학을 비교하여 논의하는 데서 이미 볼 수 있다.[2] 또한 문학 형태의 비교라는 견지에서 볼 때는 단테보다 훨씬 이전인 아리스토텔레스가 『시학』에서 극 양식을 비교할 때 이미 비교문학 연구는 이루어지고 있었다. 그러나 독립된 학문 체계로서의 의의를 지니면서 비교문학이 대학의 학문 영역이 된 것은 19세기 말이다. 1891년 비교문학과가 설립된 콜롬비아 대학교의 비교문학 초대 주임교수였던 조지 우드베리는 비교문학이 민족 간의 교류가 확산되고 따라서 세계가 커다란 하나가 되고 있다고 믿었던 당시에 시대적으로 필요한 학문이라고 역

_________________

2 울리히 바이슈타인, 이유영 옮김, 『비교문학론』(홍익사, 1981), p. 201.

설한다. 그에 의하면 "국경도, 인종도, 권력도 없는 오직 인간 이성이 최고 정점을 이루는 그런 국가의 새로운 시민권"의 시대가 "비교문학이라고 알려진 새로운 학문의 출현과 성장"을 낳고 있다는 것이다.[3] 우드베리에 의하면 19세기 말은 각각 분화되어 경쟁과 갈등을 일으켰던 상태를 벗어나서 인종·국가·민족 간의 교류를 이루고 이를 바탕으로 전세계가 하나의 시민이 되어가는 시대이며 이러한 시대의 정신적 상태에 호응하고 이 상태를 진작시키는 학문이 비교문학이라는 것이다. 이러한 이상이 비교문학이라면 비교문학이라는 학문은 어느 학문보다도 바람직한 이상을 실현할 수 있는 학문이라고 할 수 있다.

1891년에 비교문학이 — 적어도 미국에서 — 인종과 민족을 초월하는 학문 체제임을 선포하는 원년이었다면 이는 영문학·불문학 등 개별 민족어 중심의 문학 연구의 문제점을 공식적으로 제기하는 원년이기도 하다. 영문학·독문학 등 민족문학에 대한 애정과 연구는 비교문학이 추구하려 했던 보편성과는 달리 해당 민족의 우수성을 주장하는 것을 우선적인 목적으로 삼고 있었기 때문이다.[4] 민족문학이 대학에서 교육하기 전 시대에는 그리스어와 라틴어 등 고전 언어 중심의 문학 연구였고 이때 연구자나 연구 대상의 민족적 정체성은 문제되는 것이 아니었다. 우드베리가 말하는 전세계가 하나가 되는 시대의 문학 연구가 비교문학이라

---

**3** George E. Woodberry, "Editorial" (1903), Hans Joachim Schulz and Phillip K. Rein eds., *Comparative Literature: The Early Years, An Anthology of Essays*(Chapel Hill : University of North Carolina Press, 1973) ; 에드워드 사이드, 김성곤·정정호 옮김, 『문화와 제국주의』(창, 1995), p. 108에서 재인용.

**4** 윤호병 교수의 역작『비교문학』에서 윤교수는 초창기의 비교문학이 애국 정신에서 출발하고 있다고 주장한다. 그러나 필자가 윤교수의 견해에 동의하지 않는 이유는 우선 그가 비교문학과 민족문학을 구분하지 않고 있다는 데 있다. 윤교수의 논의 방식에 따르면 모든 문학 연구가 비교문학 연구가 되고 만다. 윤호병, 『비교문학』(민음사, 1994), pp. 57~63 참조.

고 말할 때 이는 바로 비교문학이 민족문학 중심 문학 연구의 문제점을 극복하려는 시도를 말하고 있었다.

19세기 말에 비교문학이 본격적으로 시작되었다 해도 영어나 독일어 등 당대의 현행 언어를 사용한 문학을 대학에서 연구하고 교육하기 시작한 것이 역시 19세기 후반부터였기 때문에 시기적으로 본다면 비교문학의 출범이 민족문학 연구의 출범과 시기에 있어 큰 차이가 있는 것은 아니다. 시기적으로 20~30년 정도 앞선 민족문학 연구는 짧은 역사에도 불구하고 문제점을 노출하고 있었다. 후발 민족으로 성장해가던 독일의 경우 19세기 초 피히테의 『독일 민족에 고함』(1808)이라는 글에서 독일 민족 정신이 다른 민족 정신에 비해 더 우수함을 주장하고 또 그림 형제가 독어권 민화를 수집함으로써 독일 민족 정기를 세우려고 노력하는 데서 볼 수 있듯이 19세기는 민족에 대한 관심이 유럽 또는 세계적 보편성보다 더 중요시되는 흐름이 형성되고 있었다. 영국의 경우는 영문학 연구에 대한 관심은 좀더 구체적으로 제도화되어 인도 식민지를 지배하는 이데올로기적 장치로서 영문학 교육을 인도인에게 제도 교육 기관인 대학에서 실행하고 있었으며 이의 성공에 대한 믿음은 다시 영국 본토로 이전되어 하층민을 지배 집단이 주도하는 영국이라는 민족 정서에 통합시키기 위하여 영문학 교육이 대학의 학제로 형성되고 있었다.[5] 결국 유럽에서의 민족문학에 대한 관심은 19세기라는 제국주의 시대에 자국의 지배적·배타적 우월성을 주장하기 위한 교육과 연구가 되고 있었던 것이다. 따라서 19세기 말에 비교문학의 필요성을 주장하는 것은 민족 간의 갈등을 고조시키는 역할을 하는 민족문학 중심의

---

**5** Gauri Viswanathan, *Masks of Conquest: Literary Study and British Rule in India*(New York: Columbia University Press, 1989) 전체와 Terry Eagleton, *Literary Theory: An Introduction*(Oxford: Basic Blackwell, 1983) 제1장 참조.

교육에서 전세계적 보편성을 추구하는 문학 교육으로 문학 교육과 연구가 변해야 함을 주장하는 것이었다. 비교문학의 존재 의의를 말할 때 항상 거론되는 괴테의 '세계 문학'의 개념은 따라서 피히테 등에 의해 주장되는 민족 정신이 편협되고 위험한 발상임을 인식하고 있었던 인본주의자의 보편 문학에 대한 옹호였다.

그러나 보편 문학으로서의 괴테의 '세계 문학'은 진정한 의미의 세계 문학은 아니었다. 그가 개별 언어로 구성된 민족문학의 한계를 극복한다는 의미에서 '세계 문학'을 주장할 때 사실상 유럽 문학을 '세계 문학'과 동일시하고 있었으며[6] 이는 사실상 그리스와 로마 문학으로부터 출발하는 유럽 문학의 보편성을 말하는 것이지 동양이나 아프리카 문학 등을 포함한 세계 문학을 말하는 것은 아니었기 때문이다. 우드베리가 주장한 비교문학 역시 19세기 말 미국이 세계 중심이 되고 있던 시기에 서양 문화의 중심이 미국으로 옮겨왔다는 정서적 배경에서 나온 것이며 이는 유럽의 인본주의적 문화 전통이 미국에서 보편성을 획득한다는 19세기 말의 미국 중심의 제국주의적 정서에서 나온 주장이었다. 1960년대의 미국 비교문학의 중심 인물 중 하나였던 르네 웰렉이 비교문학이란 결국 문학적 "가치와 질에 관심을 갖는 진정한 비평"[7]이 되어야 한다고 주장할 때 그 문학적 가치와 질이란 서구 문학의 전통이 중심이 된 문학의 세계를 말하는 것이었으며 그러한 서구 문학이란 여타 집단의 문학을 소수의 문학이나 주변부 문학으로 규정하는 방식이었다. 구체적으로 그는 중국·한국·미얀마·페르시아 문학에 대한 연구가 필요하다면 그것은 서구의 동양에 대한 접촉이라는 관점에서 정당화된다고 말한다.[8] 흔히 미

---

**6** Rene Wellek, "The Name and Nature of Comparative Literature," *Discriminations: Further Concepts of Criticism*(New Haven: Yale University Press, 1970), p. 14.

**7** *Ibid*, p. 36.

국식 비교문학과 프랑스식 비교문학으로 구분하는데 이때의 미국식 비교문학이 보편 문학을 추구하는 문학 이론 중심의 문학 연구라 말할 때는 미국식 학문이 보편성이라는 이름으로 서구의 가치를 일반화한다는 사실을 더욱 분명히 인식할 수 있다. 필자는 이제 단지 비교문학뿐만 아니라 거의 모든 학문 영역에서 미국의 학문이 보편적 학문이 되어가는 현실을 의식하며 미국에서의 비교문학 연구를 논의함으로써 미국식 비교문학이 한국에서 어떤 식으로 변용되어야 하는지 살펴보고자 한다.

## 3. 변화하는 미국의 비교문학: 1993년 비교문학 보고서

비교문학이 제도 학문으로 정착되어가던 1960년대에 미국의 비교문학자들은 비교문학이 주변부적 학문으로 전락하는 것을 막기 위해 비교문학의 위상을 분명히 할 필요가 있음을 인식한다. 비교문학이 확고한 학문 체제로 정립하기 위해서는 최소한의 기준이 제시되어야 한다고 생각했던 것이다. 이는 비교문학의 교과 과정이 어떤 방식으로, 어떤 기준에 의해 운영되어야 하는지 또 기존의 다른 문학 프로그램들과 어떤 관계를 맺어야 하는지 등이 포함된다. 이에 미국 비교문학회American Comparative Literature Association는 10년에 한 번씩 비교문학의 기준을 제시하기로 했고 비교문학연구위원회를 구성하여 이를 연구하고 그 결과를 보고하게 했다. 그 결과 1965년에 1차 보고서가, 1975년에 2차 보고서가, 1993년에 3차 보고서가 나왔다. 1993년 보고서는 사실상 1985년에 나왔어야 했으나 1985년에 나온 연구 결



---

**8** *Ibid.*, pp. 19~20.

과는 위원장 자신이 연구 결과에 만족하지 못해 공식적인 보고서
로 제출되지 않았다. 최근의 이론적 성과가 반영되어 있는 1993
년의 보고서가 우리의 관심을 끌지만 1993년 보고서의 내용을 이
해하기 위해서는 우선 1965년과 1975년의 보고서를 간단히 살펴
볼 필요가 있다.

　1965년 보고서는 비교문학 프로그램이 기존의 민족문학 학과
와 긴밀히 연결시켜 운영되어야 한다고 제안한다. 또한 민족문학
학과들의 한계를 극복할 수 있는 방안으로 문학 이론과 문학 연
구 방법론의 중요성을 강조하고 있다. 그렇지만 여전히 전통적인
비교문학 연구에서 강조하고 있는 프랑스어·독일어 등 서구 주
요 언어의 중요성을 강조한다. 10년 뒤에 나온 그린 보고서는
1965년 보고서에 비해 비교문학 운영 기준이 더욱더 엄격하게 규
정되어야 한다고 강조한다. 그렇지만 기본적으로 크게 달라진 내
용은 없었다. 이 보고서에서 강조하는 민족문학 학과 프로그램을
연결시키는 역할을 비교문학이 담당해야 한다거나 문학과 다른
학문을 연결시키는 학제 간 연구가 비교문학 프로그램을 중심으
로 활성화되어야 한다거나 하는 것 등은 1965년 보고서에서 이미
개진된 내용이었던 것이다. 어떻게 보면 1975년의 보고서는 1965
년의 보고서보다 더 폐쇄적인 비교문학 운영 지침을 제안하고 있
다고도 할 수 있다. 이에 따르면 진정한 비교문학자는 4개 언어
정도에 통달해야 하며 서양 문학이 아닌 문학에 대한 관심은 어
디까지나 서양 문학인 '우리 것'을 충분히 소화한 다음에야 이루
어져야 한다고 강조하고 있기 때문이다.[9]

---

9 "The Levin Report, 1965: Report on Professional Standards," Charles Bernheimer
ed., *Comparative Literature in the Age of Multiculturalism*(Baltimore: Johns Hopkins
University Press, 1995), pp. 21~27; "The Green Report, 1975: A Report on
Standards," *ibid.*, pp. 28~38.

1993년 보고서는 1970년대 이후 주도적 흐름을 형성하였던 탈구조주의의 이론적 영향이 반영된 것이다. 또한 과거와는 비교할 수 없을 만큼 여성·흑인·제3세계 출신, 그리고 저소득층 출신이 많아졌고 또 이들이 대학에서 연구하고 가르치는 대상을 변화시키고 있다는 사실도 반영되어 있다. 데리다, 푸코 등 프랑스 철학자에 의해 시작된 탈구조주의가 미국에서 본격적으로 수용된 곳은 철학과나 영문과·불문과 등 민족문학 학과가 아니라 프랑스어를 직접 읽고 문학과 철학 등을 문학 이론이라는 이름으로 논의하고 있던 비교문학과이다. 1970년대와 1980년대 미국에서 이론적 흐름을 주도하였던 예일 대학교의 비교문학과는 데리다 스스로가 교수로 있었으며 그 이후에도 미국의 이론은 비교문학 내지 비교문학의 다른 이름인 인문학(캘리포니아 대학교 어바인 캠퍼스), 문학(듀크 대학교) 등에 의해 주도되고 있었다. 현대 미국의 주요 이론가들이 (데리다Jacques Derrida, 드만Paul de Man, 밀러J. Hillis Miller, 사이드, 제임슨, 스피박, 바바, 헤이든 화이트Hayden White, 베네딕트 앤더슨 등) 대부분 비교문학 프로그램에 직접 속해 있거나 비교문학적 관심을 학문적 성과로 내고 있다는 사실을 생각해보면 미국의 인문학이 비교문학에 의해 주도되고 형성되고 변화되고 있음을 알 수 있다. 이렇게 비교문학과에서 주도하였던 인문학의 새로운 흐름은 전통적인 문학 연구 방법에 근본적인 도전을 하고 있었다. 이러한 도전적 흐름이 1993년 보고서에 나타난다.

1993년 보고서가 주목하고 있는 변화는 우선 비교문학에서 '비교'의 대상이다. 전통적인 비교문학에서 '비교'의 대상이 주로 민족문학 간의 차이와 다름, 그리고 그 관계였다면 이 보고서가 말하는 '비교'의 대상은 여러 상이한 학문 체제가 연구하는 상이한 생산물 사이의 비교이다. 말하자면 비교문학은 "상이한 연구

분야에서 생성되는 문화적 구조들 간의 비교, 고급 문화와 대중 문화 둘 다의 분야에서 서구의 문화 전통과 비서구 문화 전통의 비교, 피식민지에 있어 식민 지배 이전의 문화적 생산물과 식민 지배 이후의 문화적 생산물 간의 비교, 남성과 여성으로 규정된 성의 형성 비교, 이성'및 동성 간의 성 관계의 비교, 인종적·민족 집단 간의 의미화 양식의 비교, 의미의 해석학적 분석과 그 의미 양식의 생산 및 순환의 유물론적 분석 간의 관계 등등"[10]을 연구하는 방식이 되었다고 진술한다. 이러한 논의들이 '비교'문학 프로그램에서 중요하게 다루는 것이라면 이제는 과거의 비교문학이 주로 다루었던 작가·시대·장르 등의 관점에서 문학을 보는 것이 아니라 담론·문화·이데올로기·인종·성 등의 관점에서 문학 작품을, 넓은 의미의 문화적 생산물을, 분석하고 논의하는 것이 비교문학이 주요 주제가 되었다는 것이다.

비교문학 연구가 더 이상 문학 작품의 문학성을 탐구의 대상으로 삼지 않을 때 '비교문학' 중의 '문학'이라는 말은 이제는 심각한 고려 대상이 되지 않는다. 따라서 실제로 진행되는 비교문학 연구와 '비교문학'이라는 이름 사이에는 편하지 않은 관계가 형성되며 이런 이유로 비교문학이 '문화 연구(또는 문화학)'로 개명되어야 한다는 주장이 나오고 있기도 하다. 실제로 몇몇 프로그램은 문화 연구cultural studies, 문화 이론cultural theory, 문화 비판cultural critique 등의 이름이 비교문학과 나란히 사용되고 있다. 즉 비교문학 및 문화 연구 학과department of comparative literature and cultural studies라는 이름이 과거의 비교문학과라는 이름 대신에 사용된다는 것이다.

이렇게 변화된 비교문학의 장을 바탕으로 1993년 보고서는 구

---

10 "The Bernheimer Report, 1993: Comparative Literature at the Turn of the Century," *ibid.*, p. 42.

체적으로 교과 과정에 대한 안내도 한다. 우선 비교문학 연구는 단지 문학성 또는 문학 작품 중심의 연구에 발이 묶여 있어서는 안 된다고 제안한다. 말하자면 전통적 문학 연구에서 중요시 여겼던 텍스트 꼼꼼히 읽기 방식이 이데올로기, 대중 문화, 사회 제도 등을 읽을 때에도 적용되어야 한다는 것이다. 또한 전통적으로 비교문학 연구가 강조해왔던 외국어 습득과 외국 문학의 이해가 여전히 중요하긴 하지만 이에 못지않게 한 언어 단위 안에서 형성되어 있는 문화적·이데올로기적·인종적 차이들을 비교해서 분석해낼 수 있어야 한다고 강조한다. 전통적 정전을 새롭게 읽어내어 그 안에 존재하는 여성·식민·계급 문제 등을 정치적·이데올로기적 입장에서 밝혀내야 한다는 것도 간과할 수 없는 중요 과제라는 것이다. 비교문학이 단지 글이나 말로 구성된 언어 문화물에 전통적 비교문학이 주로 관심을 기울여왔다면 이제는 새로운 언어로 구성되는 영화·대중 음악·방송 등에 관심을 갖고 그러한 새로운 매체가 어떤 새로운 문화 가치를 생산하고 있는지 연구하는 것도 비교문학의 교과 과정이 다루어야 한다고 주장하고 있다.

　19세기 말의 비교문학의 시작, 그리고 1965년, 1975년, 1993년 보고서의 내용 등을 염두에 두고 비교문학 연구의 변화 추세를 보면 초기의 미국을 중심으로 한 세계 질서의 맥락에서 서구의 가치를 보편적 가치로 받아들여야 하는 주장에서 시작하여 탈정치적으로 위장한 인본주의적·정신적 가치가 1970년대까지 유지되다가 1990년대에 이르러 본격적으로 전통적 서구 문학의 가치에 의해 주변부로 밀려났던 여성·흑인·피식민지인 등의 가치가 긍정적으로, 그리고 적극적으로 중심부에 진입하고 있고 그럼으로써 전통적 문화 질서에 도전하는 흐름이 형성되고 있음을 알 수 있다.

비교문학 연구의 이러한 추세는 1960년대의 민권 운동, 여성 운동, 그리고 아시아와 중남미로부터의 이민과 유학이 1980년대 이후 대학 사회의 인적 구성과 지식 생산에 변화를 일으킴으로써 나타난 결과이다. 그리고 이러한 현상은 우리 한국인이 동일시할 수 있는 흑인·여성·이민자 등 주변부 집단의 목소리가 지식 생산의 중심부에서 나타나고 있다는 점에서 고무적이라 할 수 있다. 그러나 이러한 추세가 반영하지 못하는 중요한 현상 중의 하나가 민족 문제이다. 미국의 비교문학이 미국이라는 사회를 민족 단위로, 그리고 미국에서 진행되는 문화 현상을 민족 단위의 문화 현상으로 파악하지 않고 있다는 사실은 미국의 비교문학자들이 여전히 미국을 일반적·보편적 세계인, 일종의 제국으로 인식하고 있음을 보여주는 반증이기도 하다. 미국 사회의 구성과 그 문화를 다른 민족 단위 및 그 문화와 구별하여 논의할 필요성을 의식하지 못하고 있다는 사실은 미국이 여전히 제국주의적 지식을 생산하고 있음을 보여준다는 것이다. 미국 내에 존재하는 흑인이나 동양인의 가치는 인종race이나 종족ethnic group의 가치로 규정되지 미국으로 이주하고 난 다음에도 여전히 유지되는 민족적national 가치로 평가하지 않고 있다고 할 수 있다. 이런 이유로 아시아적 가치를 인정해야 한다는 당위적 진술에 중국·일본·한국·베트남·태국 등의 가치가 역사적·문화적으로 구별된다는 사실을 간과하게 된다. 1993년 보고서가 반영하지 못하는 또 다른 역사적 흐름은 초민족 또는 탈민족 현상이다. 미국 내의 민족적 가치가 더 이상 미국 내에 존재하는 여러 다양한 집단을 규정하지 못하는, 그리고 이런 이유로 미국이라는 민족이 해체되고 있는 현실에 대해 이 보고서는 반응을 보이고 있지 않다. 현재 미국에서 주로 논의되고 있는 초민족 또는 탈민족 현상은 미국 내의 문제일 뿐 아니라 전세계적 파급 효과를 갖고 있는 현상이라고 할 수 있기 때문이다. 미국이라는 민족 단위가 해체되거나 느슨해진다면 그 미국과 관계를 맺고 있는 전세계의 민족 단위들에게도 동시에 변화를 일으키며 이는 비교문학에서 중요시하고 있는 민족 단위의 문화 현상을 설명하는 방식도 어느 정도 변화를 겪게 됨을 의미한다.





## 4. 한국의 비교문학과 민족 정체성

미국 비교문학회의 1993년 보고서에서 제시된 정전에 대한 비판, 여성이나 피식민인의 입장에서 문학 작품 읽기 등은 미국뿐 아니라 한국에서도 이미 널리 퍼져 있다. 그렇지만 아직도 대중 문화를 대학에서 강의하거나 연구의 대상으로 삼는 노력은 아직은 미진하며 이에 대한 적극적인 관심이 더욱 필요하다고 생각한다. 이제 미국의 비교문학의 흐름을 한국의 비교문학 연구에 수용한다고 생각해볼 때 비교문학 연구는 전통적인 민족문학 단위의 비교 연구뿐만 아니라 한국 문학이나 문화 현상에서 나타나는 고급 문학과 대중 문학, 고급 문화와 대중 문화, 남성 가치 중심의 문화적 생산물과 그에 도전하는 여성 가치 중심의 문화적 생산물 간의 관계 등이 비교문학의 중요 과제가 되어야 한다고 생각할 수 있을 것이다. 그리고 이러한, 어찌 보면 생소한 주제나 대상에 대한 비교문학적 관심이나 연구가 거의 없는 현재의 한국의 비교문학 연구의 동향을 본다면 이를 비교문학적 관심 대상으로 삼고 연구하고 가르칠 필요를 인식할 수 있을 것이다. 그러나 여기에서 필자가 제시하고 싶은 비교문학 연구의 한 방향은 현재 진행되고 있는 미국식 비교문학 연구의 방식을 수용하는 한편 민족문학 연구로서의 비교문학 연구의 가능성을 논의해보고자 하는 것이다.

　비교문학 연구는 미국의 비교문학 역사에서 알 수 있듯이 서구의 제국주의와 긴밀한 관련 하에서 이루어지고 있었다. 서구의 비교문학자들은 괴테의 '세계 문학'의 개념을 비교문학 연구의 이상적 대상이라고 전제하였다. 이때 그 '세계 문학'이란 서구 문명의 원천이었던 그리스·로마 문학과 그 전통에 따라 형성되는 서구 문학을 하나의 큰 범주로 보고 있었고 그 범주 안에서 형성되는 민족문학 간의 관계를 연구하는 것이 비교문학의 관심사였다. 이렇기 때문에 비교문학은 서구 중심적 문학 연구이며 서구 문학이 서구의 이상적 가치를 내포하고 있다는 전제에서 문학 연구가 이루어지고 있었던 것이다. 비교문학이 제도로서 출발할 때 민족을 넘어선 단위의 문학 연구의 필요성이란 서구의 공통의 가치를, 즉 서구 제국주의의 보편적 가치를, 연구하고 옹호하고 전파하는 것을 비교문학의 사명으로 삼았다는 말이 되기 때문이다. 이러한 제국주의적 비교문학 연구는 최근의 경향을 반영하는 1993년의 보고서에도 완전히 불식되어 있지는 않으며 어쩌면 좀 더 은밀한 형태로 미국 중심의 제국주의적 가치가 거부감 없이 미국 밖의 지적 세계에도 파급되고 있다고 할 수도 있다. 이런 제국주의적 보편성에 경도된 사고는 한국의 비교문학에서도 문제시된다고 할 수 있다. 조동일 교수가 '한문 문화권'의 비교문학이 새로운 비교문학의 방향이 되어야 한다고 주장할 때[11] 바로 서구 비교문학이 옹호하였던 제국주의적 보편성이 한국에서 ─ 중국도 아닌 ─ 되풀이되고 있음을 보여준다. 조동일 교수의 이런 주장은 어떤 면에서는 야심차기도 하고 바람직한 성과를 낼 수 있는 새로운 방향을 제시하고 있기도 하다. 그러나 이는 사실상 중

─────────────

**11** 조동일, 『한국 문학과 세계 문학』 2판(지식산업사, 1992), p. 18.

국 중심의 문화권을 설정하고 있는 것이며 그러한 연구 방향은 일정 정도는 중국 문화를 중심에 놓고 또 한국이나 일본 문화권을 주변부 문화권으로 설정하는 방식이 될 수 있다. 이는 과거에 중국 중심의 문화적 지배 현상을 어느 정도 인정하는 태도이며 이를 바람직한 문화 현상이었다고 주장하는 결과를 낳는 것이다. 물론 이런 기본적인 설정 뒤에 논의할 수 있는 한문 문화권의 주변부에서 어떤 저항이나 변용을 이루고 있었나를 살핀다면 중국 중심의 문화 지배에 도전적 자세를 취하는 것이며 이런 식으로 한문 문화권에서의 비교문학 연구가 진행된다면 필자의 주장과 비슷해질 수는 있다. 조동일 교수의 주장에서 가장 문제가 되는 부분은 문학의 보편성을 상정하는 태도이며 이는 문화의 보편성이란 곧 제국주의적 가치를 옹호하는 결과를 가져올 수 있다는 사실을 간과한 태도라 할 수 있다.

서구의 비교문학이 서구 문학을 하나의 큰 범주로 보고 그 보편성을 전제로 하여 민족문학 간의 관계를 연구하는 것이라면 한국에서의 비교문학은 서구의 비교문학과는 달라야 한다. 서구의 비교문학이 상정하고 있는 서구 문학의 세계적 보편성이란 다른 말로 하면 서구 제국의 역사적·문화적 가치가 한국을 비롯한 비서구 세계에서도 일반적으로 통용될 수 있다는 주장을 말하는 것이다. 서구가 주장하는 이러한 보편적 가치를 우리가 저항적 변용 없이 일방적으로 수용한다면 이는 서구의 제국주의와 식민주의의 이데올로기를 일방적으로 수용하는 것이며 서구의 계속적인 비서구 지배를 용인하는 결과를 가져온다. 그렇다고 문학을 비롯한 서구의 문화에 대하여 한민족의 주체성이란 이름으로 전면적 거부를 시도하는 것도 바람직한 태도는 아니다. 왜냐하면 이러한 태도는 이미 기정사실화된 서구의 전지구적 지배 현상을 애써 망각하려는 태도이기 때문이다.

이제 우리에게 필요한 것은 전지구적 서구 지배에 어떻게 우리의 정체성을 구축하느냐 하는 문제이며 또한 이러한 정체성에 근거한 우리의 문학과 문화적 정체성을 어떻게 구축할 수 있는가를 탐색하는 것이다. 그리고 이러한 정체성에 대한 모색이 바로 비교문학적 연구 방법이기도 하다. 비교문학은 애초부터 민족들 간의 교류와 영향 관계에서 비롯된 문학 현상을 연구하는 학문이었다. 이를 한국의 상황을 염두에 두고 생각해보면 비교문학의 과제란 미국을 비롯한 서구 세계와 한국이 관계를 맺을 때 어떻게 한민족의 정치적·문화적 정체성이 형성되는가를 모색하는 것이 된다. 이때 불문학과 영문학 등의 상호 영향 관계를 연구하는 서구의 비교문학과 달라질 수밖에 없는 것은, 그들의 관계란 식민과 피식민 관계라기보다는 서구의 보편적 문화 가치를 전제하고 어느 정도는 대등한 문화적 교류를 전제로 한 것인 데 반하여, 한국이 서구와 관계를 맺을 경우는 서구의 지배와 한국의 종속이라는 관계에서 출발하기 때문이다. 그렇다고 이런 과정에서 한민족에 가하는 서구의 작용이 한민족의 정체성을 말살시키고 서구적 정체성이 한민족에게 그대로 이식되는 결과를 가져오는 것은 아니다. 여기에서 필자는 어네스토 라클라우Ernesto Laclau의 정체성에 대한 논의를 잠시 빌려오려 한다.

라클라우의 논의를 여기에서 끌어들이는 이유는 최근의 이론적 논의들 중에 외부와의 관계에서 가장 지적이면서 새로운 정체성 이론을 구축하고 있기 때문이다. 그는 우선 본질을 상정하고 그 본질을 밝히는 것이 철학이라는 헤겔식 철학을 극복하려 한다. 그는 우선 정체성이 적대적 외부와의 관계에 의하여 구성된다고 한다. 그의 복잡한 정체성 이론을 단순화의 위험을 감수하면서 요약하면 어떤 주어진 사회의 정체성은 그 자체로 객관적 실체를 갖고 있는 것이 아니라는 것이다. 왜냐하면 어떤 사회든지 그 사회는 그 자체로 존재하는 것이 아니라 그 사회 밖에 존재하는 다른 사회와 관계를 맺으면서 존재하기 때문이다. 이때 그것의 밖에 존재하는 다른 사회는 주어진 사회에 대하여 적대적 관계로서 그 주어진 사회의 주어진 정체성을 부정하려는 존재로 관계를 맺는다. 이러한 적대적 관계로 두 사회가 관계를 형성할 때 두 사회 모두 대적하고 있는 다른 사회에 의해 정체성이 위협받는 존재가 되기 때문에 두 사회는 불안정한 상태로서의 정체성을 갖게 된다. 또한 이 말은 어떤 사회든지 그 사회에 해당되는 고정된 정체성을 가질 수 없으며 항상 변화 가능한 상태로만 정체성을 유지할 수 있다는 뜻도 된다. 따라서 식민지적 상황을 염두에 둔다면 피식민 사회의 정체성은 사이드가 주장하는 대로 서양에 대한 타자로서 고정되어 있는 것이 아니라 역사 과정상 일정한 시기에 식민 지배 체제에 저항을 시도할 때 서양 우위의 지배와 피지배 관계로 설정된 고정된 위계 질서 역시 불안정하게 되어 결국 서양의 정체성 역시 위협하게 되는 것이다. 결국 정체성이란 항상 불확실성을 결과하는 형성적 외부constitutional outside와의 관계에서 나오는 것으로 힘의 관계가 작용하는 역사적 변화 과정이라고 설명할 수 있다는 것이다.[12]

이러한 정체성의 형성을 비교문학적 관심으로 돌려서 생각해보면 비교문학의 오랜 관심사인 외국 문학의 수용과 영향에 대한 좀 다른 방식의 논의를 시도할 수 있다.[13] 말하자면 한국의 근대 문학



---

**12** 자세한 논의는 Ernesto Laclau, *New Reflections on the Revolution of Our Time*(London: Verso, 1990), pp. 3~85.

**13** 초점은 다르지만 서구 제국 또는 민족이 한민족 공동체를 형성하는 방식에 대하여 논의한 제6장의 「초민족 시대의 한민족 정체성」을 참고하길 바란다. 거기에서 필자는 한민족의 형성은 19세기 후반에 한민족이 다른 민족과의 차별적 관계를 형성할 때 태동되었으며 현재의 한민족 공동체란 전통적 민족 범주에 대한 주변부 집단의 차별적 거리 두기의 방식을 통하여 새로 형성되고 있다고 주장하였다.

의 형성 시기에 서구의 낭만주의니 상징주의니 하는 문학 사조의 영향력이란 그 외국 문학 사조가 한국 문학의 생산에 수용되는 방식에 의해서가 아니라 거부되는 방식에 의해서 논의되어야 한다는 것이다. 우리는 서구의 문학이 우리 문학과 관계를 맺기 전에 생산된 고려 가요나 조선 시대의 시조를 한민족을 대표하는 문학이라 하지 않는다. 또한 서구의 영향력이 지배적으로 작용한 김기림이나 정지용 등에 의해 씌어진 시 작품을 민족문학이라 하지도 않는다. 한민족의 문학을 대표하는 시인으로 우리가 흔히 김소월을 꼽을 때 그 시인이 민족 시인이 될 수 있는 이유는, 그의 시가 독자 대중을 확보할 수 있었기도 했지만, 일본을 통해 유입된 서구 문학의 영향력을 의식하면서도 서양 문학과는 다른 방식으로 문학 작품을 생산하고 있었기 때문이다. 일본어로 어떤 서구 문학이 선택적으로 번역되었으며 그러한 문학 작품들이 김소월의 시 창작에 어떤 식으로 영향을 끼쳤는지는 필자의 한계를 넘어선다. 그러나 19세기 서구 문학에 자주 나오는 역사와 사회적 변동에 따른 인간적 또는 개인적 가치의 위축 등은 김소월의 시에서는 좀처럼 찾아보기 힘들다. 더구나 그의 시 형식이 일본 시의 영향을 받은 면도 있지만 전통적 서정 민요 형식을 되살리는 방식으로 그가 시를 쓰고 있었다는 점은 서구 문학의 지배적 흐름에 대해 자신의 문학을 어떻게 차별화할 수 있느냐에 대한 모색의 결과로 보인다. 즉 그의 시는 당대의 서구 문학의 영향을 받으면서도 그 영향에 대해 어떻게 적대적 정체성을 구성하느냐 하는 관심의 발로이며 이러한 이유로 그의 시가 민족 시가 될 수 있는 것이다. 식민지 체제 하에서 식민 지배자들의 문화와는 구별되는 문화적 생산물을 만들어낸다는 것은 단지 그 문학이 민족 정체성을 내용으로 담고 있다는 의미에서뿐만 아니라 거의 전면적인 정치적·경제적·사회적 식민 지배에 대해 문화 영역에서만은 식민 지배를 용인하지 않겠다는 피식민인의 의식을 담고 있다는 점에서도 김소월식의 문화적 생산물은 의의를 지닌다. 식민 체제 하에서는 정치적 의미에서 최고 주권을 박탈한 상태이고 이로 말미암아 피식민인의 식민 체제에 대한 경제적·사회적 예속의 상태이기 때문에 민족의 정체성이 심각하게 위협받는 상태라 할 수 있다. 이런 상황에서 식민 체제와는 다른 차별적 문화물을 생산한다는 것은 문화적 생산물이 담보하고 있다고 가정되는 정신적 영역에서는 민족의 정체성이 유지되고 있다는 사실을 견지할 수 있게 하기도 한다.

문화 주권과 정치적·경제적 주권을 구별함으로써 식민지 하의 피식민 민족의 정체성을 구성하는 김소월 유의 민족문학은 정치적·경제적 지배에 대하여 침묵한다는 점에서 (저항이라고 읽을 수 있다면 그 저항은 간접적이고 비가시적이기에 효과적이지 못하다) 정치적·경제적 예속을 용인하는 결과를 가져오기 때문에 긍정적 역할에도 불구하고 그 한계를 지적해야 한다. 김소월 등의 문학과는 다른 방식으로 민족의 정체성 문제를 다룬 근래의 문화적 생산물로 정지영 감독의 「헐리우드 키드의 생애」를 들 수 있다.[14] 필자가 「헐리우드 키드의 생애」를 예로 드는 이유는 우선 비교문학 연구가 문학 작품을 넘어서서 여타의 문화적 생산물을 논의하자는 제안이며 또한 이 영화는 비교문학 연구가 관심을 가져야 할 외부의 정치문화적 영향력이 우리에게 어떻게 작용하며 어떤 저항적 정체성이 형성되는지를 논의할 수 있게 해주기 때문이다.

비참한 가난이라는 현실을 볼 때도 영화를 보는 것과 마찬가지의 태도로 보며 사람의 생명보다도 영화 포스터를 더 중요하게 생각하는 영화광 임병석의 일생을 그린 이 영화는 서구의 문화적



---

**14** 민족 정체성의 관점으로 본 「헐리우드 키드의 생애」에 대한 자세한 논의는 제8장의 「문화와 민족 정체성」을 참조.

지배를 드러낸다는 점에서 의의가 있다. 미국을 비롯한 서구 체제는 정치적·경제적으로뿐만 아니라 정신과 문화에서조차 '한국적'이라는 영역을 남기지 않으려 한다. 이 영화에서 가장 극적인 부분은 주인공 임병석이 쓴 시나리오가 대본이 된 「가면고」라는 영화가 영화상을 휩쓸 만큼 대작이 되었으나 그 시나리오는 서양 영화의 부분들로 짜맞추어진 완벽한 표절의 콜라주이며 더구나 시나리오 작가 자신은 그런 사실을 몰랐다는 결말 부분이다. 이 영화에서 헐리우드 키드 임병석은 그의 모든 것이 서양 영화에 의해 구성되었다는 점에서 한국인으로서의 정체성은 없고 할리우드의 정체성만 갖고 있으며 그런 의미에서 그의 정체성은 정체성 없음이다. 그리고 이 영화는 그런 정체성 없음에 대한 고발이라 할 수 있다. 그러나 임병석의 정체성은 정체성이 없다기보다는 1960년대의 끔찍한 가난이라는 한국적 현실과 할리우드라는 환상의 세계 사이에 어느 쪽이라고 말할 수 없는, 즉 그 사이에서 방향을 결정하지 못하는 불확정적 정체성으로 보는 것이 옳다. 여기에서 이렇게 제시되는 불확정적 정체성을 한민족 또는 한국인이라는 집단적 정체성으로 규정하는 것은 이 영화의 중심 스토리 라인에서는 벗어난 1994년 당시의 문화적 정체성의 위기감을 낳았던 미국 영화사의 직배 제도이다. 이 영화의 시작은 임병석의 이야기와는 분리된, 직배 제도에 반대하는 영화인들의 저항이 영화의 시작에 기록 영화 형식으로 삽입됨으로써 이 영화의 이야기가 서구식 지배적 영향 하에 있는 한국인의 문화적 정체성에 대해 문제를 제기하는 영화라는 주제를 미리 보여주고 있다. 이러한 점이 영화의 원작인 소설 『헐리우드 키드의 생애』와 이 영화가 다른 점이기도 하다. 영화의 스토리 라인이 소설의 것과는 여러 군데 달라진 점이 있지만 결정적으로 소설 『헐리우드 키드의 생애』와 영화 「헐리우드 키드의 생애」가 다른 점은 고급 문화물인 소설과 대중 문화물인 영화 사이에서 오는 차이, 즉 소설이 환상의 세계로 도피해버린 주인공의 비극을 그리고 있다면 영화는 그런 환상의 세계에 대한 직접적 저항을 중심 주제로 삼고 있다는 것이다. 더 나아가서 이 영화는 서구의 정치·경제·문화의 지배적 영향력에 대하여 한민족의 저항적 정체성의 형성이 필요하다는 점을 관객에게 환기시키며 정체성이란 서구의 제국주의가 형성해놓은 타자적 정체성도, 서구와 동일시되는 정체성도 아닌 그 사이의 불확정적 정체성을 제시하고 있다. 그리고 이러한 불확정적 정체성이 집단 의식에 의하여 조건지어지고 방향지어질 때 한민족의 정체성이 형성되는 것이다. 이 정체성의 방향 설정이라는 대주제는 영화 자체에서가 아니라 영화와 관객 사이에서 형성된다. 즉 관객이라는 한민족 집단의 구성원이 직배 제도를 비롯한 서구의 문화 지배에 저항의 필요성을 인식하게 만든다는 점에서 이 영화는 집단적이며 정치적인 정체성을 새로이 형성하게 한다.

## 5. 글을 맺으며

위에서 필자는 한국과 미국에서 진행되는 비교문학의 방향을 개괄하며 비교문학적 문화 연구가 민족의 정체성을 논의하는 방식이 될 수 있음을 주장하였다. 비교문학 연구는 과거 서구의 비교문학자들이 주장했듯이 민족문학을 넘어서는 것이 아니다. 비교문학이란 모든 문학이나 문화에 공통되는 어떤 보편성을 상정해서 그에 맞추어 개별 문학을 연구하는 것이 아니라 보편성으로 위장된 가치가 지배적 힘의 가치임을 밝히면서 그에 맞서 그 지배적 힘과의 작용에서 형성되는 민족문학을 또는 개별 민족의 문화적 정체성을 논의하는 학문이라 할 수 있다. 이런 관점에서 볼 때 한국 문학이라는 민족문학은 국문학자나 영문학자 또는 그 외의 개별 민족문학을 전문으로 연구하는 학자의 몫이 될 수 없다. 국문학자나 영문학자가 민족문학을 논의할 자격이 없다면 물론 지나친 말이겠지만 그들이 민족문학으로서의 국문학을 논의할 때에는 필연적으로 비교문학 연구자의 입장을 이미 취하고 있다. 민족문학으로서의 국문학이라는 정체성은 필연적으로 그 국문학이 아닌 어떤 다른 문학의 정체성을 필요로 하기 때문이다. 또한 비교문학 연구는 문학이라는 고급 문화 영역에 그 연구 대상을 제한할 수는 없다. 고급 문화와 대중 문화의 배타적 또는 상호 의존적 관계 역시 비교문학 연구 방법이라는 상호 관계 연구를 통해서 규명할 수 있는 것이다.

비교문학이 대상으로 삼는 민족 문제는 근래 초민족 또는 탈민족 시대라고 말해지는 시대의 흐름에서 더욱 중요한 몫이 되고 있다. 인적 교류의 확대와 인터넷 등의 새로운 시공간의 형성으로 민족 간의 교류는 더욱 확산되고 있으며 이로써 민족과 국가라는 범주의 해체에 대해서 미국 등 서구에서는 본격적으로 논의되고 있다. 미국에서 이루어지는 민족 범주의 해체는 소수 민족 집단의 정체성이 전통적 백인 상류 계층 중심의 정체성에 도전적 개입을 가능하게 한다는 점에서 소수 집단의 가치를 옹호하는 것이라 할 수 있다. 따라서 미국에서라면 한국인 또는 아시아인의 입장에서 적극적으로 받아들일 수 있다. 그러나 한국에서라면 이러한 민족 범주를 넘어서는 새로운 정체성의 필요성 또는 세계화라는 말로 요약되는 경향은 오히려 미국 중심의 정체성을 강요하는 결과를 가져오며 소수 주변부 집단을 억압하고 위축시키는 결과를 가져온다. 비교문학자의 입장은 이런 경우에는 오히려 세계화라는 지배적 추세의 위험을 직시하는 이데올로기적 · 문화적

입장을 가질 필요가 있다. 문학 연구는 소수 지배 계층이 주도하
는 정치적 · 경제적 · 문화적 위계 질서를 몰가치적으로 옹호할
수는 없기 때문이다.

# 제8장 문 화 와 민 족 정 체 성
### ——— 「서편제」「헐리우드 키드의 생애」「꽃잎」



요즈음 한국 영화의 흐름을 보면 흥행성이나 작품성으로 보아 대호황을 맞이하고 있는 것 같다. 「쉬리」로 시작하여 「공동경비구역」이나 「친구」 등이 대흥행을 이루었고 또 「조폭 마누라」나 「엽기적인 그녀」도 흥행에서는 대성공이었다. 흥행에서뿐 아니라 작품성에 있어서도 많은 호평을 받는 영화가 연이어 나오고 있으며 이러한 작품성은 여러 종류의 국제 영화제에서 호평을 받는 것으로도 확인이 된다. 이러한 맥락에서 볼 때 홍상수 감독의 「오! 수정」이 2000년 칸 영화제의 초대작이 된 것이나 「박하사탕」이 감독 주간에 대표작으로 선정된 것은 한국[1]의 영화 또는 넓은 의미에서 한국 문화가 세계 문화 시장에서 차지하는 위치가 변화하고 있음을 시사하는 사건이었다. 1999년에 이광모 감독의 「아름다운 시절」이 전세계의 온갖 영화제에서 호평을 받으면서

---

**1** 한국이라는 이름을 우리의 민족적 정체성을 논의하는 데 사용하는 것은 사실 부적절하다. 한국(韓國) 문화나 한국사란 말로 우리는 군사 분계선 북쪽에 거주하는 사람들의 문화나 역사도 동시에 말하고 있으나 엄밀한 의미에서 한국이란 말은 북쪽 사람들을 포함하지 않는다. '대한민국'의 줄임말인 '한국'은 군사 분계선 남쪽에 세워진 국가 체제만을 의미하기 때문이다. 국가 체제로는 대한민국과 조선민주주의인민공화국이 있으며 그 두 체제와 구별되는 실체적 집단으로서의 우리 민족을 말할 수 있는 적당한 용어는 아직 우리말에는 없다. 한겨레나 한민족이 자연스러워 보이나 사실 한(韓)은 고조선·고구려·고려·조선을 하나의 연속으로 보아서 한반도의 북쪽에 민족적 정통성이 있다고 주장하는 조선민주주의인민공화국의 민족관과는 달리 한반도의 남쪽에 민족적 정통성이 있다고 주장하는 태도를 반영한 결과이다. 한은 어원상 마한·변한·진한의 삼한 시대에 연결된다. 이런 이유로 우리 민족을 한민족이라 칭하는 것은 일본이 주장하는 임나일본부설을 일정 정도 수용하는 역사관이기도 하다. 이 글에서는 한민족, 한국 사회 등의 용어를 어쩔 수 없이 사용하겠지만 적절한 용어는 아니다.

온갖 상을 수상했을 때만 해도 그 많은 상에 놀라면서도 한편으로는 한국 문화가 세계 시장에서 차지하는 의의가 여전히 동양적인 고통과 애환을 주조로 한 이국적인 차이에 근거하고 있다고 보였다.

「오! 수정」과 「아름다운 시절」이 다른 점은 전자가 우리가 사는 동시대의 문제를 다루고 있으며 서구적인 것과 차이가 거의 없는 보편적인 질문을 하고 있다고 생각할 수 있는 반면 후자는 상당히 한국적인 것, 한국의 역사와 한국인의 삶의 방식을 영화화하고 있다는 것이다. 이 두 영화는 우리로 하여금 문화적 현상으로 나타나는 한민족의 정체성을 고려할 수 있게 해준다. 우선 말해둔다면 필자는 여기에서 「아름다운 시절」이 한국적인 영화이고 「오! 수정」은 한국적인 영화가 아니라고 말하고 있지 않다. 필자가 이 글에서 논의하려고 하는 것은 서구의 삶의 방식이나 동양의 삶의 방식이 차이가 없다는 생각이 들게 하는 「오! 수정」이 한국의 문화적 정체성을 제대로 구현하고 있다고 주장하는 것도 아니고 「아름다운 시절」과 같은 한국인에게만 독특하게 나타날 수 있을 것 같은 문화적 현상이 한국적인 정체성을 보여주고 있다고 주장하는 것도 아니다. 문제는 한국 문화를 대표할 수 있다는 이러한 두 부류의 문화적 생산물을 통하여 한민족의 정체성을 어떻게 구현할 수 있는가이다. 필자가 여기에서 영화라는 매체에 나타나는 민족 문제를 논의하는 이유는 영화가 우선은 집단적 매체이기 때문이다. 베네딕트 앤더슨이 신문이라는 대중 매체를 통하여 민족이 형성된다는 주장을 할 때 그의 논지에서 민족의 형성기인 18세기경에 가장 보편적인 대중 매체가 신문이었다면 현대에 보편적 대중 매체 중의 하나는 영화일 것이다. 앤더슨의 논지대로라면 과거의 신문에 해당하는 것이 지금의 텔레비전이라고 말할 수도 있겠지만 텔레비전이 각 가정 또는 개인별로 문화물이 소비되는 반면 영화는 극장이라는 공간에서 상당한 규모의 집단성을 전제로 만들어지는 문화물이기 때문에 민족이라는 집단성을 논의하는 데 더 적절하다고 할 수 있다.

여기에서 필자는 「아름다운 시절」과 비슷하다고 생각할 수 있는, 그렇지만 한국의 관객을 훨씬 더 많이 동원하고 대중적 반향이 컸던 임권택 감독의 「서편제」나 홍상수 감독의 「오! 수정」과는 차이가 있지만 동시대의 우리 문화적 정체성에 근본적 질문을 제기하는 정지영 감독의 「헐리우드 키드의 생애」, 그리고 주변부 집단의 민족 형성 과정을 보여주는 장선우 감독의 「꽃잎」을 논의의 대상으로 삼는다. 이러한 논의를 위해서는 서구화와 민족 문화의 일반론을 먼저 개진하는 것이 필요하다.


## 1. 서구화와 민족 문화

어떤 주어진 집단의 삶의 방식 모두를 문화라고 한다면 그 문화는 그 자체로는 완전한 전체라고 말할 수 있다. 어떤 사회든지 그 자체로 삶의 방식이 생산되고 소비되며 또 재생산되기 때문이다. 그 자체의 삶의 방식이 완전하지 않다고 생각할 수 있다면 그때는 이미 그 집단이 아닌 다른 집단의 어떤 면이 이미 그 집단에 작용하고 있다고 할 수 있다. 유토피아나 무릉도원 같은 그 사회 자체의 상상력에 의해 만들어진 이상향을 제시하여 주어진 사회가 완전하지 않음을 말할 수 있겠지만 이미 그러한 상상의 이상향 자체가 외부적 요인으로 그 사회에 작용하고 있다. 따라서 하나의 집단 안에서 그 집단 전체에 적용될 수 있는 그 문화 집단의 보편적 정체성을 모색한다는 것은 그 자체 집단의 정체성을 말할 수 있는 논거가 생겨날 수 없기 때문에 불가능한 시도이다. 그 해당 문화 집단 모두에 적용되는 보편적 특성을 말하는 것은 사실상 그 집단의 지배권을 장악하고 있는 집단의 문화를 말함과 같다. 예를 들어 한국의 문화를 말할 때 거론되는 거문고나 시조는 사실상 현재뿐만 아니라 그 문화적 형태가 만들어지던 당대에도 극히 제한된 소수 지배 집단의 문화였다. 소수 지배 집단의 문화가 그 정치적·이데올로기적 작용에 의하여 다수를 차지하는 피지배 집단의 문화적 정체성도 포함시켜버리고 결국 피지배 집단의 문화적 정체성은 공적 담론으로 재현되지 않게 된다. 주어진 집단 안에서 문화적 정체성을 말할 수 있다면 그 집단 전체의 정체성을 말하는 것이 아니라 지배 문화·피지배 문화·소수 문화·여성 문화·신세대 문화 등 그 집단 안에서 차별적으로 존재하는 각각 집단의 문화를 말할 수 있을 뿐이다.

한국 문화의 정체성을 말하는 것은 따라서 한국 문화가 아닌 어떤 것 또는 한민족이 아닌 어떤 다른 민족의 존재와 작용을 전제로 한다. 한국사에서 한민족이 아닌 다른 민족의 존재를 의식할 수 있게 된 것은 19세기 말에 처음으로 서구와 본격적으로 교류가 시작되고 난 다음부터이다. 그 이전에도 중국이나 일본과 접촉이 없었던 것은 아니나 지속적으로 그 관계가 형성된 것은 아니었다. 또한 일부 소수 계층만이 중국이나 일본과 관계를 맺고 있었기 때문에 한민족이라고 말할 수 있는 민족적 정체성을 형성할 수 있었던 시기는 아니었다. 또한 근대화 이전의 중국인 집단이나 일본인 집단은 대등한 입장을 전제하는 민족적 정체성이라기보다는 야만인 대 문화인이라는 식의 이분법적 구조에 근거하고 있었기 때문에 민족적 정체성을 이룰 수는 없었다.[2] 근대화 과정과 맞물려 있는 한국의 서구와 서구화된 일본의 관계의

---

**2** 근대 이후에 한민족이 형성되었다는 논의는 제6장 「초민족 시대의 한민족 정체성」을 참조하라.

시작은 민족의 형성 과정이었으며 이때 한민족의 형성은 이중의 과제를 가지고 진행되고 있었다. 하나는 서구 민족들과 대등한 관계에서 단지 서구 민족들과 구별된다는 의미에서의, 즉 우열이 없는 차이에 의하여 한민족을 형성해야 하는 과제이다. 당시의 서구는 봉건 전제 군주 체제가 극복되고 중세의 보편적 세계가 해체되어 영국 민족이나 프랑스 민족 등 독립된 집단으로서의 민족이 형성되어 있던 시대였고 이러한 민족 집단에 대등한 관계가 되는 한민족 집단의 형성이 필요한 시대였다. 다른 한편으로는 이러한 프랑스·영국 등의 민족 집단은 아시아나 아프리카의 각 지역과 관계를 맺을 때 민족 대 민족이라는 대등한 관계로 접근한 것이 아니라 정복과 지배라는 기본적으로 민족의 가치에 모순되는 가치를 가지고 관계를 맺고 있었다. 서구의 민족 형성은 제국주의에 대한 저항이라는 요인은 작용하지 않았으며 신성 로마 제국이라는 하나의 세계로서의 보편적 세계가 해체된 결과로서 민족이 형성되었다. 이와는 달리 한민족의 경우는 서구의 민족 형성 과정에서는 없었던 제국주의에 대한 저항이라는──이는 제3세계 민족 형성의 한 특성이기도 한데──요인이 작용할 수밖에 없었다. 제국주의는 민족의 가치를 위협하는 것이기 때문이다. 이런 의미에서 19세기 당시에 형성되기 시작한 한민족은 한편으로는 서구의 민족적 가치를 받아들이면서 다른 한편으로는 그 제국주의적 지배에 저항해야 하는 과제를 동시에 가지고 있었다.

상황이 달라지기는 했지만 민족 형성의 문제는 현재도 여전히 유효하다. 오히려 민족 정체성의 문제는 현재에 더 심각하다고 할 수 있다. 외형적으로 한민족은 국가 체제를 가지고 있고 따라서 민족의 형성이 완성되었다고 할 수 있지만 여전히 민족의 정체성에 변화를 일으키는 외부적 요인이 작용하고 있기 때문이다. 우선 외부의 작용에 의하여 하나의 민족이면서 두 개의 국가 체제를 이루고 있는 현재의 정치적·사회적 구조도 문제지만 문화적으로도 계속하여 서구 문화에 의하여 한민족의 문화적 정체성은 위협받고 있거나 변화를 겪고 있다. 더구나 국가 체제가 강요하는 획일적인 민족주의적 민족 정체성에 의하여 집단으로서의 민족 정체성은 억압되어 있으며, 19세기와는 비교할 수 없을 만큼 정치적·경제적·사회적·문화적으로 서구의 지배를 받고 있는 현재, 대중적으로는 민족 정체성이 존재하지 않는 것 같은 상황이 형성되고 있기 때문이다.

서구의 지배 상황에서 민족의 형성과 문화의 관계를 논의하는 출발점으로 프란츠 파농의 민족 문화론은 적절한 논거를 제공한다. 반식민 투쟁의 맥락에서 파농은 정치인이 실제적으로 현재 진행중인 상황에 관심을 가지고 그들의 행동을 취한다면 문화 지식인은 역사에서 그들의 작업을 수행한다고 한다. 식민지에는 역사가 없거나 야만의 역사였다는 서구 식민 체제의 주장에 대항하여 아프리카 문명의 역사를 드러냄으로써 서구 지배에서 벗어나야 하는 아프리카에 있는 각각 민족의 존재 의의를 주장하며, 또한 그 민족의 미래의 바람직한 민족 문화를 형성할 기대를 문화 지식인은 구축한다는 것이다.[3] 그가 말하는 역사란 흑인들이라 하더라도 각각이 겪은 역사 과정이 다르기 때문에 각 민족의 역사이어야 한다고 주장한다.[4] 파농의 주장은 서구 식민 체제의 지식 체계가 식민주의를 정당화하기 위해 만들어놓은 아프리카의 역사에 대하여 아프리카 각 민족의 구성원들이 식민 체제의 가치 체계에서 벗어날 수 있는 민족의 역사를 발굴해야 한다는 것이며 이때 과거의 아프리카 문명의 역사뿐만 아니라 현재의 문화도 반식민



---

**3** Frantz Fanon(Constance Farrington tr.), *The Wretched of the Earth*(New York: Grove Weidenfeld, 1963), pp. 209~10.

**4** *Ibid.*, p. 216.

투쟁의 과정으로서 만들어져야 한다는 것이다. 즉 피식민지에서 피식민인에 의하여 만들어지는 민족의 역사와 문화는 서구 식민 체제와 그 가치에 대한 저항으로서 의의를 갖는다고 할 수 있다.

반식민 투쟁이라는 역사적 과업을 수행하는 과정에서 개진되는 파농의 논의는 충분히 수용할 수 있다 하더라도 우리는 여기에서 모순을 보게 된다. 왜냐하면 아프리카 각 지역의 민족의 역사는 아프리카인들이 자율적으로 만들어간 역사가 아니라 서구의 식민 체제의 결과물이기 때문이다. 예를 들어 영국의 식민지였던 나이지리아를 본다면 현재의 나이지리아 지역에 나이지리아라는 독립된 민족은 없었다. 서구의 식민지 쟁탈전에 의하여 프랑스령·영국령 등의 아프리카 분할 구도의 결과로서 나이지리아가 생겼기 때문이다. 여기에서 민족의 형성은 영국의 지배를 받는 현재의 나이지리아 지역의 흑인들이 프랑스가 아니라 영국의 지배를 받는다는 사실과 그 식민 체제가 폭력적인 착취 구조를 갖는다는 것을 인식하고 그 체제에 대한 저항 집단으로서 나이지리아 민족이 형성되었다. 따라서 태곳적부터 해당 민족이 존재해왔고 따라서 미래에도 그 민족이 영원할 것이라는 민족적 가치는 허구에 근거하고 있는 것이다. 물론 이러한 역사적 허구는 아프리카에만 적용되는 것이 아니라 민족이 먼저 형성된 서구의 경우도 마찬가지다. 민족이란 기본적으로 근대 이후의 산물이기 때문이다. 민족의 역사를 영원한 과거에서부터 영원히 계속될 미래에까지 연장하는 것은 사실적 의미에서가 아니라 그 해당 민족 집단을 하나로 묶는 연대감을 형성하기 위한 허구적 가치 체계인 것이다. 따라서 민족의 형성에서 역사와 전통에 대한 관심은 민족적 일체감을 유지할 수 있는 정도에 있어서만 이루어져야 하는 것이며 역사적 사실에 대한 추구는 오히려 민족의 일체감을 방해하는 요인으로 작용한다고 주류 민족주의 옹호자는 주장한다.[5]

민족적 일체감이란 다른 말로 하면 주류 집단이 중심이 되어 주류 집단의 정체성을 그 민족의 정체성으로 만들어가는 그 해당 민족 집단 내에 존재하는 비주류 소수 집단의 정체성을 거부하는 과정이기도 하다. 역사적 사실에 대한 추구는 이러한 소수 집단에 대한 폭력의 역사를 드러내는 작업도 포함하기 때문에 역사 연구는 민족의 형성에 방해물이 되기도 한다는 것이다.

민족 공동체가 하나의 역사와 하나의 전통을 공유한다는 주장은 그 민족 공동체를 구성하는 다양하고 이질적인 집단의 정체성에 억압을 가져온다. 그러나 민족의 기본 개념이 특정 지역에 살고 있는 사람들의 집단이란 사실을 생각해보면 소수 집단이나 주변부 집단의 정체성을 억압하는 단일 공동체로서의 민족의 개념은 지배 집단에 의하여 조작된 결과라는 사실을 알 수 있다. 근대 이후에 국가 체제가 그 체제 하에 있는 다양한 집단에 대해 하나의 민족 공동체로 변화시킬 때 그 주도적인 도구는 공공 교육이었으며 이 공공 교육에 의하여 국가 체제의 가치가 민족적 가치로 변화하며 결국 민족과 국가가 동일체가 되었던 것이다. 그러나 국가 체제와 민족은 단순히 구별되어야 할 뿐만 아니라 갈등 관계에 있음을 인식할 필요가 있다. 왜냐하면 인민 집단으로서의 민족의 존재는 국가 체제를 주도하는 소수 지배 집단이 그들 지배 집단의 가치를 강요할 때 원래 가지고 있는 다양하고 이질적인 민족적 가치가 억압되기 때문이며 반대로 다양한 민족 구성원의 가치를 인정할 때 소수 지배 집단이 주도하는 국가 체제의 가치는 위협받기 때문이다. 따라서 민족 정체성에 대한 논의는 지배 집단이 강요하는 국가 체제의 가치와 구별해서 이루어질 필요가 있다.



---

**5** Ernest Renan, "What is a nation," Homi K. Bhabha ed., *Nation and Narration*(London: Routledge, 1990), p. 21.

과거에 식민 지배를 받았거나 현재에 식민 지배적 상황 하에 놓여 있는 한민족과 같은 경우 민족과 국가, 그리고 역사의 문제는 좀더 복잡하다고 할 수 있다. 서구의 민족 형성에서 문제가 없었던 식민 체제 또는 제국주의의 개입이 민족의 형성에 직접적으로 작용하고 있기 때문이다. 식민 지배 하에서 민족이 형성되는 과정은 우선 식민 체제의 극복의 과정이라고 할 수 있다. 식민 지배가 진행되는 지역의 원주민 집단이 보기에 식민 체제야말로 그들의 정체성을 억압하는 체제이기 때문이다. 그 억압 체제는 단순히 정치적이고 경제적인 차원만은 아니다. 식민 체제를 자연스럽게 받아들이고 그 체제를 영속시키는 식민 체제의 가치 체계가 더 문제된다고 할 수 있다. 따라서 식민 체제의 극복 과정은 물리적 의미에서 반식민 저항 운동을 말할 수도 있지만 문화적·역사적 차원에서 식민 이데올로기의 극복도 포함한다. 이는 식민 체제가 만들어놓은 피식민지에 대한 서구 식민 체제 중심의 역사를 거부하는 작업이기도 하다. 이러한 서구 식민 체제에 대한 저항 운동을 주도하는 집단의 가치를 형성하는 것이 민족주의의 가치라고 말할 수 있다. 한국의 경우는 그렇지 않지만 대부분 과거 식민 체제를 경험했던 지역에서 독립 후 정권을 장악한 집단은 이와 같은 민족주의 집단이었다. 그러나 그러한 민족주의자들은 그들이 처한 계급적 위치가 식민 시대에나 독립 후 탈식민 시대에도 지배적 계층이었다. 따라서 이들은 그들이 주도하는 민족의 형성 과정에서 그들 중심의 민족적 일체감을 형성하기 위하여 그들이 주도했던 방식의 민족 운동을 역사의 중심에 놓고 민족의 가치를 형성한다. 이때 배제되는 가치는 그 지배적 민족 범주에서 벗어나는 집단들이다. 따라서 민족 정체성을 논의한다는 것은 역사상 일정한 정도 외부의 위협에 대하여 그 민족의 가치를 지키기 위하여 활동했던 주도적 민족주의자들의 가치와도 구별할 필요가 있다. 말하자면 식민 역사를 갖고 있는 민족의 경우 민족에 대한 논의는 서구의 식민 체제와 더불어 그 민족 집단의 주도권에서 배제된 집단의 가치를 동시에 고려해야 한다고 할 수 있다.


## 2. 전통 문화의 민족 형성: 「서편제」



이청준의 같은 제목의 소설을 영화로 만든 임권택 감독의 「서편제」는 예술성과 홍행성 양면에서 성공작이었다. 하나의 개봉관으로 서울에서만 100만 명이 넘는 엄청난 관객을 동원한 기록은 서구의 영화에, 특히 미국의 할리우드식 오락 영화에 지배받는 현실에서 한국의 문화가 여전히 유효한 것임을 입증한 사건이었다고 할 수 있다. 이 영화는 이 영화가 나온 1993년 그 해의 대종상을 휩쓸다시피 했고 또 나중에는 베니스 영화제에 출품되기도 했다. 그러면 왜 그렇게 이 영화라는 문화물이 그렇게 전문가들의 호평을 받았고 또 그렇게 많은 한국의 관객들이 이 영화를 보려고 몰려들었고 또 그 영화에 감명받았을까? 이 영화의 충격과 감동은 이 영화가 한국적인 영화라고 받아들여졌기 때문으로 볼 수 있다. 문제는 이 영화의 무엇이 한국적이냐는 것이다.

서울에서 한약상 종업원으로 일하는 동호가 과거로 되돌아가면서 소리꾼 누이를 찾아가는 과정으로 이루어진 이 영화는 정체성이 불분명한 현재의 한국인이 그 자신의 정체성을 찾아가는 과정이라고 이해할 수 있다. 서울에서 한약 약재상을 한다는 것은 충분히 한국적이지도 않고 근대화로 상징되는 서구적인 것에도 속하지 않는 위치에 있으며 이때 그 자신의 불분명한 정체성을 동호는 과거로 회귀함으로써 찾는 것이다. 영화의 마지막에서 송화와 만나게 된 것과 송화와 동호의 어우러진 판소리 노랫가락은 그 자신의 정체성에 회귀한다는 것이기도 하다. 따라서 이 영화의 중심적 주제는 한국인의 정체성 추구로 볼 수 있다.

이 영화를 한국인 또는 한민족의 정체성 추구라는 관점에서 볼 때 우선 생각할 수 있는 것은 이 영화를 탈식민주의 이론에서 개진하는 이분법적 식민 이데올로기에 근거한 정체성으로 보는 시각이다. 이 영화는 한국적인 것을 서구적인 것과 구별함으로써 만들어내고 있다. 이 영화의 가장 충격적인 내용은 소리꾼 송화의 소리가 참 예술의 경지에 이르도록 하기 위해 아버지인 유봉이 의도적으로 송화를 장님으로 만들어 송화에게 한을 심어주는 것이다. 가슴에 한이 맺히고 그 한을 넘어서는 경지에 이르러야 참된 소리가 나온다고 생각한 것이다. 이 영화가 한이라는 정서를 그 중심에 설정하고 있는 것은 그 영화가 만들어내는 한의 정서가 관객들에게 공감을 불러일으켜 관객들로 하여금 같은 민족임을 의식하게 하는 목적을 갖고 있다. 즉 한이라는 정서가 중심이 되는 한민족 공동체가 이 영화로 인해 일깨워진다는 것이다. 그러나 한의 정서가 한국인을 대표하는 정서로 받아들여진다는 것은 한국인이 그러한 정서를 원래 갖고 있는 것이 아니라 서구화 과정에서 한국인의 정체성을 규정하기 위한 시도였다고 보아야 한다. 왜냐하면 한의 정서가 한국인을 대표한다는 담론은, 국문학이나 그와 비슷한 전문 분야에서 그 기원을 찾아낼 수 있겠지만, 근대화 이후에 나타난 담론 체계이기 때문이다. 일본에 의하여 시작된 서구 식민지화 과정이 있기 이전에 한의 정서에 대한 논의는 찾아보기 어렵다는 사실이 이를 말해준다. 한이 합리적 설명을 거부하는, 심정적이면서 수동적인 정서라는 것은 서구의 가치 체계가 합리적이고 공격적이라는 전제를 갖고 그러한 서구적 가치 체계와 다른 어떤 가치 체계를 만들 필요가 있을 때 나타난 담론 체계의 결과임을 드러낸다. 이 영화의 전체적인 내용이 근대화 또는 서구화와 대립되는 과거 회귀, 판소리 예술, 퇴락한 시골, 산·강·들의 자연 풍경으로 이루어져 있음은 서구적 가치와 대립되는 가치들이 한국적 가치를 이룬다는 진술이다. 이렇게 서구적 가치와 대립되는 가치가 한국적 가치라고 받아들일 때, 에드워드 사이드가 전통적인 서구의 동양론이 동양과 서양을 이분법적으로 차별화하여 서구의 식민 지배를 정당화하였다고 설명하는 바와 같이, 한국인의 정체성을 구현한다는 원래의 의도와는 정반대로 서양의 지배를 정당화하고 한국적인 정체성을 위협하는 결과를 가져올 수 있다. 말하자면 합리적 설명이 불가능한 한과 같은 정서적 영역 이외의 정치적·사회적·경제적 영역에 대한 서구적 가치의 지배를 인정하는 결과를 가져온다는 것이다. 이렇게 차별화된 한국인의 정체성은 한민족 집단이 스스로 규정한 한민족 정체성이 아니라 서구의 한민족에 대한 지배의 과정 중에 나타난 결과물이기 때문이다. 한민족 정체성을 회복한다는 취지의 「서편제」는 오히려 한민족의 정체성을 위협하는 방식으로 나타난다.

「서편제」를 서구의 지배를 정당화하는 이분법적 식민 이데올로기의 관점에서 보는 것은 나름대로 타당성이 있지만 한국인이 보는 한국인의 정체성을 충분히 설명해주지는 않는다. 100만 명이라는 관객이 이 영화를 보았다고 하고 이보다 더 많은 수가 비디오를 통하여 이 영화를 보았다고 할 때 그렇게 많은 수의 관객이 서구의 지배를 정당화하고 한국인의 정체성을 위축시키기 위해 이 영화를 본 것은 아니기 때문이다. 오히려 좀 다른 관점은 「서편제」가 정치·경제·사회·문화·교육 등 이 사회의 거의 모든 부분에서 서구화되고 서구의 지배를 받고 있는 상황에서, 따라서 한국적인 것이라고 말할 수 있는 어떤 것이 거의 존재하지 않게 되어 있는 상황에서, 한국적인 것이 존재하고 있고 그 한국적인 것에 의하여 집단 공동체가 형성될 수 있다는 것을 보여주었던 영화라고 할 수도 있다. 100만 명 이상이라는 인파가 하나의 영화에 의해 공동의 경험을 하고 공통된 의식을 가질 수 있게 되었다는 것은 각기 분리된 집단이 민족이라는 이름으로 하나의 공동체가 되어가는 상황과 비교할 수 있는 것이다. 이 영화는 민족 형성의 특성인 현대적이면서도 민족적인 요인을 재현하고 있다. 베네딕트 앤더슨이 신문 매체를 통하여 국가 주도의 민족과는 다른 대중적 민족 공동체가 형성된다는 주장을 할 때 신문은 근대적 자본주의의 산물이면서 동시에 문화물이었다. 「서편제」의 내용을 전달하는 매체인 영화는 서구에서 유입된 매체라는 점에서 민족 형성의 기본 틀인 근대성을 보여주면서 동시에 이 영화의 내용이 한국적인 것을 전달하고 있기 때문에 서구와는 다른 한민족의 존재를 확인시키고 있다. 즉 「서편제」라는 영화물은 민족 형성의 양대 요인인 근대성과 민족성을 동시에 갖고 있는 문화물이라고 할 수 있다. 서편제의 관객들이 민족으로 재구성되고 있다는 것은 서구적 근대화의 산물인 영화를 보면서 서구화될 수 없는 어떤 영역이 한민족에게는 존재하고 있으며 그것은 문화적인 또는 정신적인 영역에 있다는 의식을 관객들이 공유할 수 있게 해준다는 점이다. 이 의식이 민족 의식이며 서구적 근대화의 흐름을 받아들이면서도 동시에 서구화가 민족 정체성을 무화시키는 방식으로 일방적인 작용을 못 하게 하는 요인이 된다. 표면적으로 보아 수동적이며 정적인 이 영화는 한민족의 존재를 확인시켜준다는 의미에서 적극적으로 민족 공동체를 형성하고 있다고 볼 수 있다.

「서편제」를 통하여 형성되는 민족 정체성은 민족이 형성되기 이전의 그 집단이 가지고 있던 전통 문화가 근대 이후에 형성되는 민족을 재구성할 수 있음을 보여주는 예이다. 그러나 이 두번째의 관점 역시 문제가 있다. 판소리와 같은 전통 문화나 예술은 그 예술 자체의 계급적 한계에 의하여 하층민이나 소수 집단의 정체성을 오히려 억압하는 결과를 가져오기 때문이다. 판소리가 민중 예술이라는 견해가 지배적이지만[6] 판소리를 향유할 수 있는 계층은 사실상 지배 계층이지 일반 평민 계층은 아니다. 판소리의 소비 구조에서 평민 계층은 주변부를 형성하고 있었다. 이 영화에서 역시 소리꾼인 송화나 유봉을 불러서 소리를 시킬 수 있는 계층은 과거의 향반에 해당되는 시골 유지이거나 양반의 문화 소비 행태를 흉내내려는 평민이다. 김대중이라는 당시의 잠재적 권력자가 이 영화를 보았다는 사실이 기사화되고 또 이런 기사가 일반인들로 하여금 이 영화를 보도록 부추겼다. 이 사실은 권력 집단이 피지배 계층을 권력자의 문화권으로, 나아가서 그들의 지배 영역 안으로 끌어들이는 행위가 되기도 한다. 지배 계층의 문화였던 판소리와 같은 전통 문화를 민족의 문화라고 피지배 집단에게 주입하는 작용은 그 문화를 평민 집단이 공유해왔다는 착각을 만들어내며 또한 그 문화를 공유해야 민족 공동체의 구성원이 된다는 의식을 피지배 집단에게 주입함으로써 민족 단위를 지배 계층 의식 중심의 단일 공동체로 만드는 작용을 한다. 이때 나타나는 결과는 피지배 계층의 집단 의식은 다시 억압되고 소멸된다는 것이다.

　민족의 형성에서 과거의 복원은 이중적인 의미를 갖는다. 첫째는 제국주의와 같은 외부의 위협에 대해 그 해당 민족의 정체성을 확인하고 존재 의의를 주장하는 것이다. 「서편제」는 판소리 전통이라는 잊혀져가는 전통 문화를 부활시킴으로써 정치적 · 경



---

**6** 판소리의 이중 구조, 즉 상층 구조로는 지배 계층의 이데올로기를 옹호하지만 하층 구조로는 민중 계층의 가치를 드러낸다는 견해 자체가 지배 계층의 이데올로기가 판소리의 구성에서 지배적임을 보여준다.

제적·사회적으로 서구화됨으로써 위축되어 있는 한민족의 정체성을 문화를 통하여 복원하는 역할을 한다. 둘째는 그렇게 복원되는 전통 문화가 대부분의 경우 지배 계층이 중심이 되는 문화이고 또 그들의 가치를 옹호하기 때문에 그 해당 민족 집단에서 주변부에 위치하는 집단의 정체성을 오히려 억압하고 주류 지배 집단의 정체성에 함몰시키는 작용을 한다. 「서편제」에 제시되는 판소리 문화는 그 주인공들이 주변부 집단의 인물들임에도 불구하고 주류 집단이 소비했거나 소비할 수 있는 문화와 그들의 가치를 옹호함으로써 주인공들과 같은 주변부 집단을 주류 집단의 문화 소비에 도구적 역할을 하게 만드는 결과를 가져온다.

## 3. 새로운 정체성을 위한 빈 공간: 「헐리우드 키드의 생애」

「서편제」가 서구의 정치·경제·사회·이데올로기 등이 지배하는 상황에서 문화물을 통한 민족 정체성의 존재를 주장하는 영화로 이해할 수 있다면, 「헐리우드 키드의 생애」는 문화에서조차 서구의 가치 체계가 일방적으로 작용하는 상황에서 민족 정체성이 어떻게 형성되는가를 질문하는 영화이다. 집에 불이 났을 때 영화 프로그램들을 모아놓은 것을 구하기 위해 자신의 자식이 죽는 것도 모를 만큼 할리우드 영화에 미쳐 살았던 임병석이라는 주인공이 등장한다. 그는 「가면고」라는 시나리오를 쓰고 그 시나리오를 바탕으로 만든 영화가 청룡 영화상을 휩쓰는 대성공을 거두지만, 실상은 그 영화가 할리우드 영화의 부분들을 모자이크해 놓은 완벽한 콜라주에 지나지 않는다는 것이 이 영화의 주내용이다. 같은 제목의 안정효의 원작 소설과 이 영화의 차이는, 소설이 현실과 영화를 구별하지 못하는 삶과 개인의 창조 행위의 표절성, 또 결국 모방이 아닌 삶이나 창작이 있을 수 있냐는 식으로 그 표절을 정당화하여 작가의 창조성에 대한 질문으로 그 주제가 이루어져 있다면 ─ "무엇이 모작이고 무엇이 참된 창작인가"[7] ─ 영화는 본격적으로 할리우드로 대표되는 서구 문화와 한국 문화의 부재 문제를 제기함으로써 노골적으로 원작 소설을 정치화하고 있다는 점이다.

이 영화는 도입부터 문화적 정체성의 문제를 제기하고 있다. 이 영화는 미국 영화의 직배 제도를 반대하는 영화인들의 시위 장면부터 시작하며 할리우드 영화의 포스터들이 시위하는 장면에 겹쳐진다. 그러한 시위를 보도하는 텔레비전 뉴스의 아나운서는 영화인들이 문화 식민주의에 반대한다고 전한다. 직배 제도가 문화 식민주의를 가져올 것이란 우려를 이 영화의 도입부는 말하고 있지만 사실 영화의 내용은 직배 제도 도입 이전에 이미 한국의 문화가 식민지적 상황에 놓여 있음을 말하고 있다. 주인공 임병석의 삶이 할리우드에 의해 지배받고 있을 뿐만 아니라 그가 쓴 시나리오가 대성공을 거두는 영화가 된다는 사실은 한민족의 문화적 정서가 이미 서구화되었음을 말하는 것이기 때문이다. 그러나 이 영화 자체는 문화 식민주의의 산물은 아니다. 오히려 이 영화는 그러한 문화 식민주의적 현실에 대한 본격적인 도전 행위이다. 한국에서 생산하는 모든 문화적 행위가 서구 문화의 식민지적 재생산임을 자연스럽게 받아들이는 것이 아니라 그러한 서구의 재생산이 문제적임을 드러내는 행위가 이 영화의 내용이 되고 있기 때문이다.

이 영화에서 「가면고」가 문화적 식민지라는 현실에서 한국 민족이 만들 수 있는 문화적 생산물의 모습이고 그것이 한민족의



---

**7** 안정효, 『헐리우드 키드의 생애』(민족과문학사, 1992), p. 320.

문화적 정체성을 말해주는 것이라고 본다면, 이때 할리우드 영화
는 이미 한국의 문화적 정체성의 중요 부분을 이루고 있다고 볼
수 있다. 할리우드 영화는 한국 문화의 외부에 존재하면서 독립
적인 한국 문화라고 가정할 수 있는 어떤 것을 생산하는 것을 방
해하고 있기 때문에 한국 문화에 대하여 적대적으로 작용하는 외
부적 요인이다. 그렇지만 이 외부적 요인은 한국 문화의 생산 과
정에 이미 개입되어 있기 때문에 내부적 요인이 되기도 한다. 이
영화에서 서구 문화를 대표하는 할리우드 영화는 한국 문화의 생
산을 불가능하게 만드는 내재화된 외부적 요인이면서 동시에 그
할리우드식 문화물을 제외하고는 어떤 한국적인 문화도 만들지
못하는 상황을 말하는 것이기 때문에 그 자체가 한국 문화라고
말할 수도 있다. 원작 소설에서 영화 감독 윤명길이 임병석의 시
나리오와 그 자신이 감독한 영화 「무책임한 두 주일」(이 장면은
영화에 없으며, 소설에서는 임병석이 쓴 시나리오가 「가면고」가 아
니라 「무책임한 두 주일」로 나온다)에 대해 "서로 훔치고 빌려다
씀으로써 인류는 문화를 발전시키고 역사를 이룩해나가는지도
모른다"(p. 322)라며 할리우드의 표절을 정당화한다. 이는 한국
문화 내의 할리우드의 존재가 한국 문화 자체의 정체성이라고 규
정하고 있을 때 외부적 요인이 필연적으로 내부의 정체성 자체가
된다는 태도를 의미한다. 따라서 한민족 문화의 정체성은 문화
식민지적 상황에서 그 자체의 민족적 문화의 생산이 불가능하다
는 면과 또한 외부적 요인이 민족적 문화의 정체성을 이룰 수밖
에 없다는 면으로 구성되는 모순성으로 규정할 수 있다.

　독립적 문화 생산이 불가능하다는 것과 내재화된 문화 식민성
이 문화 생산 요인이 된다는 타협할 수 없는 모순성은 한민족의
문화 생산과 문화적 정체성이 그 어느 쪽이라고 규정할 수 없는
불확정성의 상태임을 의미한다. 이러한 불확정성은 일면 부정적

인 현상으로 보일 수 있으나 반드시 그렇지는 않다. 왜냐하면 불확정성은 기존의 문화물과 문화 생산 방식에 문제를 제기할 가능성을 열어주는 작용을 하기 때문이다. 「서편제」에서 보이는 상식적인 의미의 전통 문화가 앞에서 주장했다시피 한민족이 받아들일 수 있는 민족 문화가 아니라면, 이러한 불확정성은 「서편제」와 같은 전통 문화에 근거한 문화 생산물과 「헐리우드 키드의 생애」에 나오는 「가면고」와 같은 서구화된 문화물 양쪽에 대하여——민족 문화의 정체성이라는 관점에서 볼 때 그 둘 다에 대하여——그들이 주장하는 정당성을 잃게 만들 수 있기 때문이다. 한민족의 문화적 정체성은 지배 계층을 옹호하는 전통 문화가 될 수도 없고 식민주의를 옹호하는 서구화된 문화물도 될 수 없기 때문이다. 따라서 문화적 정체성의 불확정성은 이제는 채워넣어야 할 문화의 빈 공간을 제공하고 있다고 볼 수 있다. 민족 문화란 서구화된 문화도 아니고 전통 문화도 아닌 어떤 제3의 문화물을 말하는 것이 되며 이때 이러한 불확정성으로 얻게 되는 결과는 그 제3의 문화에 대한 모색을 가능하게 한다.

불확정성을 갖는 문화적 빈 공간은 두 가지 작용을 한다고 볼 수 있다. 첫째는 민족 문화라고 일반적으로 받아들여지는 기존의 지배적 문화에 대하여 그 위치가 없다는 것을 보임으로써 지배 집단이 형성하는 민족 정체성을 교란시킨다. 여기에서 지배 문화란 소위 전통 문화라는 것을 복원함으로써 지배 계층 중심의 문화적 가치 체계를 형성하는 것뿐만 아니라, 근대화 이후에 형성된 문화 식민성에 근거한 지배 집단의 문화 또한 포함한다. 전통 문화와 식민 문화는 외형적으로는 서로 반대되는, 어느 하나를 배제한다면 다른 하나를 수용할 수밖에 없는 선택 가능한 두 개 중 하나라고 보이나 사실은 그 둘 다가 기존 지배 집단의 가치 체계를 옹호하는 문화라는 면에서 동질성을 갖는다. 조선 시대의 봉건 계층이 근대화 이후에 자본가 계층으로 자연스럽게 변화하듯이 이 둘은 서로 배타적인 것이 아니기 때문이다. 따라서 빈 공간으로서의 민족 정체성의 문화적 공간은 지배 계층 중심 문화와의 단절을 가져온다. 둘째는 문화적 빈 공간이 채워넣어야 할 새로운 문화 공간의 필요성을 말하는 것이기 때문에 그 채워넣을 대상에 대한 모색을 가능하게 한다. 채워넣을 대상으로서의 민족 정체성을 갖는 문화란 민족의 기본적 개념인 집단성을 갖는 문화가 된다. 집단성으로서의 민족 정체성이란 기존의 지배 계층이 주입하던 동질적이며 위계 질서가 확립된 집단을 말하는 것이 아니기 때문에 여기에서 주도적 작용을 하는 집단성은 지배 집단에서 배제된 집단을 말하게 된다. 「헐리우드 키드의 생애」에서 임병석이 술집 여자와 동거할 때 이마에 붙인 가짜 반창고는 애꾸눈이 된 작부와 집단적 공동체를 모색하는 과정으로 볼 수 있다. 어떤 손님이 재떨이로 뒤통수를 치는 바람에 눈이 빠져버려 안대로 애꾸눈을 가리는 그 여자에게 비슷한 방식으로, 상처가 없는데도 이마에 반창고를 붙이고 다니는 임병석의 행위는 하층민인 임병석과 술집 여자의 공동체 의식을 형성하는 과정이 된다. 임병석의 반창고는 실제적 역할이 없기 때문에 허구인 문화적 생산물과 같은 역할을 한다. 허구로서의 문화적 생산물의 실제적 효과는 그 허구를 통하여 현실을 다시 만들어내는 역할을 한다는 의미에서 문화물의 집단적 가치를 말하는 것이기도 하다. 실제적 작용을 하는 그 반창고의 허구적 효과는 그 술집 여자와 연대감을 갖는 공동체가 된다는 것이다. 「헐리우드 키드의 생애」를 통해 생각할 수 있는 민족 정체성을 갖는 새로운 문화의 생산 방식은 「꽃잎」에서 구체화된다고 할 수 있다.

## 4. 주변부 집단의 민족 공동체: 「꽃잎」

최근에 광주의 망월동 묘지를 가본 사람이라면 그 묘지의 호화
스러움과 웅대함에 실망하고 말 것이다. 망월동 묘지는 더 이상
1980년 5월의 절망과 분노와 해방의 꿈이 아니다. 이제 망월동
묘지는 국민의 정부라는 김대중 정권을 만들어낸, 그리고 그 정
권이 만들어낸 권력의 중심부가 되었다. 국립 묘지에 매년 국가
행사 때마다 국가 권력의 정당성을 주장하고 확보하기 위해 참배
하는 행위와 마찬가지로 망월동 묘지도 국가 권력을 장악하기 위
해서는 참배가 필요한 성지가 되었다. 그 묘지에 살아나는 것은
민주와 민족이란 이름의 권력 체제이며 묻혀진 것은 그러한 권력
집단에서 배제된 주변부적 인물들이다. 영화 「꽃잎」은 한국 현대
사의 민족 담론의 희생물이면서 그 담론에서 배제되어 침묵이 강
요된 주변부의 삶을 다루고 있다.

이 영화의 원작인 최윤의 소설 「저기 소리없이 한점 꽃잎이 지
고」와 이 영화의 두드러진 차이점은, 소설이 5·18 항쟁을 배경으
로 하고 있으면서도 미친 소녀의 내면 의식을 중심으로 다룸으로
써 광주 항쟁의 정치성을 탈정치화하고 있다면, 이 영화는 처음
부터 그 항쟁과 그 역사성을 전면에 내세움으로써 다시 원작 소
설을 정치화하고 있다. 최윤의 소설에서 정치성을 찾아낸다면 해
석의 과정을 거쳐 다시 그 항쟁과 그 결과의 정치성을 복원할 때
에 가능할 것이다. 발터 벤야민이 작가의 창조적 독창성이 사라
진 기계 복제 시대의 대표적 예술로서 영화를 말하면서 영화의
특성이 집단적 정치성이라고 주장할 때[8] 이러한 특성이 소설 「저
기 소리없이 한점 꽃잎이 지고」와는 다르게 영화 「꽃잎」에 나타

---

**8** Walter Benjamin, "The Work of Art in the Age of Mechanical Reproduction,"
*Illuminations*(New York : Schocken, 1969), p. 241.

나는 것이다. 이 영화에 나타나는 민족에 대한 거대 담론은 기계화된 방식에 의하여 재현된다. 조국과 민족의 번영이라는 국가 권력의 공식 담론은 텔레비전을 통하여 제시된다. 영화의 중간중간에 나타나는 헌법 공포식이나 전두환 대통령 취임식 등은 텔레비전이라는 국가 체제가 장악한 이데올로기적 국가 기구에 의하여 전달되며, 그 국가 체제에 저항하는 항쟁과 그 항쟁의 결과인 무수한 죽음의 모습은 기록 영화와 같은 흑백의 사실적 영상을 통하여 제시된다. 이 영화의 주인공들인 주변부 인물 집단은 국가 체제의 공식 담론과 저항 운동의 역사적 기록 사이에 존재한다. 공사장 잡역부 장의 동료들의 대화인 "수천 명이 죽었대야, 애 밴 여자의 배를 찌르고 처녀의 젖가슴을 도려내었다는 거여"라는 저항 담론과 "다 빨갱이들이여, 전국의 고정 간첩들이 전부 광주에 몰려들었다는 거여"라는 국가 체제의 공식 담론 사이에 장은 침묵한다. 그렇게 침묵하는 장과 미쳤기 때문에 자신을 대변하지 못하는 소녀가 당시의 국가 권력의 담론과 이제는 국가 권력이 된 당시의 저항 담론 사이에 존재한다.

이 영화에는 국가 체제의 민족 담론이 지속적으로 작용한다. 이 영화에 나오는 텔레비전은 조국과 민족의 번영을 기약한다는 제5공화국 헌법 공포식을 보여준다. 또한 조국과 민족을 위하여 몸과 마음을 바치라는, 민족과 동일화된 국가에 대한 충성심의 강요가 국기 하강식과 같은 의식을 통하여 일상화되어 있다. 국가 체제는 그 체제의 지배를 받는 집단에게 끊임없이 국가 체제가 그 피지배 집단을 위하여 존재하는 것이며, 또 민족의 구성원이 그 국가 체제를 따라 민족적 단일체가 되는 것이 필연임을 강조하는 것이다. 이러한 국가 체제의 공식 담론에 대조시켜 이 영화가 드러내는 것은 국가 체제의 폭력성이다. 이 영화에서 인상적인 장면 중의 하나는 항쟁의 진압 장면이다. 시위 군중에 대한

진압군의 총격의 시작은 애국가의 시작과 동시에 진행된다. 이어
서 사람들이 쓰러지고 이 영화의 주인공인 소녀의 어머니 역시
쓰러져 피를 토하며 죽는다. 이 영화에서 계속 보이는 시체 더미
는 그러한 애국가와 동시에 진행된 국가 폭력의 결과물이다. 조
국과 민족의 방패라는 군대가 그 보호 대상인 민족 집단에게 살
육을 가하는 것이 곧 애국가의 내용인 '우리나라 만세'가 되는 것
이다. 소녀의 어머니가 시위대에 참가하는 행위 역시 국가 폭력
의 결과물이다. 항쟁을 진압하는 모습 이전에 민족을 이루는 개
인 개인에게 가하는 국가 폭력을 보여줌으로써, 군대에 강제 징
집되어 간 소녀의 오빠의 사망 통지는 국가 체제의 유지를 목적
으로 하는 군대가 이중으로 민족 집단에게 폭력을 가하는 사실을
보여준다.

　여기에서 우리는 구분되지 않고 사용되는 '국가'와 '민족'이 모
순으로 이루어져 있음을 볼 수 있다. 국가 체제는 그 체제를 공고
히 하기 위하여 그 체제의 지배 아래에 있는 지역적·문화적 개
별 집단들을 동원하여 민족이라는 하나의 체제로 변화시켜 그 통
제의 대상이 되게 한다. 근대 국가 체제는 그 국가 체제 내의 다
양한 개별 집단을 단일한 민족 집단으로 전환시키는 과정에서 민
주주의라는 명분을 동원한다. 그런데 「꽃잎」에서는 이러한 명분
이 모순으로 나타난다. 국가 체제에 저항하는 광주 항쟁은 우선
국가 체제가 명분으로 삼는 민주주의를 주장하기 위하여 국가 체
제에 도전하는 것이기 때문이다. 따라서 「꽃잎」에서 국가 체제가
민주화 항쟁을 진압하는 과정은 그 국가 체제의 기본이 되는 민
주주의에 대한 그 스스로의 거부 행위가 되기도 한다. 민주주의
를 주장하는 민족의 구성원에 대해 살육을 자행하는 행위는 국가
체제와 민족 집단이 상호 배타적인 관계임을 보여준다는 것이다.
　국가 체제가 민족 집단을 폭력에 의하여 통제하고 억압하고 있

다면, 그리고 이 영화에서는 그 폭력이 이데올로기적일 뿐만 아니라 구체적인 물리적 폭력까지 의미한다면 이 영화에서 항쟁의 주역은 그 폭력의 희생자가 된다. 여기에서 국가와 민족의 모순 관계에서 민족적 정체성을 주장할 수 있는 집단은 국가 체제가 아니라 그 국가 체제에 저항하는 집단이 되는 것이다. 민족의 정체성을 주장하는 것이 태고의 과거에서부터 시작하여 영원한 미래에까지 영속된다는 허구적 이야기를 쓰는 행위라고 받아들인다면[9] 「꽃잎」의 서사 행위는 항쟁을 대표하는 집단이 민족사를 새로 쓰는 행위가 되기도 한다. 이 영화가 제작된 시점이 1994년이라는 것을 염두에 두면 이 영화에서 보이는 항쟁의 참가자들이 단지 피동적인 희생자만은 아님을 알 수 있다. 광주 항쟁을 진압했던 당시의 국가 체제가 정통성을 상실하고 이와 반대로 광주 항쟁을 대표하는 집단이 오히려 정통성을 장악하고 있는 시점에서 만들어지고 보여지는 이 영화의 서사는 새로운 지배 집단의 민족 형성의 서사이기도 하다. 즉 이 영화에서 보여주는 새로 형성된 민족은 과거의 국가 체제가 폭력적 집단이었음을 보여줌과 동시에 새로 이루어진 지배 집단은 그러한 폭력을 극복한 체제이며 따라서 전민족 공동체가 받아들일 수 있는 가치를 갖고 있다고 주장하는 것이다. 이러한 새로운 민족 형성의 서사는 이 영화 자체보다는 사실 이 영화를 가능하게 한 영화 밖의 역사적 전개에 더 근거하고 있다. 이제 광주 항쟁을 근거로 새로운 국가 체제가 형성되었고 이제 과거의 희생자가 민족 공동체의 지배 집단이 되었기 때문이다.

그러나 이 영화에서 민족 정체성에 대해 본격적인 질문을 제기하는 집단은 과거의 국가 체제도 아니고 항쟁을 그 정통성으로

---

9 Renan, *ibid.*, p. 11.

삼는 새로운 지배 집단도 아니다. 이 두 집단 양쪽으로부터 배제된 주변부 집단이 존재하기 때문이다. 이 영화에서 주인공은 이름이 없다. 그냥 '소녀'이다. 그 소녀와 관계를 형성하는 또 다른 주인공 역시 이름이 없이 그냥 '장'이다. 이들 이름 없는 주인공들은 자신들의 이야기를 할 수 없다. 이 영화의 내용을 이루고 있는 미친 소녀의 내부 독백은 이 영화 속의 다른 사람에게는 전달되지 않는다. 내부 독백이기 때문에, 그리고 그 소녀가 미쳐 있기 때문에 소녀의 세계는 사회의 중심에서 배제되어 있다. 장 역시 몹시 어눌하며 그의 대사는 욕지거리이거나 한두 마디의 말이다. 말이 없는 그는 동료들과의 대화에 끼어들지도 못한다. 이렇게 말을 할 수 없는, 따라서 침묵할 수밖에 없는 소녀와 장의 세계는 그 자신들의 목소리를 민족을 대표한다는 국가 체제나 민주화 운동 세력에 대해 침묵함으로써 그들 집단이 강요하는 가치 체계를 거부하는 것이다. 말이 없는 미친 소녀가 길거리에 주저앉아 있을 때 국기에 대한 맹세가 나온다. 이 소녀가 그러한 국가 체제가 강요하는 질서에 대해 관심을 보이지 않을 때 그 국가 체제는 그들이 목적하는 바를 이룰 수가 없다. 이 소녀 역시 국가 체제로서 그들이 주장하는 민족 집단에 포함될 수밖에 없으며, 그러한 불편한 존재로서의 소녀와 장은 실제적으로 민족 집단에 포함되면서도 가치 체계는 공유하지 않는, 국가 주도의 민족 질서에 의도하지 않게 교란자나 방해자가 되는 것이다. 또한 민주화 운동을 옹호하는 그 소녀의 오빠 친구들이 그 소녀의 행방을 찾지 못하는 내용은 민주화 운동으로 대표되는 새로운 질서에도 그 소녀가 편입되지 않는 모습을 보여준다. 그들은 데모에 참가했다는 이유로 강제 징집을 당해 결국 죽음을 맞은 오빠의 동료들이며 이에 대해 분개하는 그들의 가치 체계는 민주화 운동 집단과 동질적 가치를 갖고 있는 것이다. 따라서 소녀가 국가 체제에도 민주화 운동 집단에도 포섭되지 않는 모습은 국가나 민주화 운동이라는 거대 담론이 통제할 수 없는 영역의 존재를 말해주며 이들 중심부에서 배제된 집단의 존재는 민족 공동체가 동질성으로 구성된 하나의 서사 구조가 될 수 없음을 보여준다.

국가 체제의 민족 담론과 민주화 운동으로 대표되는 새로운 지배 체제의 담론 둘 다로부터 배제된 소녀와 장의 세계는 주변부 집단의 연대로써 새로운 공동체를 만들어낸다. 이 주변부 집단을 민족적 관점에서 논의할 수 있는 이유는 이 영화가 지배 집단이 형성하고 옹호하는 민족 공동체에 대비되어 주변부 집단의 공동체를 제시하기 때문이다. 이러한 주변부 집단의 공동체로 소녀와 장이 형성하는 공동체를 우선 들 수 있다. 소녀가 장을 따르는 것은 장이 오빠와 닮았기 때문이지만 그 둘은 혈연적으로는 아무런 관계가 없다. 따라서 소녀와 장이 농가의 창고에서 살면서 만들어내는 일종의 공동체는 상상적으로 만들어진 새로운 공동체이다. 베네딕트 앤더슨이 민족 공동체를 상상의 공동체라고 설명할 때 그 상상의 공동체는 동질적 삶을 살아간다고 상상하는 사람들의 공동체였다.[10] 이렇게 새로 만들어진 공동체는 소녀와 소녀의 이야기를 그 소녀의 오빠 친구들에게 전달하는 김씨의 경우에도 적용된다. 김씨는 나이 어린 소녀와 사랑했었고 그 소녀가 죽고 난 뒤 이 미친 소녀를 보았을 때 자신이 사랑했던 소녀가 살아 돌아왔다고 상상하며 다른 남자들의 폭행으로부터 그 소녀를 구원하고 치료한다. 김씨와 미친 소녀의 관계 역시 장과 소녀의 관계와 비슷한 관계를 형성한다. 김씨와 소녀의 관계와 장과 소녀의 관계에서 차이점은 장과 소녀의 관계가 소녀의 상상에 의하여 공동체가 형성되는 반면, 김씨와 소녀의 관계는 김씨의 상상에 의

---

**10** Benedict Anderson, *Imagined Communities: Reflections on the Origin and Spread of Nationalism*(London: Verso, 1983), p. 31.

하여 새로운 공동체가 형성된다는 점이다. 장이 공사장의 잡역부
로서 이 사회의 주변부 집단에 속한 인물이라면 김씨 역시 어린
소녀와의 사랑이 그가 속한 사회에서 배척된다는 의미에서 이 사
회의 중심 질서에서 배제된 인물이다. 이러한 주변부에 속한 인
물로 또한 식당 아주머니를 들 수 있다. 이 여자 역시 그 식당의
손님들이 하층민을 형성하고 있고 또 그 자신이 하층민인데 소녀
가 그에게 맡겨졌을 때 그 소녀를 자식같이 대한다. 이 아주머니
와 소녀의 관계도 장과 소녀, 김씨와 소녀의 관계와 비슷하다. 중
심에서 배제된 인물들이 형성하는 이러한 관계에서 빼놓을 수 없
는 것은 소녀와 죽은 사람들 간의 관계이다. 항쟁 중에 죽은 시체
들과 같이 실려다니고 시체들과 같이 매장되던 순간에 빠져나온
소녀의 기억은 그로 하여금 묘지를 찾아다니게 만든다. 끊임없이
거울이나 유리창을 통하여 나타나는 유령의 모습은 그 자신의 모
습이기도 하지만 소녀가 죽음과 항상 함께 있음을 보여주기도 한
다. 소녀와 더불어 존재하는 죽은 사람들은 민주화란 이름으로
새로운 집권 세력이 된 지배 계급이 신성화시킨 항쟁의 희생자들
의 모습과는 달리 주변부 인물인 미친 소녀와 같은 공동체에 속
한다. 소녀와 더불어 형성되는 이러한 관계들은 전후 관계 없이
연속적으로 제시된다는 의미에서 지배 집단이 만들어내는 필연
적 영속성의 민족 공동체와는 다른 방식의 공동체 생산 방식을
말하고 있다. 갑이 이러이러한 일을 하는 동안에 을은 저러저러
한 일을 한다는 식으로 "동질성의 의미 없는 시간homogeneous
empty time"[11]에 동시에 존재하는 사람들의 집단이 민족 공동체
가 된다는 앤더슨의 민족 공동체의 형성 과정 이론을 염두에 둔
다면, 소녀가 그 자신이 주변부 인물이면서 다른 주변부 인물들



---

11 *ibid.*, p. 31.

과 맺고 있는 여러 관계들은 공시적으로 존재하는 주변부 집단들이 형성하는 공동체의 모습을 보여준다. 이 공동체는 필연적 관계 없이 병치되어 존재함으로써 주변부 집단에 의하여 형성되는 민족 공동체를 이루고 있다. 이러한 새로운 공동체는 지배 집단이 주장하는 민족 공동체와 구별되어 하층민 또는 주변부적 가치들에 의하여 만들어지는 공동체이며 이 공동체가 「꽃잎」에서 만들어지는 주변부 집단의 민족 공동체이다.

## 5. 맺음말

위에서 필자는 서구화가 한민족 공동체의 형성에 어떻게 작용했는지를 논의한 다음, 영화 「서편제」와 「헐리우드 키드의 생애」 「꽃잎」을 통하여 전통 문화와 서구 문화가 민족 정체성의 형성에 어떤 작용을 하는지와 주변부 집단이 지배 집단이 강요하는 민족 공동체에 어떻게 거리를 두며 민족 공동체를 형성하는지를 살펴보았다. 지금까지 한국의 담론 체계에서 민족 문제는 민족주의 문제와 동일시되어왔다. 따라서 현재 민족 문제에 대한 논의는 이중적 부담을 갖고 있다. 하나는 국가 체제가 주도하는 민족주의이다. 국가 체제는 민족을 국가와 동일시함으로써 민족적 공동체 의식을 국가 체제에 대한 충성으로 유도하려 한다. 이 글에서 개진한 민족 정체성은 오히려 국가 체제에 대한 저항을 통해서 이루어질 수 있는 것이다. 다른 하나는 세계화란 이름으로 진행되는 민족 정체성에 대한 무관심이다. 민족을 논의한다는 것은 곧 국수주의적인 경향으로 이해되며 이는 현시대의 흐름을 거부하는 퇴행적인 논의로 치부된다는 것이다. 그러나 세계화가 가속화될수록 단일 역사, 단일 문화를 공유하는 집단으로 이해되는 전통적인 의미의 민족 공동체에 대한 재해석이 필요하다. 이 글에서 논의하지 않았지만 예를 들어, 한국 사회 내에 주변부 집단으로 존재하는 외국인 노동자들에 의하여 변형되는 민족 정체성의 문제는 세계화란 이름으로 진행되는 결과물 중 하나이기에 민족에 대한 논의는 세계화가 진행될수록 더 시급한 문제이다. 더구나 본격적인 논의가 필요한 통일 문제와 그 통일이 가져올 민족 공동체 내부의 이질 문화의 혼재는 민족 정체성에 대한 논의를 더욱 시급하게 만들고 있다.

제3부
# 영문학과 식민 이데올로기

# 제9장 디포의 『로빈슨 크루소』에 나타난 식민주의



## 1. 식민 체제 옹호로서의 영문학 교육

영문학 교육의 목적은 일반적으로 받아들여지는 '영미 문학의 이해, 그리고 문학의 이해를 통하여 영미 또는 서양의 고전 문학에 담겨 있는 보편적 인간성과 문화의 이해'를 위한 것은 아니다. 겉으로 표방하고 있는 그러한 목적과는 달리 영미 문학 교육은 오히려 영미 문학의 우수성 또는 영국과 미국 문화의 우수성과 우월성을 인정하는 데 이바지하고 있다. 전통적 관점으로 문학을 본다면 오히려 중국 문학이나 프랑스 문학 등이 더 찬란한 고급 문학을 생산해왔다고 할 수 있다. 그러나 한국에서 영문학이 어문학 교육 중에서 지배적이 된 것은 미국이 한국에서 행하는 역할, 그리고 전세계적 관점에서 영국과 미국이 행해왔던 정치적·경제적 주도권과 관련이 있다.

영문학이 대학에서 하나의 학문 분야로 자리잡게 된 것은 1870년대 이후다. 중세 말기부터 대학이 생겨났던 서구의 역사를 염두에 둔다면 극히 일천한 역사라 아니할 수 없다. 그러나 영문학이 대학의 학문 분야로 자리잡게 된 것은 전통적인 여타의 학문 ─ 철학·신학·논리학·수사학 등 ─과는 다른 과정을 거쳐서다. 전통적인 학문이 어느 정도는 상대적인 의미에서 순수한 지적 활동이었다면 영문학은 애초부터 정치적·이데올로기적 동기에서 출발했기 때문이다. 19세기 중엽 이후의 영국은 전통적으로 사회 구성원의 교화와 통제를 이데올로기적 면에서 수행하고 있던 종교가 위기를 맞은 상황이었다. 옥스퍼드 대학교에서 영문학 분야를 개척하기 시작했던 조지 고든George Gordon 교수는 "영국은 병들어 있다. 이제 영문학이 영국을 구원해야 한다. 즐거움과 가르침을 준다는 전통적인 역할도 수행해야 하지만 이제 영문학은 우리의 영혼을 구하고 국가를 치유해야 한다"[1]고 영문학의 국가 사회적 필요성을 이야기했다. 테리 이글턴은 이러한 사실을 밝혀내면서 영문학이 결국 노동자 계급을 억누르고 부르주아 이데올로기를 하층민에게 주입시키기 위하여 시작됐다고 주장한다.[2]

물론 영국에서의 영문학이 종교가 전통적인 기능을 수행하지 못하고 있을 때 종교를 대체하는 역할을 떠맡아야 한다는 전제로서 출발했다는 것은 설득력이 있다. 부르주아 이데올로기의 대변자였던 매튜 아놀드Matthew Arnold의 유명한 선언인, 시가 종교가 되어야 한다는 진술은 이러한 맥락에서다. 그러나 영문학이 대학의 교육 과정에 포함된 것은 우선 영국 사회 내의 노동자 계급의 소요를 진정시키기 위해서가 아니라 영국이 지배하고 있던 식민지 인도에서 식민지 백성을 교화하기 위해서였다. 영문학이 영국에서 시작된 1870년대보다 40여 년이 앞선 1830년경에 이미 인도에서는 영문학 교육이 자리잡고 있었다. 인도는 영국이 확보한 가장 중요한 식민지였다. 당연한 얘기지만 영인도의 식민 통치는 식민지 무역이나 강압적 착취로만 일관된 것은 아니었다. 식민지 통치를 용이하게 하기 위한 문화 정책 또한 진지한 고려의 대상이었다. 식민지인들의 교화를 목적으로 우선 시도할 수

---

1 Terry Eagleton, *Literary Theory: An Introduction*(Oxford: Basic Blackwell, 1983), p. 23에서 재인용.
2 Terry Eagleton, "The Rise of English," *ibid.*, pp. 17~53.

있는 것은 물론 기독교의 전파 및 기독교도로의 개종이었다. 그러나 영인도의 경우 기독교를 이용한 식민지인의 순화는 영국 정부가 본격적으로 시도한 것은 아니었다. 기본적으로 식민지에서의 상행위를 목적으로 설립한 동인도 회사가 인도를 지배하고 있던 (영국 정부가 인도를 통치하기 시작한 것은 1857년 세포이의 항쟁 이후 공식적으로 인도를 대영제국으로 복속시키고 영국〔여〕왕이 영인도의 황제가 되고 난 다음이다) 식민지 지배 초기에는 인도 원주민을 문명으로 이끈다는 소위 '백인이 부여받은 문명화의 사명'은 심각한 고려의 대상이 되지 못했다. 그러나 19세기 초쯤에는 원주민에 대한 인간적·문화적 고려 없이 착취를 일삼는 식민지 상행위가 영국 의회에서 문제되기 시작했고, 1813년에 비로소 식민지 종주국으로서 피식민인에 대한 고려가 공식화되었다. 영국은 인도 원주민의 "이익과 행복"을 증진시킬 의무가 있으며 이를 위하여 "유용한 지식과 더 나은 종교적·도덕적 정서"를 원주민에게 가져다줄 조치가 필요함을 결의하였다.[3] 이러한 조치에서 선교사들에 의한 기독교 전파는 엄격히 제한되었다. 왜냐하면 인도의 전통적인 종교인 힌두교와 모슬렘교가 강하게 인도 식민지인들의 삶을 지배하고 있을 때 기독교의 전파는 인도인들의 저항을 불러일으킬 것이며 궁극적으로 영국이 인도에 존재하는 목적인 식민지 상행위에 방해가 된다는 사실을 우려했기 때문이다. 이리하여 인도인의 전통적인 종교적 정서의 저항을 불러일으키지 않으면서 인도인 식민지인을 영국의 목적에 맞게 교화시키는 수단으로서 영문학 교육이 도입된 것이다.

　이런 과정을 거쳐 도입된 식민지의 영문학 교육은 영국 내에서

---

**3** Gauri Viswanathan, "The Beginnings of English Literary Study in British India," *Great Britain, Parliamentary Debates, 1813, Oxford Literary Review* vol. 9, nos. 1∼2(1987), p. 4에서 재인용.

지배 계층이 피지배 계층을 교화시키기 위하여 전통적으로 사용되던 기독교 교육과는 다른 의의를 갖는 것이다. 19세기 말 인도에서의 시도를 영국 본토에 적용시키기 전까지는, 영국 내에서는 하층민이나 노동자 계급을 순화하기 위한 수단으로서 주일 학교를 이용한 기독교 교육이 있었다. 그러나 식민지 인도에서는 영문학이 피식민인을 교화하기 위한 수단으로 이용됨으로써 식민지 통치라는 정치적 동기가 겉으로 표방하고 있는 '인본주의'로 위장할 수 있었던 것이다.

1835년에 법제화된 인도 교육령이 위와 같이 논의된 식민지 인도에서의 영문학 교육 도입을 구체화한 것이라면, 그 법을 추진했던 토머스 배빙턴 매컬리의 인도 교육의 목적——영국이 인도인을 교육하는 목적이 "혈통과 피부색은 인도인이지만 취향과 견해, 소양과 지성은 영국인인 집단"[4]을 양성하는 것——은 결국은 자체 모순을 포함한 것이기도 하다. 적어도 영국의 '인본주의'를 인도 피식민지인들에게 주입할 때는 영국의 문화와 사상의 우수성을 주입하면서 영국의 가치에 순응하는 순화된 피식민인을 만들려는 기획이었다. 그러나 어느 정도 그러한 교육 과정이 진행되고 나서는 인도의 피식민인들은 대영 제국의 인본주의 교육에 담긴 모든 인간은 평등하다든지 인간은 자유롭게 창조되었다는 식의 민주주의적 자유 사상도 어느 때에 가서는 익히게 되었다. 이렇게 교육받은 인도인은 자신들이 영국인과는 다른 대우를 받고 또 영국이 인도에 존재하는 이유가 문명을 전파한다기보다는 경제적·정치적 목적으로 존재한다는 것을 깨닫게 된다. 이때 인본주의 교육을 받은 인도인들은 그들의 교육자인 영국에 대하여

---

**4** Thomas B. Macaulay, "Minute on Education," William Theodore de Bary ed., *Sources of Indian Tradition,* vol. II(New York: Columbia University Press, 1958), p. 49에서 재인용.

반항을 하게 된다. 1920년대에 조직력을 갖추고 계속하여 영국의 식민 통치에 항의하면서 1947년의 독립을 가져온 인도의 부르주아 독립 운동은 결국 영인도 교육이 안고 있는 자체 모순의 결과였던 것이다.

영문학 교육이 식민지인의 교화를 목적으로 하고 있었다면 우리가 한국에서 행하고 있는 영문학 교육 역시 그러한 목적에 이바지하고 있다고 아니할 수 없다. 문학을 통한 서구의 이데올로기 주입 자체가 피식민인 양성을 목적으로 하고 있다면 또한 우리는 영문학 교육을 통하여 반식민 저항의 가능성을 갖고 있기도 하다. 왜냐하면 문학 교육의 현장이야말로 바로 식민지 이데올로기와 반식민 이데올로기가 경쟁하는 장이 될 수도 있기 때문이다. 영문학 교육이 정치적·역사적 이데올로기와 무관하게 교육할 수 있다는 발상을 극복하는 것이 어쩌면 반식민 저항의 출발이 될 수도 있겠다. 영문학 교육이 식민인 교육을 목적으로 출발하고 있다면 영문학 자체의 역사도 반식민 저항의 관점에서 살펴볼 만하다.


## 2. 영국 소설의 발생과 식민주의


영문학 역사를 통틀어 식민 이데올로기 주입의 역사라고 말할 때 그것은 지나친 말이 아니다. 영문학의 역사에서 최초의 본격적인 문학적 시도 또는 최초의 장시로 일컬어지는 『베오울프 *Beowulf*』 같은 경우 식민 이데올로기와는 무관하기 때문이다(상당한 우회를 거치면 이 작품도 식민 이데올로기를 담고 있다고 할 수 있을지 모르지만). 그러나 영국의 해외 개척이 본격적으로 이루어지기 시작한 16세기 이래의 문학은 어떤 식으로든 영국의 식민지 개척의 이데올로기를 어느 정도 함축하고 있다고 보아도 좋을 것이다. 영국 문학의 백미로 일컬어지는 셰익스피어에서 그의 사극은 영국 왕조의 정통성을 부여하기 위한 시도의 하나이며, 식민주의의 맥락에서 논의가 많이 되는 『폭풍우』의 경우는 겉으로 보기에 인간의 세계와 자연의 세계의 대립이라는 주제이지만 결국 식민지인의 정복과 순화의 문제이기 때문이다. 여타의 문학 작품들이 전부가 식민지 문제를 다루고 있다고 말하기는 어렵지만 사회적 관계란 상대적 의미에서만 자율성을 가진 관계임을 염두에 둔다면 식민 이데올로기가 우회적 관계로나마 여타 문학 작품에도 포함된다고 할 수 있겠다. 이 글에서는 영국 소설의 발생을 예로 들어 영국 소설의 식민주의를 논의하겠다.

우리가 현재 소설이라고 생각하는 장르가 영국 문학에서 발생한 것은 18세기 초엽이다. 이안 와트의 선구적인 소설사 연구인 『소설의 발생: 디포, 리차드슨, 필딩 연구』[5]에 힘입어 관습적으로 사회적 맥락을 염두에 둔 소설 연구는 자본주의 시대의 주역인 부르주아의 계급 이데올로기를 소설 연구의 주요 대상으로 삼아 왔다. 사실 이안 와트가 자세히 밝히고 있는 바와 같이 18세기는 어느 정도 부르주아 계급의 성장과 자본주의의 성립이 확고해진 시기이기도 하다. 또한 이 시기에는 인쇄술이 발달하여 식자층이 확대되었으며 이에 따라 독서 인구가 급증하던 시기이기도 하다. 문학 작품의 생산자들은 이때에 과거 귀족이라는 후원자의 후의에 의지하여 생활하던 때의 문학 생산의 방식과는 달리 독자들이 문학 작품을 어느 만큼 사서 보느냐에 따라 문학 작품의 성공 여부가 결정되기 시작한 시기이기도 하다. 따라서 부르주아 시대에 새로 개척되기 시작한 소설의 경우, 과거의 문학 생산자들이 후



---

**5** Ian Watt, *The Rise of the Novel: Studies in Defoe, Richardson and Fielding*(New York: Penguin, 1957).

원자들인 귀족 계층의 취미에 맞는 귀족 이데올로기를 옹호하며 재현하고 있는 것과는 달리 신흥 부르주아 계층의 이데올로기를 재현하며 옹호하는 문학 작품을 생산하기 시작했던 것이다. 그러나 이안 와트의 이와 같은 주장은 이 시대 영국 자본주의의 특징과 문학 생산의 관계를 제대로 밝히지는 않았다. 즉 영국 자본주의의 성장은 다른 유럽 국가의 자본주의 성장과는 어느 정도 양상을 달리하는데 영국에서는 식민지 개척이 자본주의 성장의 핵심을 이루고 있었다는 사실이다.

15세기 후엽부터 본격화된 서구의 해외 개척은 스페인이 선두였다. 그러나 스페인의 식민주의는 자본주의의 팽창이라는 형태라기보다는 아메리카와 아프리카의 원주민에게서 향신료나 금은 등을 힘으로 빼앗는 약탈 식민주의의 형태였으며 그러한 목적을 가진 해외 개척의 후원자는 부르주아 계급이라기보다는 왕권이었다. 자본주의 또는 부르주아 이데올로기가 식민지 개척과 맞물리기 시작한 것은 영국이 스페인의 무적 함대를 물리치고 해상권을 장악한 다음인 17세기부터이다. 영국은 이때 계속되는 시민 혁명을 통하여 부르주아 계급이 국가 권력을 필두로 사회를 지배하기 시작했다. 왕권의 위축은 다른 말로 표현하면 민족 국가의 출발이기도 하였다. 왜냐하면 그때까지의 왕은 영국 국민을 대표한다는 의미에서의 영국 국왕이라기보다는 다른 유럽의 왕실들 간의 복잡한 정략적 결혼으로 말미암아 단지 왕실만을 대표한다고 볼 수 있었기 때문이다. 예를 들어 찰스 1세의 왕비는 프랑스의 공주였으며, 조지 1세는 영국 왕이면서 영어를 못 하고 독일어로 말하고 있었다. 이러한 왕조에 대항한 영국의 시민 혁명은 영국인들이 자신들의 통치 세력인 왕권에뿐만 아니라 유럽의 보편 군주제에 대항한 민족 혁명이기도 하였다. 시민 계급이 지배 세력이 되었을 때 영국인은 영국인이라는 의식을 가지고서 해외 개척을 시작하게 되었다. 또한 이 당시의 영국이 취한 해외 개척은 과거의 약탈 식민주의와는 달리 영국인의 해외 이주를 통하여 대영 제국의 팽창을 도모하는 것이었다. 17세기 중엽에 영국은 현재의 미국에 뉴잉글랜드를 개척하여 영국인들이 본격적으로 이주하였으며 서인도 제도, 아일랜드, 인도 등에 영국의 식민지를 만들어나갔다.

이러한 역사적 배경을 염두에 둔다면 영국에서 최초로 씌어진 본격적인 소설이 『로빈슨 크루소 *Robinson Crusoe*』(1719)와 『몰 플랜더즈 Moll Flanders』(1722)임은 당연하다 할 수 있다. 『로빈슨 크루소』에 대해서는 뒤에서 다루면서 밝히겠지만 『몰 플랜더즈』가 비천한 출신의 여자인 몰 플랜더즈가 영국의 식민지인 현재의 미국에 가서 돈을 벌어 신분 상승이 이루어진다는 이야기임을 되새겨보면, 식민지가 영국민의 신분 상승과 부의 원천이 됨을 시사하는 것이기 때문이다. 또한 이들 소설에서는 주인공들이 영국인이라는 의식이 강하게 자리잡고 있다. 『몰 플랜더즈』의 첫 페이지는 다른 나라의 행형 관습과 영국의 행형 관습이 대비되어 있다. 말하자면 이들 소설의 작가 디포 Daniel Defoe는 영국의 독자를 염두에 두고 영국인의 의식으로서 소설을 쓰고 있었던 것이다. 이러한 영국인으로서의 의식은 영국 제국주의의 출발이기도 하다. 소설이라는 장르는 영어 또는 불어로 씌어지지 유럽의 공통어라 할 수 있는 라틴어로 씌어지지는 않았다. 이는 다른 말로 하면 소설을 통한 독자 공동체를 가능하게 한 것이기도 하다. 영어로 씌어진 소설을 읽으면서 더구나 그 소설의 내용이 영국인 주인공의 이야기일 때 독자들은 그들이 영국인이라는 그리고 궁극적으로 영국이라는 민족 공동체를 구성하는 데 소설이 기여하고 있기도 한 것이다. 베네딕트 앤더슨은 동일 언어 공동체가 민족주의를 형성해가는 과정에서 신문과 소설의 발달로 인한 인쇄 자본주의의 공헌을 그의 『상상의 공동체들: 민족주의의 기원과 확산에 대한 고찰』[6]에서 밝히고 있는데, 영국 소설에서는 단순히 영어로 씌어진 소설을 읽고 있다는 면에서 영어 공동체인 영국 민족주의 공동체가 생긴 것이 아니라 소설의 생산자가 의식적으로 영국민이라는 공동체를 형성하는 데 기여하고 있었던 것이다. 강대국의 민족주의는 필연적으로 제국주의적 양상을 띠게 되는 데 여기에서 살피려고 하는 영국 최초의 본격적인 소설 『로빈슨 크루소』는 바로 이러한 면을 드러내준다.

## 3. 『로빈슨 크루소』에 나타난 영국 제국주의

『로빈슨 크루소』만큼 한국의 일반 독자에게 알려진 영문학 작품도 드물 것이다. 셰익스피어의 『햄릿』 같은 경우를 들 수 있겠지만 이 경우도 어느 정도 문학 교육을 받고 난 다음에 소개되는 작품인 데 비하여, 『로빈슨 크루소』는 '로빈슨 표류기'라는 제목으로 우리가 문학 경험을 처음으로 시작할 때 읽었던 작품이기 때문이다. 또한 이 소설은 신문학의 도입 시기에 서양 소설의 대표적 작품으로 언급되기도 한 작품이다. 신채호가 주필로 있으면서 서구와 일본의 제국주의 침략에 맞서 국민 계몽을 역설했던 대한매일신보의 논설에서 작자 미상의 필자는 (신채호라는 설이 유력하다) 당대 제1등 소설가라는 이인직의 소설이 사회 도덕을 타락시킨다고 비판하면서 "『로빈슨 표류기』와 같은 신기한 이야기를 우리말로 옮겨서 국민의 모험심을 격려하는 방법"[7]도 있다





---

**6** Benedict Anderson, *Imagined Communities: Reflections on the Origin and Spread of Nationalism*(London: Verso, 1983).

**7** 「논설: 연극계의 이인직」, 대한매일신보, 1908년 11월 8일.

고 한다. 제국주의의 침략의 시기에 제국주의에 저항하는 방법은 민족주의를 일으키는 것이라고 역설했던(신채호, 1909년 5월 28일) 신문의 논설이 식민지 개척을 주제로 한 소설을 조선 신문학이 모범으로 삼아야 한다고 주장하고 있는 것이다. 물론 이 신문의 논설자가 진짜 『로빈슨 크루소』를 읽었는지에 대해서는 생각해보아야겠지만 이는 서구 문학이 행하는 이데올로기적 효과에 대해서 민족주의자였던 신채호조차 주의 깊은 비판 의식을 갖고 있지 못했던 것이다. 결국 민족주의를 역설하는 방편으로 제국주의를 옹호하는 결과가 된 것이다. 『로빈슨 크루소』는 제국주의를 옹호하는 문학 작품으로서 영국 소설의 기원을 이룬다는 점에서, 그리고 우리 신문학기의 출발 시기에 서양 문학의 긍정적 수용을 논의하고 있다는 점에서 이 소설의 이데올로기를 다시 생각해보아야 한다는 것이다.

영국 소설사의 출발을 논할 때 『로빈슨 크루소』는 가장 중요한 작품이라고 할 수 있다. 영국 소설사 연구의 고전이라 할 수 있는 『소설의 발생』에서 이안 와트는 『로빈슨 크루소』를 본격적인 효시로 다루고 있으며 또한 와트의 연구에 대한 야심적 도전이라 할 수 있는 『영국 소설의 기원 1600~1740』[8]에서 마이클 매키언은 와트가 다루고 있는 디포, 리차드슨, 필딩에 추가하여 스페인 작가 세르반테스, 그리고 우화 소설 작가 버년을 다루고 있으나 『로빈슨 크루소』가 영국 소설의 기원을 이루고 있다는 점에는 이의가 없다.

와트는 『로빈슨 크루소』를 다루면서 영국 소설의 발생의 요소로 당대의 중산 계급의 성장을 가능하게 했던 개인주의와 영국 소설의 발생을 연관지어 설명한다. 『로빈슨 크루소』를 지배하는

---

**8** Michael McKeon, *The Origins of the English Novel 1600~1740*(Baltimore: The Johns Hopkins University Press, 1987).

이데올로기로서 자본주의를 가능하게 했던 두 종류의 개인주의, 즉 경제적 의미의 개인주의 ─ 아버지의 말을 안 듣고 바다로 진출한다는 점에서 가족이란 집단의 가치를 버리고 개인의 가치를 취한다는 것이다. 이는 개인의 활동에 근거해서 부를 구한다는 이데올로기이다 ─ 와 종교적 의미의 개인주의 ─ 로빈슨의 계속되는 노동과 개척은 칼뱅주의의 종교 윤리라고 한다 ─ 를 들 수 있다는 것이다. 소설의 발생과 자본주의의 관계를 다룬다는 점에서 와트의 한계는 18세기의 자본주의의 발전 과정이 이미 제국주의 내지 식민주의와 밀접히 관계되어 있음을 간과하고 있다는 점이다. 해외 개척의 일환으로 카리브해의 안 섬에 정착하게 된 로빈슨의 여정과 그가 만나는 원주민 프라이데이를 다루면서도 와트는 단지 자본주의 자본 노동 등의 관계로만 설명할 뿐 엄연히 보이는 해외 개척과 원주민의 교화를 통한 노예화 등을 논의하지 못하고 있다는 점에서 와트의 소설의 발생과 『로빈슨 크루소』 분석은 미비하다고 할 수 있다.

마이클 매키언은 와트의 견해를 비판하면서 중산 계급의 계급 이데올로기에 기초한 소설 발생론이 당대의 전통적 로맨스 문학의 전통을 어느 정도 답습하고 있는 소설들의 생산은 설명하지 못한다고 한다. 그에 의하면 소설의 발생은 어떤 결정적 요인이 발생하여 그 요인이 소설의 생산을 가능하게 하였다기보다는 소설이란 용어가 일반적으로 받아들여지고 있던 18세기의 소설에 이미 주어진 요인들을 분석함으로써 소설의 발생을 추적할 수 있다고 한다. 이러한 요소로 그는 인식론적 문제와 사회적 문제라는 두 범주의 여러 소설적 적용을 살피고 있다. 그에 의하면 『로빈슨 크루소』에서 논점은 개인의 체험이 어떻게 집단적 의미의 역사 쓰기를 가능하게 하는가라는 인식론적 문제이며 이 인식론적 문제가 당대의 사회의 역동성을 드러내고 있다고 한다. 매키언의 논점은 그가 설정한 문제틀의 범주에서는 상당히 정교하고 설득력 있게 논지를 펼치고 있다. 말하자면 이러한 문제틀의 설정으로 그 소설이 로빈슨 개인의 이야기가 아니라 사회와 역사에 대한 진술임을 드러내고 있다는 점에서 통찰력 있는 분석이라 할 수 있다. 그러나 그의 문제틀은 지나치게 푸코식의 인식론적 재현의 문제에 집착한 나머지 그 작품이 씌어진 18세기 당시 영국의 역사 발전 과정에는 주의를 덜 기울이고 있다는 점에서 문제점을 지적할 수 있다.

『로빈슨 크루소』의 기본적인 이야기는 영국의 젊은이가 돈을 벌기 위해 배를 타고 해외에 진출하여 식민지 농장을 경영할 만큼 성공하였으나 더 큰 돈을 벌기 위해 노예 무역에 나섰다가 무인도에 정착하게 된다. 젊은이는 그곳을 자신의 영지로 만들고 원주민을 구출하고 교화하여 노예로 삼아 결국 영국으로 돌아온다. 그런데 젊은이는 자신이 무인도에 살 동안에도 이미 투자했던 식민지 농장은 계속 번성하여 돈을 많이 벌었다는 것이다. 이러한 모험담이야말로 바로 서구의 제국주의적 팽창을 주제로 한 문학 작품이다.

이 소설은 로빈슨 아버지의 아들에 대한 충고로부터 시작한다. 해외로 나가고 싶어하는 아들에게 로빈슨의 아버지는 국내에서 "편안하고 만족스럽게 살면서 열심히 근면하게 일하면서 성공"(p. 4)"하는 것이 가장 바람직한 삶이라고 역설한다. 모험을 안고 해외에 나가는 것은 로빈슨보다 뛰어나거나 열등한 사람들의 태도이지 보통 사람의 삶의 태도가 아니라는 것이다. 그럼에도 불구하고 로빈슨은 "성급하게 제대로 생각해보지도 않고 돈을 벌겠다고"(p. 13) 뛰쳐나와 배를 탄다. 이러한 말 안 듣는 아들과 아버

---

**9** 이 글에서 인용된 쪽수는 Daniel Defoe, *Robinson Crusoe*(New York: Norton, 1994)를 따랐다. 이 소설은 1719년에 발표되었다.

지의 대립은 로빈슨 자신이 말했듯이, 그리고 비평가들이 생각하는 바와 같이, 로빈슨의 죄의식과 회개에 관한 문제는 아니다. 아버지의 말을 안 들었음에도 불구하고 결국 큰 재산을 모아 고국으로 돌아오는 로빈슨의 이야기는 로빈슨의 겉으로 하는 말인 회개의 이야기와는 거리가 먼 것이기 때문이다. 이 서두는 이 소설의 문제틀을 설정하는 것으로서 해외 개척 이전 시대의 가치관과 해외 개척 시대의 가치관의 충돌이다. 로빈슨은 자신의 성공이 (궁극적으로는 영국인으로의 의식을 갖고 있는 로빈슨으로서는 영국의 부의 확대) 해외에서의 성공에 좌우된다는 것을 알고 있는 것이다.

　로빈슨이 바다로 진출하는 것은 부를 획득하는 과정이다. 첫 항해에서 폭풍 때문에 고난을 겪고 난 다음에도 굴하지 않고 다시 뱃길에 오른 로빈슨은 선장에게서 항해술을 배움과 동시에 식민지 상인으로서의 기술도 터득한다. 40파운드 정도 투자한 보잘것없는 물건이 300파운드의 사금으로 변하게 되는 것이다. 이후에 계속되는 모험에서 로빈슨은 폭풍우를 만나거나 해적을 만나서 실패하는 듯하지만 계속하여 자신의 부를 늘려나간다. 이 소설의 큰 부분인 무인도의 삶 이전에 로빈슨은 무역상의 위치에서 브라질 식민지의 플랜테이션 경영자로서 성공하는 것이다. 무인도에 표류하게 되는 원인이 되었던 항해도 스페인의 독점 노예무역에 대항하여 큰 이익을 보장하는 개인 차원의 노예 무역을 시도한 결과였다. 그러나 28여 년이라는 로빈슨의 무인도 생활은 경제적으로 무의미한 것은 아니었다. 자신이 소유로 있는 브라질 플랜테이션은 계속 이윤을 남겨서 로빈슨이 자신의 자산을 평가했을 때는 5,000파운드 이상의 금전과 1년에 1,000파운드 이상의 수익을 내는 플랜테이션을 갖게 되어 당시 영국의 새로운 귀족층이라 할 수 있는 젠트리 계층과 같은 부를 소유하게 되는 것이다

(p. 205). 결국 로빈슨의 무인도에서의 삶은 영국 부르주아 계층의 식민지 경영을 통한 부의 확대인 동시에 새로운 부의 확대를 보장해주는 새로운 식민지 개척의 이야기이면서 해외 개척을 통한 신분 상승의 이야기인 것이다. 자본주의의 본격적 팽창이 주식을 통한 해외 투자 형식을 띠었던 19세기 현상이 18세기 초기의 『로빈슨 크루소』에 이미 시사되고 있는 것이다.

『로빈슨 크루소』에서 비서구인은 (이 소설에 나오는 비서구인은 무어인과 카리브 원주민이다) 별 어려움 없이 정복할 수 있는 대상이며 정복됐을 때는 순순히 순응하는 말 잘 듣는 충복이다. 이 소설의 앞부분에서 로빈슨은 기니아 무역으로 돈을 벌다가 무어인 해적의 포로가 되어 노예가 된다. 그러나 곧 주리라고 불리는 무어인 꼬마를 협박하여 포섭하고 탈출한다. 여기서 문제삼을 수 있는 것은 주리와 로빈슨의 관계에서 주리의 종족인 무어인은 로빈슨을 포획하여 노예로 삼았으므로 주리는 로빈슨에 대하여 인종적 우월감을 가져야 한다. 그러나 로빈슨이 말을 안 들으면 물 속에 처넣겠다고 위협할 때 주리는 아무런 주저함이 없이 로빈슨이 충복이 되겠다고 맹세하며 나중에 야만인들이 살고 있을지도 모르는 섬에서 물을 구하려고 시도할 때 로빈슨을 위하여 경우에 따라서는 식인종에게 잡혀 먹히겠다고까지 한다.[10] 말하자면 비서구인은 서구인에게는 별 어려움 없이 정복할 수 있는 대상이며

---

**10** 식인종의 존재는 역사적 허구이다. 식인종이 서구의 기록에 처음 나오기 시작한 것은 콜럼버스가 카리브해를 탐험하면서 그가 만난 카리브인들이 그들과 적대 관계에 있었던 다른 카리브인들에 대한 진술을 옮겨 쓴 것이다. 그러나 식인종이라고 불리는 그 종족이 사실 인간을 잡아먹었다는 역사적 증거는 존재하지 않는다. 이는 다른 문화 다른 종족을 이단시하는 문화 담론의 결과이다. 즉 콜럼버스가 만난 카리브인들은 자신들의 적이었던 다른 카리브 종족을 식인종으로 문화 담론적 의미에서 구성하였으며 콜럼버스, 더 나아가서 유럽인들은 카리브인, 더 나아가서 아프리카인까지 식인종인 담론을 구성하였던 것이다. Peter Hulme, *Colonial Encounters: Europe and the Native Caribbean, 1492~1797*(London: Routledge, 1986), pp. 13~44.

필요하면 노예로 만드는 것 역시 그들의 저항을 불러일으키지 않는 것이다. 이러한 과정은 이 소설의 후반부에서 프라이데이를 만날 때 극명하게 드러난다. 로빈슨이 프라이데이를 구해주었을 때 프라이데이의 행동을 로빈슨은 "그는 무릎을 꿇고 땅에 입을 맞추고 나서는 땅에 머리를 댔다. 그리고는 내 발을 잡아서는 자기의 머리 위에 내 발을 올려놓았다. 이것은 평생 동안 나의 노예가 되겠다고 맹세하는 뜻 같았다"(p. 147)라고 한다. 로빈슨이 볼 때 자신은 프라이데이의 생명의 은인이기 때문에 이와 같은 행동이 자연스러울지도 모르지만 바로 유럽인과 원주민의 만남이 곧 주인과 노예의 관계로 정착되는 것은 이 소설이 지향하는 서구인과 비서구인의 관계인 것이다. 앞의 주리의 경우 나중에 로빈슨을 구해준 선장에게 한때 동료였던 주리를 노예로 팔아버리는 것과 같은 것이다. 프라이데이와 로빈슨의 만남은 일반적인 의미의 다른 문화 사람과의 만남과는 거리가 먼 만남이다. 로빈슨은 프라이데이에게 이름이 무엇이냐는 등의 사람 사이의 만남의 기본 절차를 거치지 않고 바로 이 카리브인에게 기독교 달력의 금요일에 만났다는 의미에서 '금요일(프라이데이)'이라고 이름을 짓는다. 곧 카리브인의 노예화 과정이 바로 기독교인으로서의 개종과 함께하는 것이다. 이어서 로빈슨은 자신의 이름을 '주인'(로빈슨이라 하지 않고)이라 하며 그렇게 명명된 프라이데이에게 처음으로 가르치는 말은 '예'와 '아니오'이다. 서구인이 만나는 원주민 프라이데이는 처음부터 서구인을 위한 존재로 설정되는 것이며 이 경우 서구 부르주아 계급의 성장을 가능하게 했던 독립된 자유인으로서의 개인성은 박탈당하고 있는 것이다.

카리브인 프라이데이를 자신의 충복으로 만든 로빈슨은 이제 자신이 정착한 무인도에서 본격적인 식민지 경영자의 모습을 갖춘다. 그 이전에 혼자 무인도에서 삶을 살아갈 때에도 그는 영국의 직할 식민지를 개척하고 있었다. 야생 염소를 잡아서 울타리를 쳐서 목양을 시작할 때에 그는 그 울타리를 대문자 E를 써서 Enclosure라고 한다. 18세기의 영국 독자라면 대문자 E로 시작하는 울타리 enclosure가 영국의 목양 장려 운동으로 나타난 지배 계층의 공유지의 사유화를 떠올릴 수 있었을 것이다. 이 인클로저 운동은 나중에 영국의 중요 산업이 되었던 모직물 생산과 이의 수출로 영인도의 면직물 산업을 폐허화시킨 궁극적인 원인이기도 하다. 즉 로빈슨은 자신이 발견한 무인도에서 영국식 자본주의의 확대를 꾀하였던 것이다. 또한 곡식을 먹어버리는 새떼를 쫓을 때에 로빈슨은 "영국에서(그는 이탤릭체를 써서 영국을 강조한다)" 도둑질한 사람을 다른 사람들에게 벌의 두려움을 가르치기 위해 교수형에 처하는 것과 마찬가지로 새를 쏘아 죽인다고 한다(p. 85). 즉 그는 이 무인도를 영국의 질서와 가치가 지배하는 식민지로 만들고 있는 것이다. 로빈슨이 스스로가 영국인이라는 의식은 스페인 식민주의에 대한 평가에서도 나온다. 자신은 아무런 이유도 없이 식인종들을 죽일 수는 없다고 하면서 스페인인들이 아메리카에서 수백만 명의 사람들을 죽인 것은 아무리 그들이 야만인이라 하더라도 하나님이나 인류의 이름으로 정당화될 수 없으며 인간으로서, 그리고 기독교인으로서의 정서를 가지고 있는 사람에게는 스페인인은 공포와 잔인의 대표적 인물들이라고 한다(pp. 124~25). 한편 로빈슨이 프라이데이를 구하면서 식인종들을 죽이는 행위는 비인간적인 관습을 가진 잔인한 행위로부터 위험에 빠져 있는 인간을 구하고 있는 행위이기 때문에 정당화되며 또한 서구인으로서 문명화의 사명을 제대로 완수하고 있는 것이다. 프라이데이는 로빈슨의 가르침으로 식인 습관을 버리고 기독교인이 되며 자신의 종족을 식인이라는 악습으로부터 구해내겠다고 결심하게 된다. 심지어 서구인으로서는 악의 대

명사같이 되어 있는 스페인인을 식인 관습의 제물로부터 구해냈을 때 로빈슨은 식민지 총독으로서의 자신의 위치를 실감한다. 그는 "나의 섬은 이제 사람들이 사는 곳이 되었으며 나 자신은 백성subjects을 거느리게 되어 매우 부유해졌다는 생각이 들었다. (……) 나는 왕이라는 생각이 들었다. 이 온 나라는 나의 소유가 되었고 의심할 바 없는 통치권을 갖게 된 것이다. 그리고 사람들은 완전히 나의 백성이 되었다. 나는 절대 군주이며 입법자가 되었다. 나는 그들 모두의 생명의 은인이며 필요하면 그들은 나를 위해 목숨을 바칠 준비가 되어 있었다"(p. 174)라고 한다. 이렇게 식민지 총독이 된 로빈슨은 이어지는 사건에서 선상 반란으로 위기에 처한 영국 선박을 구하고 영국으로 돌아간다. 식민지 개척자로서의 로빈슨의 모습은 더 나아가서 영국의 제해권을 유지하는 데도 필요한 존재가 되는 것이다. 로빈슨은 자신이 개척한 식민지가 계속하여 영국 식민지로 남아 있어야 한다는 것을 알고 있기도 하다. 로빈슨이 선상 반란자들을 교화하는 수단으로서 자신이 개척한 식민지를 넘기고 나서 8여 년이 지났을 때 그는 그 식민지가 새로 나타난 여러 난관을 헤치고 잘 영위되고 있음을 확인한다. 그가 그 식민지에 여러 도구 선박 그리고 "영국(소설 원문에 강조되어 있다) 여인들"(p. 220)을 보내겠다고 약속하는 것은 로빈슨이 개척한 식민지가 영원히 영국의 식민지로 남아 있으면서 번영하라는 진술이다.


## 4. 영국 소설과 식민 이데올로기

위에서 우리는 영문학 교육이 순종하는 피식민인 양성의 수단으로 시작되었음을, 그리고 최초의 영국 소설이라 일컬어지는

『로빈슨 크루소』를 다루면서 그 소설이 영국 자본주의의 확대로
서의 식민지 개척의 주제를 담고 있음을 살펴보았다. 물론『로빈
슨 크루소』나『몰 플랜더즈』의 예만 가지고서 영국 소설사가 식
민 이데올로기 옹호의 역사라고 규정하는 것은 무리일 것이다.
가야트리 스피박은 19세기의 영국 소설을 읽으면서 "영국 사회의
임무라고 인식되는 제국주의는 영국을 문화적으로 영국인에게
재현하는 결정적 요소"[11]라고 한다. 스피박이 제국주의 소설로 분
석하는 영국 소설이 겉으로 보기에 제국주의와 무관해 보이는
『제인 에어』와『프랑켄슈타인』이며 이 소설들이 결국 피식민인을
만들어가는 과정이라는 것을 밝혀놓는 것을 염두에 둔다면 제국
주의의 선두 주자였던 영국의 문화는 제국주의 이데올로기가 지
배적임을 알 수 있다. 제국주의가 성숙 안정기에 접어들어 제국
주의 이데올로기의 옹호가 시급한 과제가 아니었던 19세기 영국
소설에서 제국주의가 결정적 요인이라며 영국식 제국주의가 팽
창하고 있던 18세기와 제국주의가 위기를 맞고 있던 20세기의
영국 소설에서는 영국 제국주의의 옹호가 더 시급한 과제였으며,
따라서 영국 소설을 읽을 때 제국주의의 주제는 무시할 수 없는
것이다.

　이러한 사실에도 불구하고 제국주의를 중요 주제로 다루고 있
는 영국 소설사 연구는 아직 미비하다. 소설을 다룰 때 일반적으
로 리얼리즘이라는 대전제 아래 주어진 작품을 해석하며 이 경우
영국 소설을 다룰 때에는 영국 당대의 사회 모순이 어떤 식으로
반영되어 있는가 하는 문제에 주로 초점을 맞추게 된다. 그러나
소설은 당대 사회를 있는 그대로 반영하는 것이 아니라 당대 사

---

**11** Gayatri Chakravorty Spivak, "Three Women's Texts and a Critique of Impe-
rialism," Henry Louis Gates Jr. ed., *'Race,' Writing, and Difference*(Chicago:
University of Chicago Press, 1986), p. 262.

회의 지배적 이데올로기를 소설적 양식을 통하여 투사하며 독자로 하여금 그 지배 이데올로기를 받아들이게 한다. 『로빈슨 크루소』의 경우 지배 이데올로기는 식민지 개척 정신이며 독자로 하여금 영국 식민주의의 팽창 정책을 지지하고 궁극적으로 식민지 개척에 동참하게 한다. 최근의 탈식민주의적 비평가들의 활약으로 영국 문학 담론에서의 식민주의 이데올로기 분석이 활발해지고 있기는 하다. 이들 비평가들의 연구로 전통적 문화 담론에서 정전의 영역에 포함되지 않던 여행기·체험기·일기 등에 나타난 인종 문제나 노예 문제 등이 식민 이데올로기에 의해 어떻게 지배되어왔나를 밝히고 있다. 이제 소설사 연구는 이들 연구에 힘입어 정면으로 식민 이데올로기를 드러내는 것을 목적으로 할 수 있을 것이다. 정전의 위치에 있는 영국 소설들이 식민지 문제를 직접 다루지 않는다 해도, 식민지는 영국 사회를 영국 자본주의를 지탱해왔던 근간이기 때문에 식민 체제 옹호의 이데올로기는 텍스트 뒤에 숨어서 지배력을 행사하고 있기 때문이다. 영국 소설을, 더 나아가 영문학이나 서구 문학을 한국의 교실에서 제대로 읽는 태도란 정치적 의식 없이 서구 식민 문학을 읽는 것이 식민 이데올로기 주입의 과정임을 염두에 두고 식민 이데올로기가 어떤 식으로 유입되고 있는지를 밝히면서 읽는 것이다. 대학의 교실이 식민 이데올로기를 받아들이는 장이 되어왔다면 이제는 대학의 교실이 식민 이데올로기에 저항하는 장이 되기도 해야 한다. 왜냐하면 한국에서 읽는 영문학 작품이라는 텍스트는, 그리고 그 텍스트가 읽히는 교실은 식민주의와 반식민주의가 투쟁하는 일종의 싸움터이기 때문이다.

# 제10장 콘라드의 『로드 짐』에서 읽는 반식민 저항



## 1. 『로드 짐』 읽기와 영국 제국주의

문학 형식뿐만 아니라 역사·정치적 관점에서도 『로드 짐 *Lord Jim*』만큼 비평가들의 논쟁을 불러일으킨 소설은 흔치 않을 것이다. 최근에 있었던 형식주의 비평가와 이데올로기 비평가 사이의 논쟁[1]에서 형식주의자들은 그들의 문학관이 정치적 편 가르기와는 거리가 멀다고 주장하면서도 사실은 상당한 정치적 동기를 가지고 있음을 그 이데올로기 비평가는 밝혀내고 있다. 말하자면 그 소설에서 읽어내야 하는 정치적 의미를 애써 무시함으로써 형식 비평가들은 작가의 정치적 견해에 동의하고 이를 옹호하고 있다는 것이다. '불확정성'을 강조하는 해체 비평 역시 형식주의 비평과 크게 다르지 않다. 왜냐하면 해체론자들이 주장하는 의미의 '불확정성'은 이 소설의 해석에서 상당한 역할을 행사해온 정치적 독서들의 제국주의 비판을 밑에서부터 흔들어버리는 효과를 낳기 때문이다.

식민지 문제를 제대로 다루는 소설 읽기의 한 모습을 제시하기 위해서 필자는 이 글에서 형식주의자들과의 논쟁을 되풀이하려

---

1 Ralph W. Rader, "*Lord Jim* and the Formal Development of the English Novel"과 Michael Sprinker, "Fiction and Ideology: *Lord Jim* and the Problem of Literary History" 참조. 여기에서 전자는 형식주의 비평을 후자는 이데올로기 비평을 대표하고 있다. 이 두 논문은 James Phelan ed., *Reading Narrative: Form, Ethics, Ideology*(Columbus: Ohio State University Press, 1989)에 실려 있다.

는 것은 아니다. 필자가 주장하려는 것은 기존의 정치적·이데올로기적 비평가들이 해놓은 소설 『로드 짐』에 대한 독서들이 이 소설이 다루는 식민지 문제를 제대로 읽어내지 못하고 있다는 점이다. 이 소설에 대한 기존의 정치적·이데올로기적 비평들은 크게 보아 두 편으로 나뉘어 있다. 한편은 콘라드가 이 소설에서 제국주의를 비판하고 있다는 주장이고 다른 한편은 콘라드가 제국주의를 정당화하며 옹호하고 있다는 주장이다.[2] 그러나 이 소설을 식민지 역사를 염두에 두면서 자세히 읽어보면 기존의 정치적 비평들 간의 모순되는 주장이 사실은 모순되는 것이 아님을 알수 있다. 왜냐하면 콘라드는 제국주의를 비판하면서 동시에 옹호하고 있기 때문이다. 콘라드의 이러한 모순되는 듯한 두 면모는 역사적 상황에 따라 변화하는, 그리고 변화해야 하는 제국주의 정책에 대한 콘라드의 반응인 것이다.[3]

소설 『로드 짐』이 생산된 정치적·역사적·이데올로기적 배경은 비평가들이 으레 지적하고 있듯이 19세기 말의 영국 제국주의이다. 그렇지만 그들은 변화하는 제국주의에 대해 주의를 덜 기울인 나머지 이 소설에 나타난 제국주의의 모습을 하나의 실체로 특성화시켜버린다. 그 결과 그들은 이 소설의 전반부와 후반부의 전혀 이질적인 형식과 이데올로기 구조를 설명하지 못한다. 이 소설 생산의 배경이 되는 19세기 말의 영국 제국주의는 이중의



---

**2** 전자를 대표하는 비평가로는 존 맥클러John McClure, 애브럼 플레쉬먼Avrom Fleischman, 스티븐 젤닉Stephen Zelnick 등을 들 수 있고 후자로는 프레드릭 제임슨 Fredric Jameson, 베니터 패리Benita Parry, 마이클 스프링커Michael Sprinker 등을 들 수 있다. 각 비평가의 저술이나 논문은 이 책 뒤의 참고 문헌 목록을 참고하라.

**3** 필자는 여기에서 푸코의 진술인 "어떤 주어진 역사적 순간에 긴급한 필요에 반응하는 기능"으로서의 담론을 염두에 두고 있다. 푸코는 담론이 어떤 실천을 정당화하는 도구적 기능을 갖는다고 한다. Michel Foucault(Colin Gordon ed., Colin Gordon et al. tr.), *Power/Knowledge: Selected Interviews and Other Writings 1972~1977*(New York: Pantheon, 1980), pp. 194~95.

위기를 겪고 있었다. 그 하나는 19세기 중엽 이후 전세계적 영국 제국주의의 패권에 독일과 프랑스·러시아·미국 등의 제국주의가 도전하고 있었다는 것이고, 다른 하나는 영국이 지배하는 식민지에서 영국 제국의 식민 통치에 반발하는 민족주의 운동이 거세게 일어나고 있었다는 사실이다. 영국 제국주의는 이 두 위기를 맞이하여 여타 제국에 대해서는, 특히 유럽 대륙의 제국주의에 대해서, 영국 제국이 그들보다 식민지를 경영할 능력이 더 있다는 것을 주장할 필요가 있었고 식민지인들에게는 영국 식민 통치가 원주민들에게 전통적인 봉건 체제보다 더 나은 삶을 보장해준다는 것을 강조할 필요가 있었다. 예를 들어 소설 『로드 짐』과 발표 시기가 거의 비슷한 『킴 *Kim*』이라는 소설에서 키플링 Rudyard Kipling은 인도를 지배하는 데 있어서 영국이 러시아보다 더 우월하다는 주장을 주내용으로 담고 있다. 물론 맹목적 애국주의자라고 흔히 알려진 키플링과는 달리 콘라드는 제국주의가 내세우는 미개인에 대한 문명화의 이상이 타락할 수도 있음을 소설 『어둠의 속』에서 잘 보여주고 있기는 하다. 『어둠의 속』에서 콘라드가 서구 제국주의의 타락에 비판적인 자세를 취하고 있다면—엄밀히 말해서 이 소설에 나오는 제국주의는 영국 제국주의가 아니다. 그는 벨기에 제국주의의 열등함에 대해서 이야기하고 있다—『로드 짐』에서 그는 제국주의에 대해서 비판과 옹호의 자세를 동시에 취하고 있다. 콘라드가 비판하는 제국주의는 그가 옹호하려 하는 제국주의와 동일하지 않다. 그는 지금까지의 제국주의의 실태 내지 정책이 더 이상 19세기 말의 위기에 제대로 적응하지 못하고 있음을 비판하면서 '새로운' 제국주의의 모습을 보여주려 하고 있다.

 문학 작품 읽기가 겉으로 드러난 통일된 형식 밑에 숨겨진 모순과 갈등을 드러내는 것을 목적으로 한다면 소설 『로드 짐』은 처음부터 그러한 기도를 거부하는 것처럼 보인다. 이 소설은 이미 형식적 통일이 깨져 있기 때문이다. 리비스[4]가 이 소설의 불연속에 대해서 비판을 가한 이래 (그는 전반부는 모더니즘의 특성을 제대로 발휘한 부분이라고 칭찬하지만 후반부는 전통적 이야기 형식으로서 작품성이 빈약하다고 지적한다) 비평가들은 수송선 파트나호의 유기 사건을 다루는 전반부와 주인공 짐이 동남아시아의 한 섬 지역인 파투산에서 행하는 활약을 다루는 후반부 사이의 형식 및 주제의 통일성과 일관성을 밝혀내려고 갖은 노력을 해왔다. 그러나 그들이 결정적으로 간과하거나 무시하고 있는 것은 전반부와 후반부에서 나타나는 이데올로기적 문제틀[5]이 상이하다는 점이다. 대다수의 비평가들과 견해를 달리하여 프레드릭 제임슨과 마이클 스프링커 같은 비평가는 그 두 부분의 이데올로기적 지평이 다름을 인정한다. 그 둘은 전반부의 문제틀은 자연 또는 형이상학적 문제라고 하며 후반부에서의 문제틀은 브라운Brown을 위시한 해적 일당으로 제시되는 인간 차원의 것이라 한다. 이들 비평가들은 이렇게 다른 문제틀을 이 소설에서 읽어내면서도 이 소설 내의 연속성을 찾으려 하는데 그것은 전반부의 해결할 수 없는 초인간적 자연이 가하는 역경이 후반부에서는 인간적 역경으로 변화됨으로써 해결 가능한 것으로 만들고 있다는 것이다. 이러한 식으로 읽었을 때 후반부가 전반부에 나타났던 문제의 해결이 될 수는 없다. 왜냐하면 라클라우가 주장하는 바와 같이 어떤 모순이 해결되기 위해서는 그 모순이 동일한 지평 위에서 제기되어야 하기 때문이다.[6] 자연과 인간은 라클라우의 표현을 빌

---

**4** F. R. Leavis, *The Great Tradition*(New York: Penguin, 1962), p. 190.

**5** 엄밀한 의미에서 알튀세르의 이 용어는 그가 말하는 '과학' 또는 '이론'에 적용되는 것이지만 필자는 여기에서 이데올로기적·정치적 체계를 의미하기 위해 변용하고 있다.

**6** Ernesto Laclau, "Populist Rupture and Discourse," *Screen Education* 34(1980) 참조.

리면 실제적 대립이지 동일 차원의 모순이 아니다. 적어도 제임슨과 스프링커는 자연적 역경이 인간적 역경으로 변하는 과정을, 말하자면 이 소설의 담론 구조 안에서 대립이 모순으로 변하는 과정을, 논의하고 있지 않다. 필자가 보기에 이들 비평가가 내세우는 전반부의 자연적 역경이라는 문제틀과 후반부의 인간적 역경이라는 문제틀은 콘라드의 식민지관을 이해하는 데 별로 도움을 주지 못하기 때문에 설득력이 없다. 조금 뒤에 자세히 논의하려 하지만 이 소설에서 전반부의 문제틀은 제국주의 내부 모순이고 후반부의 문제틀은 식민지 경영자들과 원주민의 모순이다.

이 소설이 어떤 정치적이고 이데올로기적인 의도로 씌어졌다는 것은 콘라드의 작가 노트를 보면 알 수 있다. 콘라드는 여기에서 이 소설에 대해서 부정적인 태도를 가지고 있는 어떤 여성 독자에 대해서 이야기하면서 그 여자가 '유럽인'의 의식을 가지고 있는지가 의심된다고 한다. 말하자면 주인공 짐과 자신을 동일시하지 못하는 독자는 콘라드가 염두에 두는 진정한 독자의 세계에서 제외되는 것이다. 이 소설에서 자꾸 되풀이되는 말인 '우리들 중 하나one of us'를 콘라드는 이 소설 자체 내의 세계뿐만 아니라 이 소설을 읽는 독자의 세계에도 적용하는 것이다. 물론 '우리'가 엄밀히 어떤 집단을 의미하는지에 대해서는 많은 논란이 있어왔지만(이 문제는 이 글의 뒷부분에서 다시 논의된다) 콘라드의 의도에 맞추어 생각해본다면 우선은 유럽의 가치 체계 또는 이 소설에서 제시하려 하는 가치 체계에 동의할 수 있는 집단을 의미하며 좀더 좁게는 화자 말로와 주인공 짐의 행위에 공감할 수 있는 집단을 의미한다. '우리'라는 집단은 따라서 '우리들'이 아닌 '그들' 집단을 배제하게 되는데 여기에서 '그들'이란 유럽인이 아닌 집단, 좀더 노골적으로 말하면 주인공 짐이 극복하거나 정복해야 하는 집단을 의미하게 된다.

## 2. 영국 제국주의의 정당성 옹호

이 소설의 역사적·이데올로기적 배경은 스프링커가 지적하고 있듯이[7] 19세기 말에 대영 제국이 직면하고 있던 강대국 간의 식민지 쟁탈전을 우선 들 수 있다. 콘라드가 이 소설을 쓰고 있던 시기가 독일의 지원을 받고 있었던 아프리카공화국과 대영 제국 사이에 1899년에 시작되었던 보어 전쟁의 시기와 일치한다는 것은 우연이 아니다. 이 전쟁에 대해서 콘라드는 대체로 냉소적인 태도를 보이지만("이 바보 같은 전쟁, 민주주의를 위해서라고? 웃기는 소리지"[8]), 대영 제국이 다른 어느 나라에 비해서도 더 나은 이상을 가지고 있었다는 것은 의심하지 않았다. 그는 다시 "자유 사상은 전세계를 통틀어 오직 대영 제국의 깃발 아래에서만 찾을 수 있다"[9]라고 한다. 말하자면 콘라드가 보기에 보어 전쟁은 도덕적·정치적 의미에서 우열이 분명한 대영 제국과 여타 제국의 — 구체적으로 독일 — 격전장이었던 것이다. 이 소설에 나타나는 식민 강국들의 인물들은 콘라드가 제시하는 국제간의 경쟁의 장을 재현하고 있다. 그렇지만 우리는 이 소설의 역사적·이데올로기적 배경을 강대국 간의 경쟁의 장으로만 이해할 수는 없다. 말하자면 이 소설에 나타나는 서구의 식민지가 된 아시아의 어느 항구 도시라는 전반부의 배경과 후반부의 동남아시아의 어느 원주민 섬이라는 배경을 무시할 수 없다는 것이다. 이 소설이 씌어지던 당시에 영국의 가장 중요한 식민지인 인도에서는 이미 1857

---

**7** 앞에서 밝힌 스프링커의 논문 p. 245.

**8** Frederick R. Karl and Laurence Davies eds., *The Collected Letters of Joseph Conrad*, vol. 2(Cambridge: Cambridge University Press, 1986), pp. 206~07.

**9** *Ibid.*, p. 230.

년 세포이의 항쟁을 시발로 하여 인도인의 독립 운동이 계속하여 영국 식민 체제에 도전을 하고 있었다. 비록 콘라드는 어느 소설에서도 인도를 직접 다루지는 않았지만 대영 제국의 문제에 관심을 갖고 있던 작가로서, 그리고 지식인으로서 식민지 원주민들의 식민 체제에 대한 반발을 의식하지 않을 수 없었을 것이다. 이 문제가 『로드 짐』의 역사적·이데올로기적 배경을 형성하고 있다.

콘라드가 이 소설에서 여타 제국주의 국가뿐 아니라 원주민들에게도 대영 제국의 우수성을 주장하고 있다는 것은 주인공 짐이 파투산 원주민 사회에 질서와 평화를 성공적으로 정착시키고 있다는 데서 나타난다. 말하자면 콘라드는 부정적이거나 실패하는 인물들, 즉 원주민들을 정치적·군사적인 면에서 성공적으로 다루지 못하는 독일인 슈타인Stein, 그의 식민 상인의 임무를 저버리고 원주민 공동체에 편입해버리는 포르투갈인 코르넬리우스Cornelius, 원주민들에게 정치적·군사적 소용돌이를 일으키는 아랍인 쉐리프 알리Sheriff Ali, 그리고 혼돈의 내전에서 헤어나지 못하는 원주민들을 비판하거나 그들의 한계를 드러내기 위해서 성공적인 짐을 후반부에서 보여주는 것이다.

이 소설의 전반부의 무대는 동남아시아의 어느 항만 도시로서 이미 식민지화된 세계이다. 여기는 이미 식민 체제가 확고하게 자리잡고 있기 때문에 원주민들을 정복하거나 정복에 대한 원주민의 반발은 더 이상 문제가 되지 않는 세계이다. 이곳에 살고 있는 백인들은 단지 백인이라는 이유로 특권을 누리며 편하게 지내고 있다. 반면에 원주민들은 "지칠 줄 모르는 충성심"(p. 8)[10]의 태도로 백인 주인들을 섬기는 하인들이거나, 순례를 떠나기 위해 어떤 정신 상태를 갖고 있는지도 모르는 백인 선원들에게 자신의

---

**10** 이 글에서 인용된 쪽수는 Joseph Conrad(Thomas Moser ed.), *Lord Jim*(New York: W. W. Norton, 1968)을 따랐다.

운명을 맡기는 "인간 화물"(p. 10)이거나, 혹은 자기네 공동체 안에서 해결해야 하는 사소한 폭력의 문제를 백인이 집행하는 법률에 그 해결을 맡기는 무능력한 자들이다(p. 43). 350여 년이라는 이 지역의 식민 역사를[11] 염두에 둔다면 이 원주민들은 그러한 기나긴 식민 체제에 길들여졌기 때문에 이 항만 도시의 식민지 문제는 식민지 경영인들인 백인들과 그들의 지배를 받는 원주민들 사이의 갈등이 아니라 도덕률이라든지 식민지인으로서의 집단 정신이 서로 다른, 구체적으로 말하면 서로 모순을 일으키는, 식민지인들 사이의 우열의 문제인 것이다. 콘라드는 이 식민지인들을 두 부류로 구분한다.

두 부류의 사람들이 있었다. 수도 적고 자주 나타나지도 않았지만 몇몇 사람들은 수수께끼 같은 삶을 살면서 해적의 기질과 꿈꾸는 듯한 눈을 가지고 쇠진할 줄 모르는 정열을 품고 있었다. 그들은 문명을 앞서서 대양의 알려지지 않은 여러 곳에서 계획과 희망과 위험과 모험적인 사업이 뒤엉킨 광란의 미로 속에서 삶을 살아가는 듯했다. 〔……〕 그러나 그곳의 대부분의 사람들은 짐 자신처럼 어떤 우연한 사고로 그곳에 내버려진 사람들인데 먼 항해를 안 하는 지방 선박들의 고급 선원으로 자리잡고 있었다. 그들은 이제는 어려운 조건에서 더 어려운 의무를 져야 하고 또 험한 대양의 위험을 무릅써야 하는 본국선의 선원 생활을 두려워하고 있었다.

---

**11** 『로드 짐』의 지역적 배경인 말레이 반도 등의 동남아시아는 1520년경에 이미 포르투갈에 의하여 식민 무역의 중요 지점으로 자리잡고 있었다. 포르투갈이 이 지역에서 활동하고 있던 때만 해도 중국·아랍 상인들 역시 이 지역에서 무역을 하고 있었다. 그러나 1600년경부터 이 지역은 네덜란드가 독점하고 있었으며 1860년대 이후 영국이 이 지역의 패권을 장악하고 있었다. Norman Sherry, *Conrad's Eastern World*(Cambridge: Cambridge University Press, 1966)와 Eric R. Wolf, *Europe and the People Without History*(Berkeley: University of California Press, 1982) 참조.

그들은 이제 동양의 하늘과 바다가 주는 영원한 평화로움에 익숙
해져버린 것이다. 그들은 단거리 항해와 편안한 갑판 의자와 다수
의 원주민 선원들과 백인으로서 갖게 되는 특권에 매료돼 있었다.
(pp. 8~9)

콘라드가 이 두 집단을 통해 제시하는 것은 식민지에서 벌어지
고 있는 두 가지 문제이다. 체스터Chester나 로빈슨Robinson 같
은 몽상가들의 열정과 희망은 만일 그들이 파투산의 역사를 이야
기하면서 말로가 언급하는 17세기의 후추 상인들이 그랬던 것같
이 식민 시기의 초기, 즉 식민지 개척 시대에 살고 있었다면 생산
적인 역할을 할 수 있었을 것이다. 그렇지만 식민 체제가 확고하
게 자리잡은 19세기 말의 식민지에서는 그들은 단지 시대착오적
인 인물들이다. 예를 들어 체스터가 구아노 섬에서 실현시키려 하
는 유토피아의 꿈은 19세기 말에는 이미 사양길에 접어든 노예 제
도("총 두 자루와 40명 정도의 쿨리가 있으면 해낼 수 있는"〔p. 102〕)
에 근거하고 있다. 그들의 시대착오적인 생각은 체스터의 동업자
라빈슨의 인물 묘사에서 두드러지게 나타나는데 로빈슨은 "약간
귀가 멀고" "나이 들어서 중풍이 걸린" "쇠약한 노인장"(p. 100)이
다. 그들 몽상가들은 새로운 제국주의가 필요한 시대에 살고 있
으면서 이미 지나가버린 약탈 식민주의를 꿈꾸고 있다. 그들의
환상적인 사업 계획은 당대뿐만 아니라 새로운 식민 체제에서는
받아들일 수 없기 때문에 식민 종주국의 정책 입안자나 집행자
들, 그리고 여타의 식민지 경영인들의 협조를 구하는 데 실패하
며 따라서 현실화될 수 없다. 이들이 갖는 식민지인의 정서는 당
시 식민 체제에 위험한 것이라기보다는 부질없는 것이다. 그러나
그들의 꿈이 갖는 개척의 모험은 현실화될 수 있는 상황에서는
유익할 수도 있는데 후반부에서 보이는 짐의 행동같이 식민 체제

의 변경이라는 적절한 장소와 또한 말로와 같은 식민지 체제의 권위자의 협조와 통제가 있을 때는 식민 체제에 긍정적인 역할을 할 수 있다.

　현상태의 식민 체제에 대한 콘라드의 비판은 사실상 두번째 부류인 현실에 만족하면서 백인의 특권을 누리고 있는 자들에게 향해 있다. 그들은 백인의 특권을 가지고 편안한 상태에서 힘 안 들이고 행운을 잡으려는, 말하자면 식민 체제의 기생충 같은 존재이다. 콘라드의 이러한 부류에 대한 비판은 그가 이 소설에서 다루는 파트나호 사건에서 두드러지게 나타나는데 그는 이 사건을 이러한 부류의 책임과 의무를 망각해버리는 현실 안주자들에게 돌리고 있다. 대부분의 비평가들은 짐을 이러한 부류의 식민지인들과는 다르다고 생각하고 있지만 사실상 큰 차이가 있지는 않다. 비록 꿈을 가진 젊은 선원이긴 하지만 위험이 없다고 여겨지는 파트나호의 일등 항해사의 자리를 얼른 받아들이는 데서 짐은 스스로가 갑판 의자에 편히 앉아서 노닥거리는 현실 안주자 선원들의 무리에 스스로 끼어드는 것이다. 이 사실은 몽상가 짐과 현실 안주파 선원들 사이에 딱 부러지게 자를 수 있는 경계가 없음을 말해준다. 편안함을 찾는 현실 안주파 선원들도 필요한 경우에는 ‘행동’을 감행할 수 있다. 그들은 침몰한다고 믿고 있는 파트나호에서 ‘뛰어’내리며, 또한 그 사건과 관련된 재판이 그들에게 수치와 굴욕을 줄 것이 분명함을 알 때 그 재판 과정을 팽개칠 수 있는 것이다. 사실 짐과 그들이 다른 점은 800명이 넘는 원주민을 죽여버린 것과 같은 범법 행위에 대한 조사에서 다른 선원들이 재판을 피해 도망가버리는 데 반해 짐은 그 스스로가 정당화될 수 있다고 믿고 변명하려 하는 데 있다. 전반부의 화자의 진술인 “그들은〔재판에 관계된 판사·검사·조사관 등〕사실을, 사실 그대로를, 진술하라고 했다. 마치 그러한 사실이 모든 것을 설명해줄 수나 있는 듯이"라는 말은 그러한 책임과 의무를 저버린 범법 행위 뒤에도 잘못을 인정하기는커녕 재판 과정에 맞서 자신의 명예를 지킬 수 있다고 믿고 있는 짐의 대리 진술이다.

현재 활동하고 있는 대표적인 영미 비평가 중 하나인 프레드릭 제임슨은 이 두 부류의 식민지인들과 짐을 대조시키는데 짐은 이 두 집단 어디에도 소속하지 않는다고 한다.[12] 말하자면 여기 제시된 부정적인 두 집단과는 달리 짐이 어떤 우수성을 가지고 있는가를 말하고자 이 두 집단이 제시되어 있다는 것이다. 그러나 제임슨의 이러한 읽기는 주인공에게 우선적으로 특권을 부여하는 관습적인 독서 방법 중 하나일 뿐이다. 짐이 다른 등장인물과는 다른 우수성을 가지고 있음을 전제하지 않고 이 소설을 읽었을 때에는 짐이 이 두 집단과는 다른 특출난 점을 스스로 가지고 있다기보다는 이 두 집단 사이를 왔다갔다하는 인물임을 알 수 있다. 짐은 낭만적인 모험의 꿈을 품고 있다는 점에서는 전자인 식민지 개척 시대의 정서를 품고 있는 몽상가적 식민지인들에 속한다. 그러나 백인들에게 주어진 특권을 누리는, 모험을 모르는 현실 안주파에게 짐은 매력을 느끼며 그런 기회가 왔을 때에, 즉 파트나호의 일등 항해사의 취직 자리를 기꺼이 받아들이는 데서, 짐은 현실 안주자인 두번째 집단에 속한다. 결국 짐의 정체는 해적들과 같은 시대착오적인 몽상가적 식민지인들과 현상태 유지의 정신 상태를 가진 썩어가는 식민지인 둘 다가 갖고 있는 문제점들을 그 스스로가 갖고 있는, 즉 알튀세르의 용어를 쓴다면 중첩적 모순의 정점이라고 할 수 있다. 이러한 짐과는 달리 이 소설의 후반부에 나타나는 짐은 자신을 정당화하려고 애쓸 필요가 없을 뿐만 아니라 파투산이라는 원주민 세계에서 이상적으로 성공

---

12 Fredric Jameson, *The Political Unconscious: Narrative as a Socially Symbolic Act*(Ithaca : Cornell University Press, 1981), p. 244.

하는 식민지 경영인으로 나타난다. 파투산에서의 짐과 파트나에서의 짐의 차이를, 행동을 감행할 수 있는 용기가 새로 생겼다는 식의 성격이나 내면의 변화로 설명하는 것은, 많은 비평가들이 그렇게 설명하고 있지만, 별로 설득력이 없다. 결정적인 차이는 짐이 속한 위치, 즉 이미 식민지화되어 현실에 안주하는 식민지인들이 득실거리는 세계에서 식민지를 계속 확장해나가면서 초기 식민지 개척자들이 가졌던 모험의 꿈이 계속하여 현실화될 수 있는 식민지의 변경으로 짐이 옮겨갔다는 사실이다. 말로Marlow가 이러한 문제 많은 짐을 구제해서 파투산으로 보내는 것은 당시 대영 제국이 처한 위기를 극복하기 위해서 새로운 변경을 계속해서 개척해야 한다는 대영 제국의 미래 지향적 신정책을 제시하는 콘라드의 의도를 담고 있다.

위에 제시된 두 부류의 백인 식민지인들은 단지 동양의 어느 항만 도시 식민 사회의 단면을 제시하고 있는 것만은 아니다. 이 두 부류의 집단은 식민 역사를 제시하고 있기도 하다. 말하자면 초기 식민 역사 과정에 있었던 약탈 식민주의와 후기 식민 역사에 있었던 백인의 특권이 보장된 안정된 그렇지만 자체 모순이 드러나기 시작한 관료적 식민주의가 공시적으로 존재하는 사회인 것이다. 이러한 통시적인 식민 역사가 공시적으로 재현되고 있는 이 식민 사회는 파투산에서 활동하게 될 짐이 제시되어 있다는 점에서 콘라드가 주장하려 하는 미래의 새로운 식민 역사역시 내포되어 있다. 말하자면 짐은 식민 역사의 중첩적 모순의 정점이라는 점에서 기존 식민 정책을 비판할 수 있는 매개체가 되는 동시에 과거 식민 역사의 진취적 모험성과 현재의 상황, 즉 여타 식민지인들과 함께 모여 있다는 의미에서 식민지 연대 의식이 조화롭게 결합할 수 있다는 미래의 가능성을 보여주고 있다는 것이다. 말로가 짐에게 특권적 호의를 베푸는 것은 짐 개인이 가지고 있는 성격의 우월성에 근거하고 있는 것이 아니다. 말로는 짐이 젊기 때문에, 즉 미래의 가능성을 보고 있기 때문에 그리고 그의 출신, 즉 대영 제국을 위해 해외에 파견되어 있는 중상층 집단의 대표적 인물이기에 짐을 보호하고 임무를 새로 부여하고 있는 것이다. 말로는 처음으로 짐에 대해 관심을 갖게 된 동기를 말할 때 "그 녀석은 출신이 제대로였어. 우리들 중의 하나란 말이야. 그 녀석은 거기서 자기와 같은 부류의 핏줄을 대표하고 있었어. 똑똑하거나 재미있지는 않지만 정직한 신앙과 본능적인 용기를 가지고 살아가는 그런 부류의 사람들을 대표하고 있었다는 거지"(p. 27)라고 한다.

식민지가 확장되고 있던 식민 역사의 초기에는 원주민들에 대한 도덕적·정치적 의무는 심각한 고려의 대상이 아니었다. "후추 한 부대 때문에 〔……〕 주저하지 않고 상대방의 목을 자르려 하는"(p. 138) 해적과 같은 식민지 개척자들에게 어떤 도덕 의식을 기대할 수는 없다. 백인은 좋은 사람들이고 백인이 아닌 인종은 악마라는 식민 이데올로기의 이분법적 사고가 지배하고 있던 시대에는 식민지의 자원을 수탈하거나 원주민들을 무자비하게 다루는 것은 도덕적인 의미에서나 정치·사회적인 의미에서 죄가 아니었다. 그러나 19세기 중엽 이후에는, 특히 전세계적 패권을 장악하고 있던 대영 제국으로서는, 식민 정책이 거세게 일어나고 있던 원주민의 반식민 저항에 제대로 대처하기 위해서, 그리고 여타 제국과 경쟁하기 위해서 박애적 식민주의를 표방할 수밖에 없었다. 이 소설에 나오는 파트나호 사건과 그에 대한 책임을 물어 백인 선원들을 처벌하는 것은 원주민들의 정서를 달래려는, 그리고 이미 확고하게 자리잡은 식민주의 체제를 계속하여 유지하려는 식민 당국의 노력을 보여준다. 식민 당국의 입장에서 볼 때 "위기에 처했을 때 생명과 자산을 지키는 것은 선원의 복무

조항에 명문화되어 있는데도 불구하고 이를 방기한 것은 〔……〕 당연히 지켜야 할 의무를 철저히 무시한"(p. 97) 행위로서 이를 처벌하는 것은 식민 체제의 유지에 반드시 필요하다.

콘라드는 이러한 관료적 현실 유지책을 비판하고 이와는 다른 새로운 식민 정책을 제안하기 위해서 이 소설을 쓰고 있다. 식민 정책이 현상태의 유지라는 정책으로 계속될 때에는 파트나호 사건과 같은 사건은 계속 일어날 수밖에 없다는 것이 콘라드의 입장이다. 많은 비평가들이 파트나호를 예인한 프랑스 장교를 이 소설에서 제시하는 도덕률의 기준이 되고 있다고 하지만 사실상 그 역시 콘라드의 비판이 되고 있다. 왜냐하면 그의 행동 강령은 "습관, 습관, 또는 필요에 의해서, 아시겠어요? 다른 사람의 눈이 기도 하고요"(p. 90)라는 것이다. 그 프랑스 장교의 도덕적 정서를 생각해보면 그는 파트나호를 버리고 도망가버린 다른 선원들과 별 차이가 없는 것을 알 수 있다. 말하자면 그 역시 현실 안주적 정신 상태를 갖고 있는 것이다. 그 역시 파트나호에 무슨 사건이 생긴다면 "예인을 깨끗이 그만두어버릴"(p. 85) 것이기 때문이다. 그가 영국의 경쟁국이었던 프랑스 출신이라는 것과 그가 답답한 영어를 구사하고 있다는 것은 콘라드가 주도면밀하게 의도하고 있는 것이며 이는 그의 성품을 깎아내리기에 충분하다.[13] 짐의 경우를 자신이 처할 수 있는 상황과 일치시켜 양심의 가책으로 자살을 택해버리는 브라이얼리Brierly는 식민 체제의 유지에 더 위험한 인물이다. 만일 그러한 양심이 식민 정책을 좌우할 수





---

[13] 이 소설을 다루면서 비평가들은 콘라드가 등장인물의 성품을 제시할 때 영어도 중요한 한몫을 하고 있다는 것을 간과하고 있다. 콘라드는 짐과 말로가 영국 출신임을 강조하기 위해 프랑스 장교와 슈타인의 불어 또는 독어식 영어를 두드러지게 내보인다. 이런 맥락에서 놓치지 말아야 할 인물은 짐을 파투산으로 안내하는 바보 광대와 같은 트기이다. 이 인물이 바보 같은 것은 우선 그의 영어가 미친놈이나 쓸 엉터리 영어라는 점이다. 이와는 달리 짐은 영문학을 대표하는 셰익스피어의 작품을 들고 파투산으로 들어간다.

있는 것이라면 식민주의 자체가 역사에 존재할 수 없었을 것이기 때문이다. 브라이얼리는 비록 그가 책임진 선박에 대해서는 후속 조치를 취하고 있지만 자살을 택해버림으로써 식민주의에 참여하는 한 백인으로서의 의무와 책임을 저버리고 있다. 이러한 비판을 통하여 콘라드가 이 소설에서 제시하고 있는 것은 자명해진다. 그것은 현금의 식민주의의 위기는 문명의 전파라는 대영 제국의 이상을 영국인이라는 연대감을 가지고서 짐이 가지고 있다고 생각되는 낭만적 모험으로 계속하여 식민지를 확대함으로써 극복할 수 있다는 것이다. 이러한 이상을 가진 대영 제국은 여타 제국주의 국가와의 경쟁을 맞고 있기 때문에 대영 제국의 우수성이 짐의 행동을 통하여 증명되어야 한다. 이러한 구도를 실현하기 위하여 여타 제국을 대표하는 인물들의 열등을 콘라드는 제시하고 있다. 독일인 선장의 취중몽생하는 무책임한 행동, 프랑스 장교의 현실 유지책의 정신 상태, 오스트레일리아인 체스터의 헛된 야심 등이 이러한 의도에서 제시되고 있다. 짐은 부분적으로는 이와 같은 부정적인 면들을 갖고 있지만 이 소설에서의 짐의 진면목에 대한 진술은 파투산에서의 그의 활동상이 제시될 때까지는 계속하여 유보되어 있다. 말로로서는 대영 제국의 젊은이가 파트나호 사건과 같은 파렴치한 사건에 책임이 있다는 것은 받아들일 수 없는 것이다. 따라서 그의 짐의 정체에 대한 끊임없는 사색과 물음은 짐의 행위가 파렴치한 범법 행위가 아니라 어떤 특별한 인물이 피할 수 없는 형이상학적 위기 상황에서 그렇게 행할 수밖에 없었을 것이란 식의 파트나호 사건의 진상을 형이상학적으로 승화시킴으로써 짐의 행위를 정당화하려는 노력이다.

슈타인의 인간의 존재 상황에 대한 유명한 진술, 즉 "인간은 누구나 태어나면 꿈속으로 빠져드는 거야, 마치 바다에 빠진 사람 모양 말이야"라는 말은 이 소설의 모든 인물에 적용되는 진술이 아니다. 사실상 이 진술에 해당되는 인물은 상당히 제한되어 있다. 우선 파트나호 사건의 실제 상황만을 밝히려 드는 식민지 관료들이나 그 사건이 일어나고 있을 그 상황에서도 '아무것도' 생각하지 않고 있었던 원주민 하급 선원들은 이 진술에 적용되지 않는다. 또한 체스터나 로빈슨같이 꿈을 가지고 있지만 그 꿈으로 고통을 받고 있지 않은 인물 역시 제외되어 있다. 오직 현실과 꿈 사이의 괴리 때문에 고통을 겪는 짐과 같은 인물만이 슈타인의 진술에 적용될 수 있다. 슈타인에 의하면 파트나호 사건에서 짐의 잘못된 행동은 그의 무책임이나 비도덕성에서 나오는 것이 아니라 짐 자신이 가지고 있는 우월한 낭만적 꿈 때문에 생기는 것이다. 슈타인은 "그 녀석은 낭만적인 놈이야, 낭만적이라고. [……] 영 좋지 않은 것이야, 영 좋은 게 아니라고. [……] 또 아주 훌륭한 것이기도 하지"(p. 132)라고 하고 있다. 말로는 이미 슈타인의 이러한 진술을 듣기 전에도 인간이 통제할 수 없는 "어떤 설득력 있는 비실체적인 해명 거리"가 있을 거라고 생각하면서 짐의 행위를 정당화할 준비를 하고 있었다. 그러한 비실체적 해명 거리를 스스로 찾을 수 없을 때 슈타인이 짐은 '낭만적'이기 때문에 그러한 과오를 범할 수밖에 없었다는 것은 말로에게는 커다란 위안이 된다. 이 말을 듣고 말로는 "짐의 사그라질 수 없는 실체가 설득력 있게 저항할 수 없는 힘으로 나에게 인식되었지"(p. 132)라고 하고 있다. 영국인 짐의 과오가 독일인 슈타인에 의해서 긍정적으로 해명되고 있다는 것은 의미심장하다. 왜냐하면 국제적 식민 경쟁의 무대에서 영국인의 행위가 또 다른 영국인인 말로에 의해서가 아니라 영국의 경쟁국인 독일 출신의 식민지인에 의해서 긍정적 평가를 받는 것은 영국의 우수성을 더 설득력 있게 입증해주고 있기 때문이다.

## 3. 영국 제국주의의 대표자 짐

소설 『로드 짐』을 인류 공동체의 실현이라는 이상을 구현하고 있는 소설로 보고 있는 비평가들은 원주민을 보호하고 파투산의 평화를 지키는 짐의 모습을 그의 다른 소설 『어둠의 속』에 나오는 커츠Kurtz의 모습과 대조시킨다. 이들에 의하면 『로드 짐』에서는 정치적·경제적 혼란 때문에 고통을 겪는 파투산 주민들에게 주인공 짐이 안정과 평화를 가져오기 때문에 『로드 짐』을 미래의 희망을 그리는 소설로, 그리고 『어둠의 속』에서는 문명의 빛을 전달해야 한다는 유럽인의 이상을 품고 있었던 커츠가 아프리카에 와서는 왜곡되고 타락한 기괴한 인물로 변해버리기 때문에 『어둠의 속』을 제국주의에 비판적인 소설로 보려 한다. 말하자면 제국주의의 두 모습을 콘라드가 이 두 소설에서 제시하고 있다는 것이다. 콘라드의 소설을 정치적 의식을 가지고서 분석한 비평가 플레쉬먼은 『어둠의 속』을, 현실 역사상 아프리카에서 유럽인들이 해왔던 것처럼, 원주민들을 정치적·경제적으로 수탈하는 무자비한 제국주의를 드러내는 소설로, 그리고 『로드 짐』을 과거의 오스트레일리아나 캐나다에서와 같이 어느 정도는 인간이 살지 않는 빈 공간에 유럽 문명의 이상을 실현하는 우호적 식민주의를 재현하는 소설로 보고 있다.[14] 이러한 분석은 식민 문학 작품을 식민 역사 과정을 염두에 두지 않고 식민 정치의 양상이 각각 본질적으로 다른 형태를 취할 수 있고 또한 본질적으로 다른 식민지 경영인들이 여러 식민지에서 그들의 본질을 드러내는 것이 식민지 경영의 각각 다른 형태였다는 것을 주장하는 것이다. 이러한 해석은 각각의 작품에 내재되어 있는 어떤 본질을 드

---

**14** Avrom Fleischman, *Conrad's Politics: Community and Anarchy in the Fictions of Joseph Conrad*(Baltimore: Johns Hopkins University Press, 1967), p. 98.

러내려는 비평 방식이다. 그러나 이러한 본질 비평 방식을 역사에 다시 환언시켜놓고 보면, 플레쉬먼이 말하는 우호적 식민주의란 다름아니라 오스트레일리아·캐나다, 특히 미국 역사에서와 같이 과거 그곳에 살고 있었던 원주민들을 멸종 단계로 만들어놓고 그 다음에 정착한 서구인들이 이루어놓은 선진국의 모습을 보고서 우호적이란 수식어를 쓰는 식민주의이며, 수탈 제국주의란 다름아니라 원주민들의 저항으로 말미암아 결국은 그 지역을 떠나게 된 서구 제국주의의 과거 모습을 보고서 수탈의 역사를 비로소 볼 수 있게 되는 그런 제국주의인 것이다. 말하자면 플레쉬먼의 역사 의식이란 아프리카 여러 국가들의 독립을 결국은 이루게 만든 반식민 저항 운동의 성공에 의해서만 제국주의의 무자비한 면모를 깨닫게 해주는 그런 역사 의식인 것이다. 물론 플레쉬먼 같은 비평가들이 정치 의식에 있어서 반제국주의자들임은 분명하지만 역사 과정의 변화에 민감하지 않은 탓에 제국주의의 위기를 타개하기 위한 새로운 제국주의 정책을 긍정적으로 받아들이고 있다는 점에서 콘라드의 의도에 말려들고 있는 것이다. 짐의 파투산 지배는 짐이 그 원주민 공동체에 몰입하여 새로운 삶을 살아가는 것이 아니라 유럽 제국의 이익을 위하여 원주민들을 식민 상태로 만드는 것이다. 슈타인의 지배인으로서 파투산에 가 있는 그는 국제 정치적 관점에서 볼 때 보호 무역 정책을 견지하고 있던 기존 집권자인 알랭에 의하여 위기에 처해진 자유 무역을 복구시키는 동시에, 파투산을 지배하게 될 때에는 원주민들의 토지와 노동력을 착취하게 될 식민 경제 정책을 계획한다. 구체적으로 말해 그는 대규모 커피 농장을 계획한다.

이와 같이 짐은 바다에서 추방된 선원에서 성공적인 식민지 경영인으로 탈바꿈하게 되는데 이는 짐의 성격을 말할 때 흔히 쓰이는 '낭만적'이란 말로는 충분히 설명할 수 없는 짐의 정체를 단적으로 드러낸다. 말로가 슈타인에게 짐이 어떤 인물임을 설명하면서 도움을 청할 때 슈타인은 말로에게 짐이 '낭만적'인 인물이라고 한다. 이때에 말로는 슈타인에게 동의하고 있지만 혼자서 짐에 관해서 자기의 이야기를 듣고 있는 사람들에게 자기의 생각을 말할 때는 슈타인의 견해가 충분치 않다고 한다. 말로는 "슈타인은 짐이 낭만적이란 말밖에 못 했지. 필자가 알고 있는 것은 그가 우리들 중의 한 사람이라는 거야. 짐이 낭만적이란 게 도대체 무슨 의미가 있어?"(p. 137)라고 한다. '우리들 중의 하나'라는 말은 여기에서 상당히 중요한 의미를 가진다. '우리들 중의 하나'라는 의미는 특히 이 소설의 전반부에서는 매우 애매모호했다. 관점에 따라서, 그리고 말로가 말하는 맥락에 따라서 모든 인간, 백인들, 식민 체제에 속한 상선의 고급 선원들, 혹은 모험을 꿈꾸는 몽상가를 의미할 수 있었던 것이다. 그러나 후반부가 시작되는 21장에서 '우리'의 의미는 분명히 구체적으로 드러난다.

자기 것이라고 할 만한 따뜻한 가정이나 사랑이라곤 없는 외로운 사람들, 가정집이 아니라 고국 땅으로 돌아가 육신이 없는, 영원한, 변하지 않는 정령을 만나는 사람들, 바로 이 사람들이야말로 고국의 가혹함, 고국이 갖는 구제의 힘, 우리에게 충성하라고, 복종하라고 요구하는 세속적인 권리의 은총을 가장 잘 이해하는 사람들이지. 그렇지. 우리들 중에 이것을 이해하는 사람들은 얼마 없지. 그렇지만 우리 모두는 이것을 느끼고는 있지. 내가 말하는 것은 예외 없이 우리 모두가 느낀다는 거야. 왜냐하면 느낄 줄 모르는 놈은 제대로 된 놈이 아니니까 말이야. 풀이파리 하나하나도 생명을 얻고 힘을 얻은 그 장소가 있는 법이야. 마찬가지로 사람도 살아가는 동안 그의 신념을 얻었던 고국 땅에 워낙이 뿌리가 박혀 있는 거지. 〔……〕 뿔뿔이 흩어지려는 자에게 화 있으리라.

우리는 뭉쳐 있을 때에만 존재하고 있는 거야. (p. 136)

　말로의 이 말이 중요한 의의를 갖는 이유는 콘라드가 주인공 짐을 대영 제국의 신민으로서 정체를 확실히 밝히고 난 다음에 전반부에 나타나는 문제 많았던 짐을 후반부의 성공적인 식민지 경영인으로 탈바꿈시키고 있다는 점이다. 식민지 상선의 고참 고급 선원으로서의 말로가 갖는 대영 제국 식민 체제와의 밀접한 연관은 그가 해오곤 했던 역할, 즉 "많은 젊은이들을 〔……〕 대영 제국의 깃발〔즉 영국 제국주의〕을 위하여 봉사하게 이끌어"(p. 27) 왔다는 점에서 분명히 드러난다. 말로에 의하면 그와 그가 돌보고 역할을 부여하는 젊은이들의 떨어질 수 없는 연대는 바로 그들이 대영 제국이라는 고국 땅을 공유하고 있기 때문이다. 그가 짐을 파투산으로 보냄으로써 그에게 두번째 기회를 주는 것은 짐이 잘못하면 뿔뿔이 흩어져서 방황하는 길 잃은 영국의 젊은이가 되는 것을 두려워하기 때문이다.

　짐과 말로를 '우리'로서 하나로 묶어주는 것은 위의 인용문에서 보듯이 그 둘이 공통의 원천을 가지고 있다는 의식, 다름아닌 대영 제국의 신민이라는 의식이다. 콘라드의 소설을 식민주의의 관점에서 깊이 있게 다루고 있는 베니터 패리[15]는 이 소설에 나오는 '우리'라는 연대 의식의 기반이 대영 제국이라는 영원한 조국이라고 한다. 필자는 패리의 이러한 진술에 동의하지만 콘라드의 이 소설이 "전통적인 제국주의 이데올로기의 궤도"[16]에 머물러 있다는 주장에는 동의하지 않는다. 왜냐하면 필자가 위에서 주장했다시피 콘라드는 이 소설에서 파트나호 사건과 같은 식민지 문



---

**15** Benita Parry, *Conrad and Imperialism: Ideological Boundaries and Visionary Frontiers*(London: Macmillan, 1983).
**16** *Ibid.*, p. 91.

제를 불러일으키는 현존하는 식민주의를 비판하면서 새로운 형태의 제국주의 정책을 제시하고 있기 때문이다. 패리가 말하는 '영원한 고국'이라는 추상적인 개념은 다른 제국주의 국가와 경쟁하는 대영 제국주의의 우수성을 입증하려 하는 콘라드의 구체적이고 현실적인 의도를 이 소설에서 읽어내기에는 불충분하다. 파트나호 사건에서 궁극적인 책임을 져야 할 선장은 독일인으로서 독일의 특성인 "철혈"(p. 9)을 갖고 있으나 자신의 고국인 독일을 저주함으로써 스스로의 정체를 저버린다. 이 소설의 세계에서 그는 무능력한 도덕적 파탄자로 묘사되어 있다. 그의 술 주정과 원주민에 대한 노골적인 경멸이 이를 대변하고 있다. 이 독일인 선장과는 다른 또 다른 독일인 슈타인은 긍정적인 인물로 묘사되어 있는데 이는 그의 분신인 나비 표본들을 그의 고향에 기증하겠다는 데서, 즉 그의 출신지에 대한 애착에서 나오는 것이다. 짐이 갖는 조국에 대한 애정과 연대 의식은 다른 사람들의 경우와 비교해볼 때 더욱 강한 것이며 따라서 그의 도덕적 우수성을 증명하고 있기도 하다. 왜냐하면 그는 물리적 안락감을 즐길 수 있는 조국으로 돌아갈 수 없다는 도덕 의식으로 말미암아 그의 조국에 대한 연대 의식은 더 강할 수밖에 없다. 대신에 그는 대영 제국의 권위를 대리 행사하는 말로의 도움을 받아 또 다른 조국, 영국의 식민지, 즉 하위 대영 제국을 건설하고 있다. 말로는 짐을 칭찬하면서 그가 "변치 않는 젊음으로 노쇠하지 않는 종족의 힘과, 아마도 미덕을, 재현하기 위해 어떤 제단 위에 서 있는 인물"(p. 162) 같다고 한다. 짐이 갖고 있는 고국 의식은 정신적이며 따라서 '영원히 변하지 않는' 것이다. 그러나 짐의 우수성은 그가 간직하는 정신적인 조국을 구체적으로 눈에 보이는 조국으로, 즉 파투산을 하위 대영 제국인 영국의 식민지로, 탈바꿈시켜놓은 데 있다.

짐이 파투산으로 들어갔을 때 명목상으로는 슈타인의 지배인으로 들어간 것이지만 사실상 그는 그곳에서 식민지 정부의 역할을 하고 있다. 그는 파투산의 주민들을 다스릴 뿐만 아니라 파투산 원주민의 지배자들도 그의 통치 밑에 둔다. 여기에서 주목할 만한 것은 서양의 기술의 우위와 그의 전투 능력으로(그는 속이 빈 통나무를 도르래로 이용하여 대포를 언덕 위로 끌어올리게 하며 아랍인 알리를 무찌를 때 선두에 선다) 원주민 지도자의 신임을 얻게 되나 그의 파투산 지배를 확고히 하는 것은 서양 우위에 바탕을 둔 이분법적 식민 이데올로기라는 점이다. 서양인 짐이 초월적인 힘을 가졌다는 신화는 여기에서는 서양인 중 어느누구에 의하여 만들어지는 것이 아니라 짐에게 협조적인 원주민지배자를 위하여 봉사하는 원주민 이데올로기 생산자에 의하여생긴다. 무당인 수라Sura가 이러한 이데올로기 생산자인데 대부분의 사회에서 종교의 역할이 그러하듯 수라는 이제는 그들의지배자가 된 서양인을 위하여 서양인 중심의 지배 이데올로기를생산하며 그 체제를 공고히 하는 역할을 하고 있다. 짐이 파투산에 처음 들어왔을 때에 그는 단지 서양인 도둑놈 정도에 불과했다. 원주민들이 그를 처음 보았을 때 그들은 그를 잡아서 그들의지배자인 알랭Allang에게 호송하고 뒤이어 그는 일종의 영창 역할을 하는 울타리 속에 갇혀서 역겨운 음식을 받아먹으며 지내고 있었다.

서양인과 비서양인이 다르다는 믿음에 근거한 이분법적 식민이데올로기는 짐이 새로운 지배자 도라민Doramin과 한편이 되어 파투산을 완전히 장악했을 때 더욱 공고해진다. 말로는 짐으로 인하여 권력을 획득한 새로운 지배자 도라민의 아들 데인 워리스Dain Warris와 짐의 우정을 기술하면서 "심원한, 흔히 있지않은 백인과 황인종 간의 우정인데 인종 간의 차이가 그 둘을 어떤 신비로운 교감으로 더욱 가깝게 해주는 그런 우정"(p. 160)이라고 한다. 물론 이 말은 우선 짐과 원주민 집단 간의 조화를 드러내기 위한 말로의 진술이기는 하지만 사실 이 관계는 백인에 우위를 두는 이분법적 식민 이데올로기에 근거하고 있다. 이 이데올로기는 짐에게 통치의 힘을 부여할 뿐 아니라 원주민의 삶의 방식에도 영향을 미친다. "어떤 바보가 아내하고 헤어져야 하는지를 물어보려고 저한테 왔었지요"(p. 163)라고 말하는 데서 알 수 있듯이 가족 내에서 해결해야 할 문제까지 파투산 주민들은 서양인 짐에게 판단을 내려달라고 하는 것이다.

그렇지만 서양인 짐을 자신들의 지도자로, 그리고 보호자로 믿고 있는 원주민에게는 바로 그 믿음 자체가 그 원주민 공동체의 안전에 위협이 된다. 이 사실은 브라운 일당이 파투산에 왔을 때 드러난다. 이때에 짐은 파투산을 떠나서 내륙으로 가 있었기 때문에 원주민들 스스로가 브라운 일당을 맞아 어떻게든 처리해야 하는 상황이었다. 그러나 '초월적 힘'을 갖고 있다고 믿어지는 백인 지도자가 없는 원주민 집단은 스스로 문제를 해결할 능력이 없다.

〔백인들식으로 싸울 줄 아는〕이 용감하고 명민한 젊은이〔매판 권력자인 도라민의 아들 데인 워리스〕는 그 문제를 곧바로 해결하고 싶어했지. 그러나 그를 따르는 사람들도 그가 다루기에는 너무 부담이 되었어. 말하자면 짐이 백인으로서 갖는 인종적인 위세와 누구도 무찌를 수 없는 초자연적인 힘이 그에게는 없다고 사람들은 생각했다는 거야. (p. 220)

원주민 통치자로서의 도라민의 권력은 제국주의 권력자인 짐과 맺은 야합으로 생긴 것이기 때문에 그 야합 자체가 도라민으로서는 그의 권력을 유지하는 데 장애가 된다. 왜냐하면 도라민의 권력은 스스로의 힘으로 이룩한 것이 아니라 백인 짐의 힘에 의지하고 있기 때문이다. 도라민의 매판 정치 권력은 그 스스로의 권력의 파멸을 초래하고 있는 것이다. 이러한 사실은 짐이 브라운을 잘못 다룸으로써 도라민의 유일한 후계자인 데인 워리스가 결국 죽게 되고 이에 대한 책임을 물어 그의 권력을 가능하게 해주었던 짐을 처형할 수밖에 없는 상황에서 절실히 드러난다. 매판 권력은 그 스스로의 모순 때문에 그 모순을 통제할 수 없는 상황에서는 스스로가 파멸한다.

이 소설 후반부의 무대가 되고 있는 파투산의 정치·경제·역사에 대해서는 이상하리만큼 비평가들이 관심을 두지 않는다. 어떤 비평가는 파투산을 주인공 짐이 "압제자에게서 억압받는 원주민들을 구해내는" 로맨스적 영웅담의 무대[17]로 어떤 비평가는 현실적 세계인 유럽 세계와 대비되는 "시간이 지배하지 않는 정적인 세계로,"[18] 또 어떤 비평가는 서양인이 의미있는 일을 할 수 있는 "빈 공간"[19]으로, 그리고 조금 더 나은 비평가는 일치 단결하여 서양인의 지배에 저항함으로써 결국 식민 체제를 몰아내는 원주민 공동체[20]의 이야기가 전개되는 장소로 인식해왔다. 위와 같은 어느 정도 근래에 나온 비평적 견해와는 달리 오히려 수십 년 전의 비평인 플레쉬먼의 견해는 파투산 원주민 집단 내의 갈등에 주목하고 있다. 그렇지만 플레쉬먼은 파투산 내의 알랭파와 도라민파 사이에 벌어지는 갈등 내지 싸움을 정치 권력 간의 싸움이

---

**17** Ian Watt, *Conrad in the Nineteenth Century*(Berkeley: University of California Press, 1979), p. 346.

**18** Benita Parry, *Conrad and Imperialism: Ideological Boundaries and Visionary Frontiers*(London: Macmillan, 1983), p. 96.

**19** Stephen Zelnick, "Conrad's *Lord Jim*: Meditations on the Other Hemisphere," *Minnesota Review* 11(1978), p. 86.

**20** John A. McClure, *Kipling and Conrad: The Colonial Fiction*(Cambridge: Harvard University Press, 1981), pp. 126~30.

나 반식민 전쟁으로 보지 않고 "무역 전쟁"[21]으로 제한하여 설명하고 있다. 또한 이 소설을 논하면서 어떤 제3세계 비평가는 콘라드가 파투산 원주민들을 다루면서 제3세계인이 갖는 민족주의 의식을 무시하고 있다는 점에서 불만을 토로하고 있다.[22] 그렇지만 콘라드가 이 소설에서 파투산을 다루고 있는 방식은 식민 시대에 여타 서구 작가가 비서구 세계를 다루는 방식과 별로 다를 바가 없다. 말하자면 서구 제국주의 세력에 의한 비서구 세계의 지배가 비서구 세계의 원주민에게 문명의 복음을 전달하고 있다는 믿음을 주기 위한 문학 작품을 읽으면서 제3세계의 민족주의가 정당한 모습으로 나타나기를 우리가 기대한다는 것은 무의미한 일이다.

위에서 언급한 서구 비평가들이 주목하지 못하고 있는 파투산의 정치·사회 구조를 우리는 주목해야 한다. 말하자면 파투산은 매판 권력 세력인 도라민파와 전통적인 지배 집단이었던 알랭파와 짐으로 대표되는 서구 식민 세력이 서로 야합하며 갈등하는 관계가 혼합된 사회·정치 구조를 갖고 있는 식민 사회이다. 이러한 사회 내지 권력 구조를 주목하지 못한다면 견습 선원 시절의 짐이 망루 위에서 모험의 꿈을 즐기면서 밑에서 벌어지는 사태를 망각해버리는 태도와 다를 바 없다. 마르크스는 우리에게 역사를 읽을 때에 뒤에서도 읽으라[23]고 가르친다. 이를 문학 작품

---

**21** Avrom Fleischman, *Conrad's Politics: Community and Anarchy in the Fictions of Joseph Conrad*(Baltimore: Johns Hopkins University Press, 1967), p. 107.

**22** Robert D. Hammer comp. and ed., *Joseph Conrad: Third World Perspectives*(Washington, D. C.: Three Continents, 1990), p. 47. 제3세계에서 활동하고 있는 비평가와 학자들의 콘라드 비평을 모아놓은 이 비평집은 학문적 깊이에서는 별로 주목할 만하지 않으나 서양 문학을 다룰 때 제3세계라는 새로운 관점이 있다는 것을 주장한다는 점에서 주목할 만하다. 그러나 실망스럽게도 여기에 실려 있는 견해들은 진정한 의미에서 제3세계의 정치적·이데올로기적 관점을 제공하지 못한다. 여기에 실린 대부분의 글은 영미에서 이루어지고 있는 콘라드 비평을 별 비판 없이 받아들이고 있다. 아마도 서양식 교육을 받고 제3세계에서 활동하고 있는, 정치적 의식은 별로 없는, 소위 '저명한' 콘라드 권위자들의 글을 모아놓은 결과가 아닐까 생각한다.

에 적용한다면, 문학 작품을 읽을 때에 작가가 독자들이 읽어주기를 기대하는 방식과는 달리 뒤집어서 읽을 필요가 있다는 것이다. 특히나 식민주의 시대에 서양 작가에 의해서 씌어진 식민 문학 작품을 반식민주의적 관점에서 읽을 때에는 이러한 태도가 절실히 필요하다. 지금까지 필자는 『로드 짐』을 읽으면서 제국주의의 이데올로기가 어떻게 작용하고 있는가를 밝히려고 하였다. 이제는 콘라드가 이 소설에서 짐의 영웅적 행위를 두드러지게 드러냄으로써 지워버리거나 가리려 하는 원주민의 반식민 저항을 읽어내려 한다.

## 4. 원주민의 반식민 저항

파투산 일대의 자유 무역[24] 상태는 슈타인의 선임자인 스코틀랜드 출신 알렉산더 네일Alexander Nail이 확보하여 슈타인에게 넘겨졌으나 짐이 파투산에 들어올 때쯤에는 그 자유 무역 상태가 한편으로는 도라민파와 라자 알랭파의 내전으로 인하여 다른 한편으로는 슈타인의 지배인인 포르투갈인 코르넬리우스의 임무 포기에 의하여 위기에 처해 있었다. 알랭의 포로 상태에서 도망

---

23 Karl Marx, *The Poverty of Philosophy*(New York: International, 1963), p. 121.

24 상식적인 이야기지만 자유 무역이란 어떤 것인가를 짚고 넘어가야겠다. 식민 역사에서 자유 무역과 해적의 노략질은 엄밀히 가르기가 쉽지 않다. 오늘날의 인도네시아 지역(이 소설의 파투산은 현재의 보르네오 섬의 북부 지역이 모델이다)에서는 16세기경 서구 식민 세력이 상권을 확장하기 전까지는 아랍 상인들과 교역을 하고 있었다. 아랍 상인들을 몰아내기 위해서 서양 식민 상인들은 그들의 교역은 자유 무역으로 아랍 상인들은 해적질로 구분하기 시작했다. 이 소설에서 파투산의 파란을 일으키는 자가 아랍인 알리라는 것은 이러한 역사적 맥락에서다. 따라서 식민 역사적 관점에서 자유 무역이란 각국의 무역 상인들 간의 자유로운 경쟁에 의거한 무역이라는 의미보다는 경쟁국의 상인들을 제거한 상태에서 약자인 원주민들과 강자인 서구 상인들 사이에 벌어지는, 약자를 위한 보호 장치 없이 행하는, 무역을 의미한다.

친 다음 짐은 도라민 일파의 편에 서서 아랍인 알리를 진압한 다음 파투산 일대의 정치·경제의 주도권을 장악하게 된다. 이 점은 식민지 역사의 관점에서 볼 때 중요한 의의를 가진다. 왜냐하면 짐에 의하여 슈타인이 대치되는 것은 자유 무역 시대에서 제국의 팽창주의 시대로 식민 정책의 바뀜을 시사하는 것이다. 이 말은 또한 슈타인으로 대표되는 독일 제국주의와 코르넬리우스로 대표되는 포르투갈 제국주의에 대해 영국 제국주의의 우위를 말해주기도 한다. 말로는 짐이 자유 무역주의를 회복시켰다고 말하고 있으나 사실상 짐은 파투산을 영국 식민지로 만들어서 정치적·경제적으로 그 지역을 장악하고 있다.

이 소설의 전반부에 제시되었던 식민지의 위기 문제는 후반부에서 짐이 영국 제국주의를 위하여 파투산에 질서와 안정을 가져온다는 점에서 해결점을 시사하고 있다. 짐은 파투산에서 잃어버렸던 자신감을 되찾고 식민 지배자로서의 자기의 정체에 만족하고 있다. 그는 그가 통제하는 식민지에서, "자기의 시선 아래에서 안락을 취하는 사람들을 보는 것을 즐거워하고 있었으며" 또한 "모든 사람이 자기를 믿고 의지하는 데"(p. 151) 자부심을 갖고 있다. 말하자면 전반부에서 짐은 그 스스로에게서 식민지 문제가 내재된, 알튀세르가 말하는 중첩적 모순의 정점이었으나 후반부에서는 이러한 모순이, 적어도 일시적으로, 없어진 상태인 것이다. 말로는 이러한 짐을 보고 "어찌 됐든간에 과거는 잊혀지겠지. 이제 파투산으로 들어온 이상 밖의 세상에서 보기에는 그는 없었던 것이나 다름없지"라고 한다. 식민 권위자로서의 말로가 보기에 짐이 파투산에서 이루어내고 있는 일은 짐 개인의 과거 문제가 해결되었다는 것을 넘어서서 진짜배기 일을 해내고 있는 것이기도 하다. 왜냐하면 말로가 보기에 짐은 "미지의 상황을 장악할 수 있는 능력"(p. 152)을 보여주고 있기 때문이다. 이 소설의 후

반부에서 콘라드가 주장하고 있는 것은 현실 안주적 식민 정책에
의하여 야기된 문제들은 식민지를 확장함으로써, 말하자면 식민
지의 변경을 끊임없이 확대함으로써 해결할 수 있다는 것이며 이
러한 새로운 변경을 끊임없이 개척한다는 말은 다시 말해서 식민
지 개척 시대를 살았던 17세기 후추 상인들의 열정과 사랑의 이
야기가 끊임없이 되풀이되어야 한다는 이야기와 같은 것이다.

콘라드가 여기에서 주장하는 것은 식민지 문제의 해결은 역사
가 끊임없이 새롭게 되풀이됨으로써 가능하다는 것이다. 역사가
되풀이되는 것이라면 그 되풀이되는 역사는 콘라드가 의도하지
않았던 면에서도 되풀이된다. 말하자면 이 소설의 전반부에서 문
제되었던 백인 식민지인끼리의 모순이 백인 혼자서 지배하는 파
투산에 다른 백인의 무리가, 즉 브라운 일당이 왔을 때, 파투산에
서도 되풀이된다는 것이다. 브라운이 짐에게 하는 말, 즉 짐이나
브라운 자신 둘 다 결국 동일한 인물이라는 주장에 대해서 전통
적인 비평가들은 브라운이 심리적인 면 또는 형이상학적 의미에
서 짐의 또 다른 자아라고 해석해왔다. 그러나 식민지 상황과 역
사를 염두에 두고서 브라운의 주장을 생각해본다면 그 둘이 갖는
공통성이란 다름아닌 식민 종주국인 영국 출신이라는 것, 그리고
둘 다가 식민지인의 삶을 살아가고 있다는 것을 뜻한다. 말로는
이들의 대화를 이야기하면서 "그들의 거친 대화에는 공통의 핏줄
에 대한 미묘한 암시와 공통된 경험을 하고 있다는 가정이 흐르
고 있었지"(p. 235)라고 한다. 짐과 브라운은 영국 출신의 식민지
인라는 공통성을 가지고 있지만 말로 또는 콘라드가 애써 그 둘
의 차이를 드러내려 하듯이 이 둘의 차이를 무시할 수는 없다. 짐
이라는 긍정적인 인물과 브라운이라는 부정적인 인물의 차이는
도덕성이라기보다는[25] 대영 제국과 어떤 관계를 갖느냐에 의해서
결정된다. 말하자면 짐은 대영 제국을 대표하는 권위자인 말로의

통제와 보호를 받고 있는 반면에 브라운은 개인으로 존재하는 낙오자인 것이다. 이 경우 '우리'라는 연대 의식을 갖고 있는 대영 제국주의 체제를 어떻게 정상적으로 유지할 수 있는가라는 문제는 브라운과 같은 낙오자를 어떻게 문제를 일으키지 않고 처리하느냐 하는 문제와 같은 것이다. 말하자면 낙오자로 탈락할 가능성이 있던 짐을 성공적인 식민지 경영인으로 탈바꿈시킨 말로와 같은 역할이 짐이 브라운을 대할 때에도 필요한 것이다. 그러나 짐은 말로가 그에게 하였던 역할을 브라운을 다룰 때에는 하지 못하고 있다. 비록 많은 비평가들이 짐이 브라운을 놓아주는 행위를 말로가 짐에게 주었던 두번째 기회와 같은 것으로 해석하고 있지만 바다로 쫓겨나갔을 때의 브라운과 파투산이라는 무대를 얻을 수 있었던 짐과는 상당한 차이가 있다. 짐 스스로도 이 소설에서 그가 행하는 행동 말고는 다르게 행동할 수 있는 여지는 없다. 브라운을 전투를 하여 격퇴하는 행위(즉 브라운을 죽여버리는 행위)는 말로와 짐을 묶어놓았던 대영 제국 신민 간의 연대 의식을 저버리는 것이다. 반면에 브라운을 파투산 안에 짐과 같은 식민지인으로 정착시키는 문제는 이 소설의 전반부에 나타났던 식민지인 간의 갈등을 다시 만들어내는 행위이다. 즉 브라운의 존재는 대영 제국주의가 어떤 식으로도 해결할 수 없는 식민지 체제 내의 자체 모순인 것이다. 결국 짐에 의해서 다시 바다로 추방

---

25 콘라드는 이 두 식민지인의 차이를 도덕적 · 인성적으로 고귀한 품성의 짐과 타락한 브라운으로 제시하고 있지만 이 차이는 엄밀히 말해서 도덕에 근거한 것이 아니다. 따져 보면 짐의 죄는 800명 이상 되는 원주민의 죽음에 대한 공동 정범인 반면 (이에 대한 판결이 '선원 면허 취소'라는 것은 그의 범죄에 대한 책임을 묻기에는 너무 미약한 조치이다: 원주민들이 다른 선박에 의하여 구출된 것은 단지 우연이다) 브라운의 과오는 그가 속한 상선에서 무단 이탈한 것에서 시작한다. 또한 브라운의 운이 다했음을 알려주는 사건의 시작은 그가 선교사의 아내와 눈이 맞아 같이 도망가는 행위이다. 이러한 사실들은 이 소설에 나오는 도덕적 판단의 기준은 어떤 행위 자체가 아니라 고국과 또는 어떤 개인이 속한 집단과 연결된 연대 의식을 저버리는 행위 내지 의식임을 알 수 있다.

되어 떠돌이 생활을 할 수밖에 없게 될 브라운으로서는 짐이 자신과 같은 또 다른 대영 제국의 신민을 버리는 행위를 용납할 수 없다. 따라서 짐의 질서가 확립된 파투산 지배를 위협하는 요인이 될 수밖에 없는 것이다. 이에서 결과된 짐의 죽음, 그리고 짐으로 대표되는 식민 체제의 종식은 식민 체제에 내재할 수밖에 없는 내적 모순, 그리고 그 내적 모순을 효과적으로 통제할 수 없는 식민 체제의 한계에서 나온다.



그러나 여기에서 우리가 간과하지 말아야 할 것은 짐의 식민 체제는 그 자체의 모순이 안에서 터져나와 종식되지는 않는다는 것이다.[26] 짐의 파투산 지배는 파투산 내에서의 정치적 갈등을 이용한 것이었다. 서양 세력에 우호적인 도라민파와 적대적인 알랭파 사이에 벌어지는 내전에 짐이 도라민파에 가담하여 알랭파를 정치 · 군사 · 이데올로기적으로 제압함으로써 이루어진 짐의 식민 체제는 정치적 적대 세력을 중심 권력에서 제외시킴으로써 유지되는 체제이다. 이러한 상황은 오히려 알랭으로 하여금 짐이 그들의 보호자이며 평화 수호자라는, 파투산 내의 식민 체제에 순응하는 이데올로기에서 벗어날 수 있게 해준다. 알랭의 입장에서 짐은 자신의 세력을 억압하는, 막강하기는 하지만 언젠가는 맞서 싸워 제거해야 하는 정적인 것이다. 알랭은 끊임없이 짐을 제거할 기회를 찾고 있으며 짐 또한 이를 알고 있다. 브라운이 파

---

**26** 데리다의 해체 이론의 막강한 영향을 받고 있는 현대 문학 이론들은 상당히 많은 경우, 지배적 담론의 자체 모순에 의한 밑으로부터의 전복을 주의 깊게, 그러나 한편으로는 도식적으로 읽어내고 있다. 우리가 어떤 담론을 읽을 때에 이러한 자체 모순은 당연히 중시되어야 한다. 그러나 필자는 이러한 읽기 방식에 전적으로 동의하지는 않는다. 왜냐하면 그러한 내재적 모순은 전복의 가능성이지 전복 그 자체라고 볼 수는 없기 때문이다. 전복은 그러한 전복의 가능성을 실제적 전복으로 변화시킬 수 있는 어떤 실행자를 필요로 한다. 그러한 실행자는 많은 경우 언어 담론 외부에 존재한다. 그러나 이 소설에서는 그러한 전복의 수행인이 이 소설 내부에 있다. 필자의 『로드 짐』 해석은 비평가들이 간과해왔던 알랭파의 식민 체제에 대한 저항을 읽음으로써 이러한 전복의 실행자를 담론의 표면에 드러나게 하는 것이다.

투산에 등장한 것은 알랭에게 짐을 제거할 좋은 기회이다. 브라운이 등장하기 전까지는 짐의 식민 체제를 종식시킬 가능성이 사실상 전무한 상태였다. 군사력은 짐이 완전히 장악하고 있고 ("파투산에는 짐만이 화약 창고를 소유하고 있었다"〔p. 220〕) 백인이 초월적 힘을 가지고 있다는 식민 이데올로기적 신화는 파투산 주민들의 뇌리에 깊이 박혀 있었다. 짐의 백인 통치를 물리치기 위해서는 적어도 짐과 동일한 힘을 갖고 있다고 믿어지는 백인이 필요했다. 브라운이 왔을 때 알랭의 가신인 카심은 바로 이러한 기회가 왔음을 알아차린다.

카심은 도라민과 그를 따르는 부기스 출신 원주민들을 무척 싫어했지. 그는 〔짐이 이룩한〕 새 질서를 더욱 못 참아했어. 그에게 어떤 생각이 떠올랐는데 그것은 이 백인들이 알랭 어른을 따르는 주민들과 힘을 합하면 짐이 돌아오기 전에 부기스 사람들을 쳐서 물리칠 수 있으리라는 생각이었어. 그러고 나면, 원주민 대부분이 〔짐에게서〕 등을 돌리게 될 거고 그러면 가련한 사람들을 보호한다는 이 백인의 통치도 끝난다고 생각했지. 그 다음에는 이 새로 생긴 동맹자들을 어떻게든 처리할 수 있다고 생각했어. 이 백인들은 동지가 없을 테니까 말이야. (p. 223)

카심은 파투산 안에서의 브라운의 존재가 식민 체제의 모순을 드러내는 순간임을 알고 있으며 동시에 이 순간이야말로 레닌이 말하는 혁명의 한 단계, 즉 여기에서는 반식민 투쟁의 조건이 생긴 시기임을 알고 있다. 브라운이라는 식민 체제의 모순을 이용한 반식민 투쟁은 성공할 수 있다. 왜냐하면 브라운은 짐을 격퇴할 수 있을 만큼 강한 군사력을 가지고 있다는 점에서 우선 짐의 식민 통치를 종식시킬 수 있기 때문만이 아니라 브라운은 짐과는 달리 그를 통제하면서 새로운 식민 정부를 정착시킬 식민 종주국에 속하지 않기 때문이다. "이 새로운 무리들은 추방자들, 조국이라고는 없는 놈들"(p. 223)인 것이다. 카심으로는 브라운이야말로 짐의 지배를 끝장내는 데 쓰일 아주 적절한 도구이다.

카심이 사용할 수 있는 도구로 또 코르넬리우스가 있다. 슈타인으로서는 무능력하고 무책임한 지배인인 코르넬리우스를 갈아치우려고 짐을 새로운 지배인으로 임명하였기 때문에 짐과 코르넬리우스 사이에는 당연히 갈등이 있다. 이러한 갈등은 짐의 식민 지배를 종식시키려는 카심의 계획에 유용하게 쓸 수 있다. 코르넬리우스는 적극적으로 카심을 도와서 짐의 지배를 종식시키려 한다. 코르넬리우스는 다른 사람들이 짐을 자애로운 지배자라고 생각하고 있는 것과는 달리 짐이 파투산을 지배하는 궁극적인 동기를 알고 있다.

> 짐이 누구게요? 그가 여기서 무슨 짓을 하는데요? 그 큰 도둑놈이 말입니다. 〔……〕 그놈이 모두의 눈에 흙먼지를 덮어씌울 수 있을지 몰라도 내게는 안 돼요. (pp. 198~99)

코르넬리우스는 자신에게 짐과 같은 역할이 주어졌었기 때문에 짐이 파투산에서 하고 있는 '큰 도둑놈'의 역할을 알고 있다. 짐과는 달리 코르넬리우스가 파투산에서의 '도둑놈'의 역할을 거부하고 있었다는 것은 그 스스로가 백인이 가질 수 있는 특권을 거부하고 파투산의 원주민 공동체에 몰입하여 원주민들과 똑같은 생활을 하고 있는 데에서 알 수 있다. 코르넬리우스의 이러한 생활은 또한 백인의 우수성(짐을 묘사하는 언어인 순수·미·힘·젊음 등이 시사하는 긍정적인 가치)과 원주민의 열등성(원주민 수장인 알랭을 묘사하는 언어인 불순·더러움·무능력·노쇠·노망

등이 시사하는 부정적인 가치)으로 나누는 백인 중심의 이분법적 식민 이데올로기 체계를 교란시키는 역할을 한다. 말로는 코르넬리우스가 '더러운 집'에서 '말라비틀어진' '벌레'와 같은 생활을 하고 있다고 한다. 코르넬리우스가 정치적 지도력을 갖고 있지 못하기 때문에 이러한 그의 생활이 직접적으로 짐의 지배 체제에 정치적·이데올로기적으로 큰 역할을 하지 못하는 것은 사실이지만 코르넬리우스의 원주민과 같은 삶은 식민 이데올로기 체제에 잠재적으로 전복적인 힘이 되고 있다는 것을 염두에 두어야 한다. 말로와 짐이 보기에는 코르넬리우스가 경멸스러운 인간이며 따라서 백인의 연대에 부정적인 인물이지만 원주민들이 보기에는 그가 어느 정도는 긍정적인 인물이다. 원주민들은 그를 "존경스러운 코르넬리우스"(p. 176)라고 부르고 있다. 이와 같은 코르넬리우스가 카심과 힘을 합하여 짐을 제거하려고 하는 것은 당연한 일이다. 심지어 짐조차도 어느 정도는 코르넬리우스를 신뢰해서 브라운을 처리하는 문제를 다룰 때에 중요한 전령의 역할을 맡아달라고 부탁한다. 이러한 모든 면을 살펴보면 서구인의 눈으로 볼 때에는 경멸스러운 인간인 코르넬리우스가 사실은 백인 식민 체제의 부당함을 알고 이에 저항하면서 원주민들과 공동체적 삶을 살고 있는 일종의 귀화 외국인임을 알 수 있다. 이 소설 말미에 있는 도라민의 외아들 데인 워리스의 죽음과 이에서 결과된 짐의 죽음은 식민 체제에 저항하는 외국인의 도움을 받으면서 식민 체제의 모순들, 브라운과 짐 그리고 코르넬리우스와 짐 사이의 모순과 갈등을 이용하여 식민 체제를 종식시키려는 카심의 전략이 성공하고 있음을 말해준다. 짐이 없는, 그리고 외아들을 잃음으로써 대가 끊긴 도라민으로서는 그의 체제를 유지할 능력이나 기반이 없어진 것이다. 이 소설의 결말에 명시되어 있지는 않지만 파투산에서는 이제 식민 체제에서 벗어나서 원주민들 스스

로가 자신들의 삶을 이끄는 공동체가 성립되고 있다는 것을 알
수 있다.


## 5. 맺음말: 저항적 읽기

　위에서 필자는 콘라드 비평의 일반적 흐름을 거스르면서, 그리
고 작가인 콘라드가 주입하려 하는 식민 이데올로기의 작용을 드
러내 밝히면서 『로드 짐』을 저항적으로 읽으려고 하였다. 문학
작품은 이데올로기적 생산물이면서 또한 이데올로기적 장치로서
사회적 기능을 한다. 이러한 이데올로기적 기능은 경우에 따라서
는 독자의 이데올로기와 같은 편이 되어 독자가 바라는 기능을
안다. 예를 들어 여성 소설의 경우 남성 중심적 소설에서 지워지
거나 주변으로 내몰린 여성의 정체를 복원시키는 기능을 할 수
있다. 그러나 많은 경우에, 특히 소위 '고전'으로 알려진 문학 작
품의 경우에, 문학 작품의 이데올로기적 기능은 지배 이데올로기
를 독자에게 강요하는 역할을 한다. 우리가 읽고 교실에서 학생
들에게 읽히는 영문학 작품들은 서구 사회의 경우에는 그 사회의
지배 이데올로기를 옹호하는 역할을 하지만 그러한 작품이 서구
의 정치적·경제적·이데올로기적 지배를 받는 한국과 같은 (신)
식민지에서 읽힐 때에는 그 이데올로기적 기능은 서구의 지배 이
데올로기를 비서구인에게 강요하는 역할을 한다. 따라서 그런 이
데올로기에 포섭되지 않기 위해서 우리는 그러한 작품의 작가와
그 작품을 생산한 서구에 맞서는 자세로 읽는 저항적 읽기가 필
요하다.

# 제11장 포스터의 『인도로 가는 길』
### ─── 반식민 저항과 인도 민족 공동체

## 1. '인도'로 가는 길: 민족 국가로서의 인도

1920년대의 영국 식민 체제 하에서 영국인과 인도인의 우정을 그리고 있다고 알려진 포스터E. M. Forster의『인도로 가는 길A Passage To India』에서 가장 감동적이고 인상적인 부분은 아마도 이 소설의 끝부분일 것이다. 소설의 중요 사건인 인도인 아지즈Aziz의 영국 여인 아델라Adela 강간 기도 사건의 재판이 지난 지 2년쯤 뒤 오랜만에 만난 친구들인 아지즈와 영국인 필딩 Fielding은 정치적 논쟁을 벌인다. 아지즈가 "우리들은 너희들 〔영국인〕이 필요없어"(p. 288)[1]라고 영국 식민 체제를 비난할 때 필딩은 "우리들이 없어봐. 인도 사람들 꼴 좋게 될걸. 〔창고가 되어버린〕 조지 5세 영국 군주–영인도 황제 고등학교를 보라고. 넌 어때. 현대 의학을 팽개치고 주술이나 찾는 넌 말야"(p. 288)라고 한다. 이러한 계속되는 언쟁과 비난에 아지즈는 마침내 "인도는 민족 국가가 될 거야. 어떤 외부인도 없이 말이야. 힌두·모슬렘·시크 모두가 하나가 될 거야. 만세! 인도 만세! 만세! 만세!" (p. 289)라고 외친다. 이 말에 "인도가 민족 국가가 된다고. 대단해. 따분한 19세기 자매 모임〔후발 민족 국가들〕에 마지막으로 합류하겠는걸. 지금 시대〔20세기〕에 그런 자리 하나 차지하려고 뒤

---

1 여기에서 사용된 텍스트는 E. M. Forster, *A Passage To India, 1924*(San Diego: Harvest, 1984)이다. 우리말 번역본으로 안정효 옮김, 『인도로 가는 길』(평단문화사)이 있다.

뚱거리는 꼴이란. 신성 로마 제국이나 상대할 그런 인도가. 아마 잘하면 과테말라나 벨기에와는 비슷해질지 모르지" 등을 말하는 필딩의 조소가 이어지며 이에 격분한 아지즈는 이리 뛰고 저리 뛰며 "어쨌든 영국 놈들 다 꺼져. 단연코. 너네들 다 없어지란 말야. 어서 꺼지란 말야. 우리들은 서로 미워할지도 몰라. 그러나 우리는 누구보다도 너네를 더 싫어해. 내가 쫓아내지 못하면〔내 자식들인〕아메드가, 카림이 쫓아낼 거야. 천오백 년이 걸려도 너네를 쫓아낼 거야. 〔……〕그때에야 너와 나는 친구가 될 수 있겠지"(p. 289)라고 한다.

기존의 비평가들은 이 장면을 영국인과 인도인 사이의 우정이 식민지라는 정치적 상황 때문에 훼손받는 것을 아쉬워하는 포스터의 진술이라고 읽어왔다. 물론 이러한 읽기가 잘못되었다고는 할 수 없다. 포스터는 이 소설의 서두에서 "영국인과 친구가 될 수 있을까 없을까"(p. 31)라는 주제를 토론하는 인도인들을 등장시키며 "아니야, 아직은 아니야. 〔……〕아니야, 여기서는 아니야"(p. 289)라는 진술로 이 소설을 끝내고 있기 때문이다. 그러나 1920년대 인도의 민족 운동이 거세어지던 당시의 영인도 상황을 염두에 둔다면 포스터가 설정하는 개인 간의 친교라는 문제 틀은 정치적·역사적 상황을 개인적인 상황으로 반전시키는 효과를 가져온다. 따라서 피식민인의 정서를 갖고 있는 독자의 위치에서 이 소설을 제대로 읽는다는 것은 탈정치화하는 포스터의 담론 작용에 맞서 이 소설의 문제틀을 정치적·역사적 문제로 복원시키는 것이다. 이런 독서를 시도할 때 이 소설의 제목에서 제시되는 '인도'는 좀더 분명해진다. 여기에서 인도인과 맺은 친분 관계란 어떤 특수한 개인을 말하는 것이 아니라 인도인을 대표할 수 있는 개인을 말하는 것이 되고 따라서 인도의 정체성이 개인적 친분 관계보다 우선적인 고려 대상이 되기 때문이다. 이 소설의 제목에 나타나는 '인도'는 개인이라기보다는 집단이다. 필자는 이 글에서 『인도로 가는 길』에 나타나는 '인도'의 정체성을 논의하고 있다. 이 소설에서 인도는 여러 가지 모습으로 재현되어 있다. 이 소설은 다른 서구 문학 작품과 마찬가지로 서구 중심적 식민 이데올로기에 피식민인을 종속시키는 효과를 낳고 있는 식민 문학이다.[2] 필자는 이 글에서 이러한 식민 이데올로기에 의해 구성된 '인도' 정체성의 문제점을 드러내 밝히고 식민지 상황에서 바람직한, 그리고 역사 현실상 진행되었던 인도 민족의 정체성을 논의하려 한다. 이 글은 먼저 여러 양상으로 논의할 수 있는 이러한 잘못된 '인도' 정체성 논의를 2항·3항·4항에서 비판하고 나서 5항에서 영국 제국주의 체제에 대한 저항과 모방의 양상을 갖는 인도 민족 정체성을 논의한다.


## 2. '인도적'인 인도 : 식민 이데올로기에 대한 순응

인도의 정체성이라는 주제는 이 소설을 논하면서 많은 비평가들이 관심을 기울여왔다. 그러나 이들은 주로 인도의 신비를 염두에 두어 이 소설의 제2부인 동굴과 제3부인 힌두교의 사원에 초점을 두고 서구의 합리주의적 사고로 설명할 수 없는 인도의 모습에 관심을 가져왔다. 사실 포스터의 이 소설은 여타의 영국

---

**2** 포스터의 이 소설은 서구인은 선으로 비서구인은 악으로 설정하는 초기 또는 유치한 단계의 식민 문학 작품과 다른 것은 사실이다. 그러나 동서양의 화합을 큰 주제로 삼고 있다는 점에서 식민 체제를 더욱 효과적으로 옹호하고 있다. 식민 문학의 이러한 양상에 대한 설득력 있는 논의는 Abdul R. JanMohamed, "The Economy of Manichean Allegory: The Function of Racial Difference in Colonialist Literature," Henry Louis Gates Jr. ed., *'Race,' Writing, and Difference*(Chicago: University of Chicago Press, 1986), pp. 78~106 참조.

작가가 그리고 있는 인도의 모습과는 다르다. 많은 영국 작가들이, 특히 러드야드 키플링이 그리고 있는 인도가 미개 지역이고 따라서 영국이 인도를 장악하여 통치를 계속해야 한다는 주제를 주로 다루고 있다면 포스터가 그리고 있는 인도는 영국 식민 관료들의 비이성적이고 폭력적인 지배를 받고 있는 모습으로 나타난다. 그러나 포스터가 여전히 영국인의 시각으로 인도를 보고 있다는 것은 그가 인도를 어느 정도 신비의 나라로 그리고 있다는 점에서 드러난다. 이 소설의 곳곳에 나타나는 인도의 모습은 "인도에서는 정체를 밝힐 수 있는 것이 아무것도 없어. 뭔가를 알고 싶어 물어보기만 하면 그것이 없어져버리거나 다른 것으로 섞여버려"(p. 86)라고 묘사되는 미지의 세계이거나 "인도는 침략자들의 고난을 안다. 〔……〕 인도는 〔……〕 '오라'라고 한다. 그런데 어디로? 인도는 그것이 어디라고 규정하지 않는다. 인도는 약속이 아니다. 오직 호소일 뿐이다"(p. 136)라고 설명할 수 있는 인간 차원으로는, 특히 영국인을 비롯한 외계인에게는 자신의 정체가 드러내지 않는 미궁의 세계이다.

『인도로 가는 길』에 제시된 서구의 이성에 근거한 합리주의적 사고로는 접근이 불가능한 인도의 모습은 이 소설에서 구현되는 인도가 서구의 지식 체계로는 정복되지 않는다는 의미에서 서구와는 다른 시각을 갖고 이 소설을 읽는 독자에게는 고무적인 논점을 제공한다고 할 수도 있다. 인도인 비평가 샤하니 V. A. Shahane가 엮은 『포스터의 『인도로 가는 길』에 대한 초점: 인도적 비평론』은 이런 면에서 주목할 만하다. "원주민의 시각이라는 인도적인 것"[3]을 기반으로 씌어졌다는 이 편저의 내용 대부분이 인도의 사상인 힌두교·모슬렘교·불교 등에 초점을 맞추어서



---

**3** V. A. Shahane ed., *Focus on Forster's 'A Passage to India': Indian Essays in Criticism*(Bombay: Orient Longman, 1975), p. xiii.

이 소설을 읽고 있으며 따라서 서구의 비평가들이 취하기 어려운 접근법을 사용하고 있다. 이러한 시각을 근거로 이들 인도 비평가들은 영어권에서 이루어지는 포스터 비평이 인도적 시각이 결여되어 있기 때문에 인도를 왜곡하고 있다고 주장한다.

이들의 이러한 주장은 관심을 끌 만하다. 이들은 서구의 비평가들이 이 소설에서 그려지는 인도의 모습을 서구인이기 때문에 이해하지 못한다는 주장을 하면서도 서구의 작가인 포스터는 인도를 잘 이해하고 있다고 주장하기 때문이다. 포스터가 개인적으로 인도인 친구를 가지고 있었다는 점에서 포스터가 다른 영국 작가들과는 달리 인도를 더 잘 이해하고 있었다는 점은 이해할 만하다. 그러나 포스터가 소설이라는 형식을 통하여 재현하고 있는 인도 담론은 포스터 개인이 개입할 수 있는 것보다는 포스터가 위치해 있는 서구 담론 영역이 훨씬 더 크게 작용하고 있다. 따라서 포스터와 서구 비평가들의 인도에 대한 시각을 근본적으로 분리시키는 어떤 장치는 없는 것이다. 이들 인도 비평가들은 사실 인도의 시각으로 이 소설을 읽고 있다고 주장하나 사실은 서구의 전통적 동양 담론의 틀에서 벗어나지 않는 정신적이고 종교적인 인도의 모습을 그대로 받아들여 포스터의 소설을 읽고 있는 것이다. 그러나 이들 비평가들의 논점이 더 문제가 되는 것은 그들이 포스터가 이 소설에서 화해 내지 화합이라는 인도적 주제를 잘 다루고 있다고 주장한다는 점이다. 그들은 포스터가 이 소설에서 영국과 인도, 인간과 자연, 넓게 말해 동양적인 것과 서양적인 것의 화합을 주장하고 있으며 바로 이것이 인도적인 시각이라는 점이다. 이러한 주장은 서양과 동양을 이분법적으로 구분하여 동양을 지배하는 데 기여하고 있던 서구의 동양론의 틀을 전도된 형태로 받아들이고 있는 것이다. 식민 체제 하의 인도의 모습을 논하면서 동양과 서양의 화합을 주장한다는 것은 인도 중심적인 시각이라는 점을 인정한다 하더라도 에드워드 사이드가 그의 『동양론』에서 애써 밝히는 동양론의 서구 식민 이데올로기에 대한 순응 내지 동의인 것이다. 1978년에 간행되어 식민 담론 논의에서 일대 변혁을 불러일으킨 사이드의 『동양론』이 나오기 전에 이 인도 비평가들이 작업하고 있었다는 사실을 염두에 두면 이들의 논의는 이해할 만한 것도 사실이다. 사이드의 저술을 염두에 두고 그들이 작업을 하고 있었다면 그들의 논의는 달라졌을 것이란 가정도 해볼 수 있다. 그러나 동서양의 차이를 일반화하여 받아들이는 것이 서구의 식민 지배를 정당화한다는 주장은 사이드만의 주장은 아니었다. 1920년대 이후 영인도에서 인도의 민족 운동을 주도하고 있던 네루는 이미 이러한 인도가 서양과 다르다는 의식의 정치적·경제적 효과를 다음과 같이 진술하였다.



> 인도는 종교적이고 철학적이고 사변적이고 형이상학적이고 이 세상 일에 초연하여 저 너머 세상과 그 세상 너머 다음 세계의 꿈에 빠져 있다고 한다. 그렇게 우리가 들을 때 아마도 우리에게 그렇게 말하는 사람들은 인도가 사색에 빠지고 사변에 얽혀 있기를 바랄 것이다. 그러면 그들은 그러한 사색가들의 방해 없이 이 세상의 모든 것과 그것이 주는 즐거움을 가질 수 있을 것이기 때문이다.[4]

이러한 네루의 진술을 유념해보면 샤하니를 비롯한 『포스터의 『인도로 가는 길』에 대한 초점』의 비평가들은 식민 시대, 그리고 신식민 시대의 인도와 영국의 관계, 그리고 동양과 서양의 정치적·역사적·경제적 관계에 대해 현실적인 시각을 갖고 있지 못

---

4 Jawaharlal Nehru, *The Discovery of India*(New York: John Day, 1946), p. 143.

하다고 할 수 있다. 탈역사적이고 탈정치적인 전통적 동양론에 근거해서 인도는 영국과 '다르다.' 따라서 화합하여 조화를 이루어야 한다는 주장은 결국 네루가 주장하다시피 서구의 지배를 합리화하고 묵인하는 결과를 가져오고 만다. 고유하게 '인도적'이란 시각을 가지고 『인도로 가는 길』의 인도의 모습을 논의하는 것은 인도 민족 공동체의 구성을 논의할 때 아마도 가장 먼저 극복해야 할 과제일 것이다. 식민 체제 하의 인도의 모습은 그 식민 체제와의 관련 하에서 그 정체성을 논의할 때 인도의 정체성을 제대로 조망할 수 있을 것이다.

## 3. 복고적 민족주의: 영국 식민 정책의 수용

인도의 정체성을 논의하려는 필자의 관심은 이 소설의 정치적 작용을 염두에 두고 인도인의 민족 정체성이 어떻게 반식민 저항과 맞물려 있는가를 읽어내는 시도이다. 따라서 필자의 『인도로 가는 길』 읽기는 기존 비평가들의 작가 중심적 읽기를 극복하며 동시에 인도 비평가들이 주로 관심을 가져왔던 동양론적 읽기 역시 극복하는 것이라 할 수 있다. 위의 도입부에서 논의한 내용이 탈정치적이고 탈역사적으로 인도를 보는 모습을 비판한 것이라면 이제부터 필자는 역사적이고 정치적인 인도의 모습을 논의하려 한다.

인도 민족의 정체성이라는 관점에서 볼 때 이 소설에서 가장 노골적으로 드러나는 인도의 모습은 이 소설의 주인공인 아지즈가 보는 인도이다. 서두에서 제시한 바와 같이 아지즈는 분명하게 영국의 식민 체제에서 벗어난 인도의 모습을 인도의 바람직한 정체성으로 생각하고 있다. 또한 영국이 직접 지배하는 찬드라포어에서 벗어나 전통적인 인도 제후가 지배하는 마우Mau에 와서 영국인들을 보지 않고 지낼 수 있을 때에 그는 "마침내 나는 인도인이 되었어"(p. 293)라고 말한다. 마우에서 그는 의사의 일도 하지만 시인으로서는 전통적 주제인 나이팅게일과 장미를 주제재로 옛 무굴 제국의 영광을 노래한다. 힌두 제후가 지배하는 지역에서 최초로 인도 대륙을 통일한 모슬렘 제국의 영광을 노래한다는 것은 여러 인종·종교 집단 간의 갈등이 문제시되는 인도에서 바람직한 인도의 한 모습을 보여주고 있다고 할 수도 있다. 사실어느 인도 비평가는 이 소설의 역사적 배경이 되는 1910~1920년대 인도의 민족 운동의 흐름을 이 소설과 병치시키면서 아지즈의 모습이 모슬렘 민족 운동 지도자들의 노선을 중심으로 하여 힌두교 민족 운동과 연대하려는 모습을 포스터가 소설을 통하여 제시하고 있다고 주장하기도 한다.[5]

아지즈가 "영국 놈은 다 꺼져"라고 필딩에게 외칠 때 그 말 그대로라면 아지즈는 반영국적이고 반식민적인 정서를 보여주고 있기는 하다. 그러나 아지즈가 그렇게 말할 때 그가 속해 있는 위치, 즉 그가 혐의를 받았던 영국 여자 아델라의 강간 미수 사건으로 말미암아 반식민 저항 운동이 형성되고 있던 영인도 내의 인도인 집단을 벗어나서 봉건 제후가 지배하는 마우 지역으로 도피한 자신의 상태를 인도인의 정체성을 회복한 것으로 보고 있는 아지즈의 의식은 문제가 아닐 수 없다. 아지즈의 정치·

---

**5** Frances B. Singh, *"A Passage to India*, the National Movement, and Independence,"* Twentieth Century Literature*, 31. 2~3(1985), pp. 265~78. 이 비평가는 아지즈를 모슬렘으로서 서구 교육을 받고 시인이기도 했던 안자리 M. A. Ansari(1880~1936)와 대조해서는 이 모슬렘 시인 민족 운동가와 모슬렘과 힌두교도의 연대를 모색하던 간디의 결합으로 해석한다. 구체적인 역사적 인물과 아지즈의 모습은 닮을 수도 있다. 그러나 이 소설의 마지막 부분인 크리슈나 신의 탄생을 경하하는 제의식에 초점을 맞춰 조화를 강조하게 되면 역사상에 있었던 힌두교도와 모슬렘 간의 연대를 모색했던 인도 민족 운동의 한 흐름과는 거리가 멀어진다. 역사상에 있었던 힌두교도와 모슬렘 간의 연대 운동은 그들 공동의 적, 즉 영국 식민 체제에 저항하기 위한 운동이었기 때문이다. 아지즈는 영국인을 미워할지 모르나 영국인을 몰아내려는 운동과는 거리가 먼 행동을 하고 있다.

역사 의식은 민족 공동체를 제국주의 체제와 단절되어 인도인의 고유한 인종적·문화적 집단으로 이루어진 공동체로 보고 있는 의식이다. 아지즈가 꿈꾸는 인도 민족이란 영국 식민 체제가 인도를 지배하기 전 상태인 무굴 제국 시대로 회귀한 상태를 말한다. 시인으로서 그가 좋아하는 주제는 영광스러웠던 이슬람 제국의 쇠망이다(p. 15). 따라서 그는 영국이 물러갔을 때 인도를 대신 통치할 집단은 그의 선조인 아프간 사람들이라고 서슴없이 말한다(p. 321).

그러나 영국의 인도 지배 역사를 돌이켜본다면 마우에서 비로소 인도인이 되었다는 아지즈의 의식은 영국의 지배에서 벗어난다는 개념과는 상당한 거리가 있음을 알 수 있다. 이는 영국 식민 체제의 인도 지배 정책의 변화를 무시한 데서 나오는 발상이다. 1857년 5월에 발발하여 1858년 7월까지 진행된 세포이의 항쟁은 영국 식민 체제의 근본적인 변화를 가져왔었다. 1858년 이전의 영국의 인도 지배 정책은 한편으로는 경제 침략으로 다른 한편으로는 소위 '백인이 부여받은 문명화의 사명'으로 인도 대륙을 영국의 체제 내에 종속시키려는 노력을 거의 일관되게 유지하였다. 그러나 인도의 고유 종교 관습을 무시한 데서 시작된 인도인 용병의 반란은 결국 그 항쟁이 진압되면서 영국으로 하여금 인도의 가치와 사회 체제를 유지하면서 식민 통치를 유지하는 정책의 필요성을 강구하도록 강요하였고 그 결과의 하나가 그때까지 정복되지 않은 인도 대륙 내의 봉건 영주 지배 지역에 대해서는 그 체제를 인정하면서 영국 식민 체제에 협력하도록 유도하는 정책을 취하는 것이었다. 즉 영국의 식민 통치 정책은 1857년 이전의 직접 통치에서 1858년 이후에는 간접 통치를 병행한 정책으로 변하였다는 것이다. 이 소설에 나타나는 마우 봉건 영주 통치 지역은 이러한 정책의 산물이다. 말하자면 아지즈가 마우에 갔을 때 비로소 인도인이 되었다는 의식은 결국 영국 식민 체제를 원활하게 유지하기 위한 정책이 아지즈에게 잘 적용되고 있음을 말해주는 것이다. 아지즈는 사실상 영국 식민 체제의 지배 하에 있으면서도 영국의 지배를 받지 않고 있다는 착각으로 만족하고 있었던 것이다. 봉건 제후와 협력함으로써 인도의 상당 부분을 지배했던 1858년 이후의 인도 봉건 영주 체제의 모습은 2차 세계 대전을 전후하여 공식적으로 독립하였으나 사실상 서구 체제에 경제적·문화적·정치적으로 종속되어 식민 체제 하에 놓여 있는 신식민 체제 하의 비서구 민족 국가들의 모습과 유사하기도 하다. 아지즈의 '인도인이 되었다'는 시대착오적인 의식은 단지 과거 무굴 제국의 영광을 회원한다는 의미에서 문제이기도 하지만 1945년 전후로 명목적 독립은 이루었으나 실질적 독립과는 거리가 먼 신식민 시대의 제3세계 국가의 모습을 시사한다는 점에서도 문제였다.

따라서 에드워드 사이드가 『인도로 가는 길』을 논의하면서 아지즈를 아무런 설명 없이 "회교〔모슬렘〕 민족주의자"[6]로 명명한 것은 역사적·이론적 고려 없이 이 소설에서 표면적으로 진술된 인도는 민족 국가가 될 거야라는 말을 그대로 받아들여서 사용하는 잘못된 읽기이다. 전통적 민족 이론의 출발이라 할 수 있는 에른스트 르낭의 이론을 염두에 두더라도 아지즈는 민족주의자라 할 수 없다. 르낭이 주장하는 민족 구성의 두 요소, 즉 "공통으로 간직하는 풍부한 과거의 기억"과 "함께 살려는 열망인 현재의 총의"[7] 중에 전자는 아지즈가 가지고 있을지 몰라도 후자는 상당히 희박하기 때문이다. 물론 그가 힌두교도 영주가 지배하는 지역에

---

**6** Edward W. Said, *Culture and Imperialism*(New York: Alfred A. Knopf, 1993), p. 202. 한국어 번역본으로 김성곤·정정호 옮김, 『문화와 제국주의』(창, 1995), p. 354.

거주하는 모슬렘교도이고 또 어느 비평가가 주장하듯이 이 소설의 중요 주제인 친교의 문제를 모슬렘인 자신과 힌두교도들의 동거를 통하여 구현하고 있다고 볼 수도 있다.[8] 그가 이 소설의 마지막에 하는 "힌두교도 모슬렘 시크교도 모두 하나가 될 거야"라는 진술은 그의 의식에서 나오는 것이라기보다는 필딩의 자신에 대한 조롱에 대한 단순한 반발에서 나온 진술이기 때문에 아지즈 개인의 인도라는 민족 연합체 의식은 아니다. 르낭식으로 얘기했을 때 현재의 총의가 없는 과거의 영광에 대한 아지즈의 향수는 인도 민족 공동체의 정체성 또는 인도 민족의 구현 의지와는 거리가 멀다. 르낭이 말하는 과거의 영광에 대한 기억은 사실상 현재의 총의를 가능하게 하는 것인 데 반해 아지즈의 무굴 제국의 영광이란 사실상 현재의 총의를 방해하는 작용을 하기 때문이다. 인도의 민족 정체성의 구현은 이 소설에 재현되는 역사적 · 정치적 상황인 영국 식민 체제 하의 인도를 염두에 놓고 볼 때 제대로 된 민족 공동체의 모습을 논의할 수 있는 것이다.

---

**7** Ernest Renan, "What is a nation?" Homi Bhabha ed., *Nation and Narration*(New York: Routledge, 1990), p. 19.

**8** Judith Scherer Herz, *A Passage to India: Nation and Narration*(New York: Twayne, 1993), p. 118. 이 책의 이름은 오해를 불러일으킨다. 호미 바바가 편집한 *Nation and Narration*에서 빌려온 듯한 이 책의 부제는 사실상 이 책의 내용과는 별 관련이 없다. 상당한 정도 신비평적인 텍스트의 자세히 읽기를 시도하고 있는 이 책은 *Nation and Narration*의 논자들이 시도하고 있는 이론적이고 정치적인 시도와는 거리가 멀다. 이 책은 소설 또는 서사와 민족 공동체와의 관계에 대해 논의하는 부분도 없고 더구나 『인도로 가는 길』에서 민족 문제가 어떻게 재현되고 있는지에 대한 논의도 없다. 호미 바바가 엮은 책이 갖는 영향력에 기대어 자신의 저술에 독자들의 관심을 끌어보려는 시도로 보인다.

## 4. 리버럴 휴머니즘 : 역사주의의 오류

필딩이 아지즈를 비난하며 "우리들이 없어봐. 인도 사람들 꼴 좋게 될걸"이라고 말하는 것은 독립 후의 인도의 모습을 본다면 설득력이 있어 보인다. 인도는 지금까지 종교 간 · 지역 간 · 계층 간의 갈등 때문에 아주 안정되지 못한 상태이며 국민의 37%가 빈곤선 이하의 생활을 하고 있고 15세 이상 성인 남성의 문맹률은 45%이며 여성의 경우 75%에 이른다.[9] 이러한 사실을 염두에 두고 보면 1947년 인도의 독립은 성급한 것이었으며 필딩의 말대로 인도는 좀더 영국의 지도 아래 민족 국가를 건설하는 과업을 진행시켜야 했을지도 모른다. 이 소설 속의 다른 영국인들이 인도인을 통치의 대상으로 생각하는 데 반하여 교육자로서의 필딩은 "교양과 지성을 갖춘 선의"(p. 62)의 도움으로서 친분과 교류를 이룰 대상으로 생각한다. 따라서 그는 인도인과 친분 관계를 맺어 영국인의 잘못을 비판하고 있었으나 인도인이 영국인에게 적개심을 가지고 싸움의 대상으로, 그리고 축출할 대상으로 받아들일 때 그들과의 친분 관계를 보류한다. 그는 성급하게 인도인이 영국인을 배척하려 할 때 인도인을 위하여 그러한 태도가 바람직하지 않다고 생각한다. 이 소설의 끝에서 아지즈가 그에게 배타적인 태도를 취할 때 그는 정치적 문제 때문에 그들의 친분 관계가 방해받음을, 그리고 아직 인도는 영국의 도움이 필요한 때에 영국을 배척하는 데 대해 아쉬워한다. 이러한 태도는 포스터의 개인적인 태도와 상당히 유사하며 이러한 연유로 비평가들이 필딩을 포스터의 대변자라고 생각하는 것이다.

---

**9** Achin Vanik, *The Painful Transition : Bourgeois Democracy in India*(London : Verso, 1990), pp. 49, 288. 가장 최근의 자료는 구하지 못했다. 적어도 이 책의 저자 바닉이 논의하는 1980년대의 인도의 모습은 이렇다는 것이다.

포스터가 이 소설에서 영국의 제국주의 체제를 비판하고 있는 것은 사실이다. 그러나 그의 비판은 문명화의 사명이라는 제국주의의 이상 그 자체가 아니라 인도인들을 오만과 경멸의 태도로 대하는 영국 식민 관료주의이다. 따라서 포스터가 보는 바람직한 인도는 식민 관료들의 행패가 극복되고 또 인도인들이 영국이 행하려는 문명화의 사명을 받아들여 인도가 영국을 비롯한 서구의 발전된 모습을 본받을 때 이루어진다는 것이다. 포스터는 인도에서의 영국 제국주의가 긍정적인 결과를 가져오리라는 신념을 갖고 있었다. 1921년 두번째로 인도를 여행하고 난 다음에 씌어진 산문에서 포스터는 전통적인 봉건 영주가 지배하는 인도 지역과 영국이 직접 통치하는 인도 지역을 대비시키며 다음과 같이 쓰고 있다.

역사는 온통 아이러니이다. 영국이 독립을 빼앗아버린 지역〔직할 통치 지역〕이 지금은 가장 독립을 이룩한 곳임을 생각해보면 이상하기도 하다. 이 지역에서 인도인들은 더 안정적이고 자유로운 삶을 살고 있으며 또 원하면 정치 권력의 지분도 더 가질 수 있다. 이 지역에서 인도인들은 영국인들을 증오하며 또 그럴 만한 이유도 있다. 그러나 그런 인도인도 영국 통치 지역에서 당하는 속박을 버리고 인도 군주 통치 지역에서 살려 하지는 않을 것이다.[10]

포스터가 말하는 역사의 아이러니란 영국의 식민 지배에 반대하는 인도인들이 바로 식민 지배의 수혜자들이라는 것이다. 정치적인 의미에서뿐 아니라 경제적인 의미에서도 영국의 인도에서

---

**10** E. M. Forster, *Abinger Harvest*(London : Edward Arnold, 1961), p. 378. 인용문은 인도 민족 운동이 성숙하던 1922년에 씌어졌다.

의 역할을 긍정적으로 평가하고 있었다는 것은 주목할 만하다.
그는 1945년 인도를 세번째 방문하였을 때는 다음과 같이 진술하
고 있다.

> 나는 어떤 것이 정치적 해결인지 모르겠다. 그러나 사람들이 그
> 렇게 불쌍하고 병들어 보이지는 않아야 한다고 생각한다. [……]
> 산업이 발달하기는 하였다. 그러나 서구에서만큼 전지역에 퍼져
> 있지는 않다. [……] 캘커타 근처에는 공장이 거의 없으며 있는
> 것조차 바나나 숲과 종려나무에 가려져 있다.[11]

이러한 말은 불쌍한 인도인들에 대한 포스터의 인간적인 연민
을 표현한 것이기는 하다. 그러나 영국으로부터의 독립이 거의
기정사실이 되어 있어 정치적 관심이 고조되었던 인도의 1945년
이라는 역사적 맥락과 이 말을 연결시켜본다면 포스터가 표현하
는 인도인들에 대한 연민은 영국의 제국주의가 선도해야 하는 인
도의 발전이 성급한 인도인들의 독립 요구에 의해 좌절되고 있다
는 아쉬움을 표현하고 있는 것이다.

포스터와 이 소설에서 포스터를 대변하는 필딩은 영국이 인도
에 존재하는 근본적인 목적은 서구의 교육을 통해 이루어질 수
있는 합리적 계몽주의를 인도인에게 심고 또 그런 사상과 더불어
있는 인도의 경제적·사회적 발전을 위하는 것이라 믿고 있다.
인도의 바람직한 미래의 모습은 영국을 비롯한 서구의 발전된 나
라의 모습이 되어야 한다는 것이다. 따라서 아지즈의 영국인을
배척하는 진술인 "영국 놈들 다 꺼져"를 반박하며 필딩은 영국이

---

**11** E. M. Forster, "India Again," K. Natwar-Singh ed., *E. M. Forster: A Tribute with Selections from His Writings on India*(New York: Harcourt, Brace and World, 1964), p. 114.

없다면 인도는 다시 미개 시대로 되돌아간다는 진술을 하고 있다. 이러한 포스터와 필딩의 진술은 비서구 지역의 바람직한 역사 진행 과정이 서구의 모방과 답습이 되어야 한다는 역사관에 근거하고 있다. 바람직한 인도의 정체성은 발전된 서구 모형을 받아 근대화를 이루는 것이라는 주장이다. 국가 또는 민족이라는 관점에서 논의할 때 서구의 근대화 과정이 서구의 민족주의 또는 민족 국가의 형성 과정과 같은 궤도에서 이루어지고 있기 때문에 인도와 같은 비서구 세계에서의 민족 국가의 형성 과정은 서구의 근대화와 같은 과정을 통하여 이루어진다는 주장을 여기에서 보게 된다. 이러한 주장은 사실상 포스터가 인도의 독립을 염두에 두고 인도의 성급한 독립 요구에 못마땅한 견해를 말하고 있던 당대의 민족 이론가 한스 콘Hans Kohn의 민족 이론에 맞닿아 있다. 한스 콘은 민족주의의 이론과 현상을 분석하며 민족주의는 긍정적 민족주의와 부정적 민족주의가 있다고 한다. 그는 서구 유럽의 민족주의가 18세기 서구 사상인 자유주의 합리적 사해 동포주의의 개념에 근거하고 있는 긍정적 형태를 띠는 데 반하여 아시아·아프리카·동유럽 등 그 외의 지역의 민족주의는 '선생이며 모범'인 서구 유럽의 민족주의에 의하여 영향을 받아 처음에는 서구식 교육을 받은 지식인들에 의해 주도되어 서구 발전의 모형을 따라가는 바람직한 형태로 출발하나 궁극적으로 본받아야 할 서구의 모범을 '외부'의 모형이라는 이름으로 배척하게 되어 부정적 민족주의로 변하게 된다고 한다.[12]

한스 콘이 설명하는 서구 유럽 이외 지역의 민족주의의 형성 과정은 『인도로 가는 길』에서 나타나는 필딩의 자유주의적 영국-인도 간의 관계를 설명해주면서 동시에 아지즈식의 민족주의도

---

**12** Hans Kohn, *The Idea of Nationalism: A Study in its Origins and Background,* 1944(New York: Macmillan, 1961), p. 330.

설명해준다. 지식인으로서의 아지즈는 애초에 서구식 교육을 받은 지식인이며 그가 하는 의사로서의 일은 바로 선진 민족 국가인 영국과의 관계에서 후진 상태의 인도가 서구식 발전 방식을 따라갈 수 있는 가능성을 보여주는 인물로 제시되기 때문이다. 그러나 아지즈가 인도라는 고유 민족 정체성을 주장할 때는 인도 과거의 문화를 찬양하는 인물로, 그리고 그러한 과거의 인도 문화를 근거로 서구식 발전을 배척하는 국수적인 민족주의자로 행세하게 되며 이것은 한스 콘이 경계하는 원시적이며 퇴행적인 부정적 비서구 세계의 민족주의의 전형이 되는 것이다. 그러나 포스터와 필딩, 한스 콘이 공유하는 인도 민족의 미래가 선진 영국의 답습 형태가 되어야 한다는 관념은 민족주의와 서구 제국주의의 차이를 고려하지 않는 데서 나오는 오류이다. 한스 콘이 주장하는 서구 민족주의는 그 이념이 보편적임을 표방하는 데서, 그리고 그 보편적 가치가 다른 문화 집단에도 수용되어야 한다고 주장한다는 의미에서 사실상 민족주의라기보다는 제국주의이다. 왜냐하면 민족주의는 어떤 공동체가 그들 자신의 자주와 독립을 표방할 때 그 공동체와 다른 공동체가 있다는 것을, 현실적인 의미에서는 아니라 할지라도 이론적으로 전제하는 의식인데 반하여 어떤 공동체의 가치를 다른 집단에 강요하거나 전이시키려 할 때는 민족주의가 아니라 이미 제국주의가 되어 있는 것이다. 그리고 그 제국주의의 가치가 다른 민족이 본받을 만한 것이라 주장할 때에는 그 다른 민족으로 하여금 지배적인 가치를 가진 집단에 대해 계속되는 종속을 강요하기 때문이다.

## 5. 인도 민족 공동체: 제국주의에 대한 저항과 모방

『인도로 가는 길』에서 인도 민족 공동체의 형성 과정을 읽어내는 것은 주인공을 중심으로 읽어서 그들의 사상 또는 이데올로기를 밝혀내는 전통적인 독법으로는 충분하지 않다. 이 소설의 주요 등장인물이라 할 수 있는 아지즈, 필딩, 갓볼리Godbole, 무어 부인Mrs. Moore, 심지어 인도의 자연 등을 통해서는 인도 민족의 모습을, 좀더 정확히 말해, 식민 체제 하의 인도 민족 공동체의 모습을 읽어낼 수 없기 때문이다. 최근의 포스터 비평은 위에서 논의한 전통적 비평들의 한계를 극복하는 듯이 보인다. 이들 비평가들은 반식민 저항이라는 관점에서 이 소설을 읽으면서 전통적인 이 소설 읽기가 주의를 기울이지 않았던 인물에 대한 새로운 조명을 함으로써 인도 민족 공동체의 형성을 살피는 데 중요한 지평을 열고 있기 때문이다. 하층민 중심의 역사 새로 쓰기를 기획하고 있는 '하층민 연구 모임'의 연구 성과에 영향을 받고 있는 최근의 몇몇 포스터 비평가들은 지금까지 관심을 끌지 못했던 이 소설의 인물들에 새로운 조명을 하고 있다. 제니 샤프Jenny Sharpe, 새러 술레리Sara Suleri, 그리고 테레사 허블Teresa Hubel을 꼽을 수 있는 이들 비평가들은 이 소설 속의 필딩과 아지즈의 동성애적 특질들을 분석함으로써 새로운 동양론 ― 남성으로서의 서구와 여성으로서의 서구가 아닌 남성 대 남성이라는 구조 ― 을 읽어내거나[13] 영국 여성과 인도 여성 둘 다를 역사 또는 담화 구조에서 배제시키는 작용을 읽어냄으로써 포스터의 남성 중심주의와 서구의 자유주의를 비판하고[14] 또 불

---

[13] Sara Suleri, *The Rhetoric of English India*(Chicago: University of Chicago Press, 1992), p. 133.

[14] Teresa Hubel, *Whose India: The Independence Struggle in British and Indian*

가축 천민인 선풍기 일꾼punkah wallah의 사회적 비천과 육체적 미가 아델라의 법정 증언에 미치는 작용을 분석함으로써 식민 체제의 권위와 가치에 전복적으로 저항하는 인도 하층민의 작용을 읽어낸다.[15] 이들 비평가들은 전통적인 문학 비평, 그리고 포스터 비평에서 관심을 두지 않아왔던 주변부 인물들 또는 주변적 가치에 초점을 맞추어 포스터의 이 소설이 가하는 서구 중심적·남성 중심적 지배 질서의 억압에 문제를 제기하고 그 지배 질서의 전복성 또는 전복 가능성을 드러내 밝히고 있다. 그러나 이들 비평가들은 페미니즘에 근거한 반식민 저항 담론 구성에 충실한 나머지 이 소설에서 중요하게 다루는 인도의 정체성 더구나 인도의 민족 정체성에 대해서는 소홀히 하고 있다. 여기에서 필자는 하층민들을 위시한 인도 모든 계층의 연대에 의한 반식민 저항이 어떻게 이루어지고 있으며 또 그 저항이 민족 운동으로 어떻게 변화하는지에 대해 논의한다. 이러한 인도인들의 연대의 과정은 식민 체제를 운영하는 영국인들에 대한 저항과 모방이라는 양상으로 나타난다.

　인도에서의 영국 식민 체제는 양면성을 가지고 있었다. 그 하나는 비서구인에 대한 '백인이 부여받은 문명화의 사명'이라는 이름으로 비서구의 역사 과정을 선진 서구의 역사 과정으로 끌어들이려는 노력이었고 다른 하나는 인도인과 영국인을 인종·문화 등에 근거하여 인도인은 지배의 대상으로 영국인은 지배자로 이분화하는 이분법적 가치 체계를 유지하는 것이었다. 자유주의자인 필딩의 경우는 전자의 가치를 대표함으로써 교육을 통하여 서구의 가치를 인도인에게 전파하려 하며 터턴Turton과 히슬럽Heaslop을

---



*Fiction and History*(Durham: Duke University Press, 1996), p. 107.

**15** Jenny Sharpe, *Allegories of Empire: The Figure of Woman in the Colonial Context*(Minneapolis: University of Minnesota Press, 1993), p. 134.

비롯한 이 소설에 등장하는 대부분의 영국인들은 인도인들에게 배타적인 태도를 취함으로써 영국인과 인도인들의 차별성을 강화하려 한다. 이 두 가치는 서로 모순적이기는 하나 식민지 경영에 있어서는 상호 보완적이었다. 피식민인인 인도인들에게 발전된 영국과 미개한 인도라는 방식으로 영국과 인도가 차별화되어 제시되어 있으며 이것이 현재의 상태라면 결국 식민 체제에서의 영국의 작용은 인도를 변화시켜 더 나은 인도의 미래를 보장해주는 것으로 나타난다. 이때 인도인들이 영국의 인도 지배가 인도를 영국과 동등한 상태로 나아가게 한다는 믿음을 갖게 한다면 현실에서의 식민 지배를 용인하게 하는 결과를 낳기 때문이다. 그러나 그 모순은 영국 쪽의 두 가치가 서로 충돌하거나 피식민인인 인도인들이 불확실한 미래의 약속보다는 현재의 억압을 문제삼을 때 구체화되어 가시적으로 드러난다. 이 소설에서 이러한 모순이 가시적으로 되는 것은 아지즈 사건이 생겼을 때 영국 쪽에서는 영인도 관리들이 필딩을 배척할 때, 즉 차별적 가치로 대변되는 관료 집단이 보편성을 옹호하는 인본 자유주의자의 가치를 억누를 때 나타나고 인도 쪽에서는 아지즈 사건으로 대표되는, 미래의 약속으로 무마될 수 없는 현재의 폭압을 보게 될 때 나타난다. 인도인들에 대한 인종 차별적인 부당한 대우에 대하여 필딩은 아지즈의 편에 섬으로써 다른 영국인과 적대적인 입장을 취하고 그러한 영국인들 간의 가치의 대립이 결국 아지즈를 구하게 되는 한 요인이 되는 것이다. 이러한 상황은 베네딕트 앤더슨이 식민지에서 민족이 형성되는 과정을 설명하는 "제국과 민족의 내적인 양립 불가능성the inner incompatibility of empire and nation"[16]이라는 논점을 구체화하

---

**16** Benedict Anderson, *Imagined Communities: Reflections on the Origin and Spread of Nationalism*(London: Verso, 1983), pp. 88~89. 우리말 번역본으로 윤형숙 옮김, 『민족주의의 기원과 전파』(나남)가 있다.

는 상황이다. 말하자면 제국empire이란 개념이 세계 보편적 가치 체계인 인문주의·지성·교양이 영국인뿐 아니라 인도인에게도 적용되고 전파되어야 하는 가치를 말하는 것이라면 민족nation의 개념으로 설명할 수 있는 영국은 그 정체성이 다른 민족의 존재를 전제로 하고 나서 영국 민족의 자주와 독립을 말하는 것이기 때문에 영국 민족 아닌 여타 민족 중의 하나인 인도 민족의 존재를 인정해야 하는 것이다. 이러한 영국 제국주의의 내적 모순은 그 자체가 인도 민족 공동체를 형성하는 것은 아니다. 영국 제국주의의 피지배 집단으로서의 인도인은 이러한 영국의 내적 모순을 인도인 자신들의 공동체라는 민족의 정체성을 확보하기 위한 행동을 영국 식민 체제에 저항하는 과정을 통하여 그들의 공동체를 구성하는 것이다.

이 소설에서 아델라에 대한 강간 미수 혐의로 아지즈를 체포하기 전에 인도인들은 정치적 의식이 거의 결핍되어 있다. 주로 그들이 표현하는 정서는 반영국 정서라기보다는 인도 내부의 타집단에 대한 반감이다. 인도인 의사로서 동료이면서도 모슬렘인 아지즈와 힌두인 판나 랄은 서로 적대적이며 영국인 상사에게 호의를 받으려고 서로 경쟁한다. 또한 필딩의 집에 초대되었을 때 아지즈는 노골적으로 힌두인들을 경멸한다. 아지즈는 갓볼리의 존재가 그와 필딩의 친분 관계를 형성하는 데 방해가 되는 것으로 받아들인다. 영국과 인도 간의 대립이나 모순으로 설명할 수 있기보다는 인도인들 간의 모순과 갈등으로 설명해야 하는 인도인 집단의 문제에서 정치적 의식은 상당히 약화되어 있다. 이러한 상황에서 아지즈의 삼촌인 하미둘라Hamidullah가 참여하는 명사 모임에서만이 그나마 이 소설의 주요 분기점인 아델라 강간 미수 사건이 발발하기 이전에 나타나는 인도 민족 의식을 볼 수 있다. 이 위원회는 모슬렘·힌두·시크·파시·제인교도들의 모임으로서 기본적으로 "민족주의"(p. 106)적 속성을 갖고 있는 위원회이며 이 모임이 유지될 수 있는 것은 그들이 공동으로 영국인을 비난할 수 있기 때문이다. 그러나 포스터라고 말할 수 있는 이 소설의 서술자는 이 위원회가 건설적인 일은 아무것도 한 것이 없으며 영국이 떠나면 이 위원회는 흐지부지될 것이라 한다. 그러나 이 위원회의 구성은 잠재적으로 인도 민족의 형성 가능성을 시사하고 있다.

인도인들이 부당하게 지배당하고 억압받고 있다는 의식이 인도인들 사이에 공통으로 발생하는 것이 바로 식민지 하의 피지배 집단의 민족 정체성이다. 인도인들의 연대를 가능하게 하는 의식은 그들이 영국인이 아니라는 의식이다. 여기에서 주목할 만한 사실은 인도인들의 연대가 영국인들을 흉내내고 있다는 것이다. 이 소설에서 영국인들은 인도인들을 동서양 가교라는 파티에 초대하고서도 자기들끼리만 얘기할 정도로 배타적인 집단이다. 영국인들은 "항상 뭉쳐 있다"(p. 233)고 표현되는 집단인 것이다. 따라서 필딩이 아지즈를 위해 변호할 때 행정관은 그에게 "줄지어서 남들이 하는 그대로 하지 않으면 신세 망쳐요. 〔……〕 자기 자신만 망치는 것이 아니라 동료들까지도 망치게 된단 말이에요. 줄을 벗어나면 틈을 만들게 되지요. 이 늑대들〔아지즈 변호인단〕은 틈이 있나 없나에 눈독을 들이고 있어요"(p. 171)라고 한다. 아지즈 사건 전까지 인도인들은 뭉쳐 있지 않음으로써 영국인들에게 틈을 주고 있었고 따라서 영국의 인도 지배가 가능했었다. 그러나 아지즈 사건으로 인하여 인도인들은 영국인들이 줄서서 뭉쳐 있는 행태를 따라함으로써 영국인에게 저항할 전략과 힘이 생기는 것이며 이것이 식민지 체제 하의 인도 민족 공동체가 생기는 과정인 것이다. 후발 지역의 민족 공동체는 서구 민족 공동체의 "모방·응용·개량"[17]의 과정을 거치며 형성된다는 앤더슨의 논지가 여기에서 다시 적용된다. 아지즈가 체포되었을 때 영국의 관점으로 "적군"(p. 170)이 모여들기 시작하며 이러한 적군의 지도자인 하미둘라는 그와 공동으로 법정에서 영국에 저항할 변호사로 힌두교도이며 '반영주의자'로 악명 높은 암리트라오 Amritrao를 선임한다. 하미둘라의 전략은 아지즈 사건을 개인적인 사건으로 다루는 것이 아니라 정치적인 사건이며 동시에 그런 정치적인 사건을 매개로 하여 분열된 인도인들을 하나의 반영국적인 집단으로 재구성하는 것이다. 이렇게 힌두교도와 모슬렘의 연합으로, 그리고 찬드라포어에서 일어난 사건을 캘커타에서 활동하는 변호사를 불러들임으로써 지역적인 연대를 이룩할 뿐 아니라 영국 지배 체제와 제휴하여 대부호가 된 나와브 바하두르 Nawab Bahadur까지도 인도인인 아지즈를 위하여 기금을 출연하게 하며 더 나아가 이 사건은 하급 노동자들인 청소부들이 파업으로써 또 여성들은 단식으로써 이 연대에 동참한다. 더구나 행정관인 터턴의 차에 어린애조차 돌을 던진다. 재판이 진행될 때는 법정 밖의 인도 군중이 대규모의 시위를 벌인다. 이러한 종교 간·계층 간·남녀 간의 연대로 이루어진 공동 전선은 결국 아지즈를 부당한 혐의에서 벗어나게 하며 더 나아가 이 사건의 진행 과정에서 이루어진 반영국적인 인도인들의 연대는 사건이 마무리된 다음에도 계속하여 연대를 유지하며 반영국 운동을 전개한다.


## 6. 맺음말: 미완성의 민족 공동체 구성

위에서 필자는 포스터의 『인도로 가는 길』을 읽으면서 식민지

---

**17** Benedict Anderson, *Imagined Communities*, p. 128.

체제 하의 피식민 집단의 민족 공동체의 구성은 자연적으로 구성되어 있거나 과거의 영광에 대한 향수에 의해서가 아니라 또한 서구의 발전을 추종함으로써도 아니라 식민지 체제 하에 있다는 정치 의식을 가지고 반식민 저항의 과정을 통하여 형성된다는 것을 밝히려 하였다. 피식민인의 반식민 저항 전략은 지배적 식민 체제의 모순을 드러내는 과정을 통하여 구성되며 그러한 전략은 식민 체제의 모방과 저항을 동시에 수행한다는 것이 필자의 주장이다.

비서구 세계의 민족 공동체 형성은 어떤 역사적 상황에 의하여 한 번 이루어지고 나면 계속하여 유지되는 체제는 아니다. 이 소설에서 아지즈 사건을 계기로 형성된 반식민 민족 공동체의 형성은 영국 식민 체제의 재정비로 인하여 다시 한 번 위기에 처한다. 사건의 주역인 아지즈는 계속하여 반영 운동을 전개하자는 동료들의 설득을 거부한 채 봉건 영주 지역인 마우로 회피해버리고 대부호인 나와브 바하두르는 반영 운동이 과격해지고 있다고 보아 그 대열에서 이탈한다. 한시적으로 영국 제국주의 체제의 모순을 드러내는 작용을 하였던 필딩은 부총독의 배려로 다시 영국인에 합류하게 되며 아델라에 대한 아지즈의 손해 배상 청구를 취소하게 만든다. 영국 식민 체제는 다시 한 번 공고히 자리잡는 것이다. 이러한 사실은 인도의 반영 민족 운동이 계속되어야 하는 과제임을 말해주는 것이다.

『인도로 가는 길』이 씌어진 1920년대의 인도 민족 운동은 이 소설에서 제시된 것보다 훨씬 구체적으로 진행되고 있었다. 1885년에 설립된 인도 민족의회는 초기의 부르주아 중심의 타협적인 운동과는 달리 이때에는 간디, 이어서 네루가 지도자가 되면서 완전한 독립을 요구하였다. 하층민을 포함한 전인도 민족을 독립 운동의 열기로 이끌었던 간디를 뒤이어 네루는 영국의 통치에서 벗어나면서도 서구의 발전된 모습을 구체적인 인도의 미래상으로 제시하였다. 이런 민족 운동의 영향으로 영국은 어쩔 수 없이 인도의 독립 요구를 받아들일 수밖에 없었고 1947년 공식적인 독립이 이루어졌으나 인도가 식민 체제로부터 벗어난 것은 아니었다. '왕관에 박힌 보석'이란 별칭이 말해주듯이 인도는 영국이 획득한 식민지에서 가장 중요한 부의 원천이었으나 인도는 아시아에서 가장 가난한 나라이고 가장 문제 많은 나라 중 하나인 상태로 인도 민족에게 내던져졌다. 영국이 공식적으로 식민 지배를 종식할 때에 인도는 영국이 남긴 사회적 · 정치적 · 종교적 · 경제적 문제를 떠맡으면서 출발하였던 것이다. 독립 당시에 이미 인도 대륙은 100만 명이나 되는 인구의 상호 살육의 과정을 거치며 힌두 중심의 인도와 모슬렘 중심의 파키스탄으로 분리된 것을 위시하여 사회의 거의 모든 분야에서 내분과 갈등을 안고 출발하였다. 독립한 지 50여 년이 지난 지금 현재도 인도는 일인당 국민총생산이 1,300달러(중국은 2,500달러이고 미국은 22,000달러)에 불과하다. 또한 인도 민족의 중요한 인적 자원이 되어야 할 고급 교육의 수혜자들은 영국과 미국에 이주하여 그들의 중요한 인적 자원으로 활용되고 있다. 200년 이상이나 계속된 영국의 식민 통치는 50여 년의 짧은 치유 기간으로는 회복할 수 없는 상처를 남겨놓은 것이다.

# 제12장 나이폴의 『흉내 내는 사람들』과 민족 공동체



망명 정치인의 회고록 형식으로 되어 있는 나이폴V. S. Naipaul의 『흉내 내는 사람들 *The Mimic Men*』에서 화자이며 주인공인 싱Singh은 영국인이 소유하고 있는 식민 자산을 신생 독립국인 이사벨라Isabella의 민족 자산으로 전환시키지 못했을 때 정치적으로 파멸되고 추방당한다. 민족 자산화nationalization[1]는 단지 신생 민족 국가인 이사벨라의 민족 재산으로 귀속시킨다는 일차적인 의미 외에도 이사벨라가 진정한 의미에서 식민 종주국인 영국으로부터 벗어나서 독립 민족 국가를 건설해야 한다는 과제를 동시에 포함하기 때문에 새로 탄생한 이사벨라의 민족 정체성을 규정하는 데 중요한 문제를 제기하고 있다. 나이폴에 대한 비평가들의 일반적인 평가가 한편으로는 그가 성장한 트리니다드Trinidad의 정서를 정확하게 표현하고 있다는 견해와 다른 한

---

[1] 규정하기 어려운 개념이지만, 일반적으로 특정 지역에서 언어 · 역사 · 문화 등을 공유하는 집단이라는(엄밀한 의미에서 이 말은 이론적으로는 틀린 말이다. 이러한 소위 '객관적' 요소들이 민족을 구성하지 않는다는 설명은 르낭의 논의를 참조할 수 있다) 의미의 영어 nation을 (프랑스어나 독일어의 경우도 같다) 한국어로는 국민이나 민족으로 옮기고 있다. 그러나 영어의 nation에 국민이란 의미는 없다. 국민은 국가를 전제로 하여 그 국가 체제의 지배 하에 있는 사람들의 집단을 의미하는 말이며 nation은 국가가 형성되기 전에도 존재할 수 있는, 국가 체제와는 별도로 형성되는 집단이므로 민족으로 제한하여 옮겨야 한다. 현재에 자연스럽게 받아들여지는 민족-국가nation-state의 형태는 19세기 이후 국가 체제가 민족을 이의 종속체로, 즉 국민으로 변화시킨 결과이다. 국가가 독립하여 존재하는 민족 집단을 국가 체제의 이익을 위하여 종속시키는 과정을 염두에 둔다면 국민과 민족은 서로 모순되는 개념이기도 하다. 여기에서 국유화란 말 대신에 민족 자산화란 말로 옮긴 nationalization은 원래 해당 민족 집단의 공동 소유로 만들기, 나아가 민족으로 되기란 뜻이므로 이 소설의 중요 주제가 민족의 형성과 실패임을 알 수 있다.

편으로는 그의 피식민인에 대한 비판적인, 심지어는 냉소적인 묘사로 인하여 서구의 독자들을 위해 피식민지인의 정서를 배반하는 반민족적 매판 작가라는 평가[2]가 있다. 이를 염두에 둔다면 나이폴의 소설에서 민족 문제를 논의하는 것은 나이폴의 작품에 대한 일반적인 평가에 어긋나는 시도라고도 할 수 있다. 그러나 이 소설은 직접적으로 식민 시대와 식민 시대 이후의 민족 형성의 문제를 다루고 있을 뿐만 아니라 그 민족 형성이 과거의 식민 종주국의 지배의 장에서 벗어날 수 없다는 사실을 제시함으로써 신생 독립의 민족 문제를 배타적 또는 본질주의적 접근에서 벗어나서 논의할 수 있게 해준다는 점에서 중요한 논점을 제공한다. 이런 중요성에도 불구하고 민족 문제를 중심으로 나이폴의 문학을 다룬 비평은 거의 없다. 예외적으로 스테파노 하니Stefano Harney의 작업을 들 수 있다. 그는 평민의 집단 의식의 발현으로서의 민족과 국가 체제가 구별되어야 한다는 전제 하에 나이폴의 작품은 탈식민 시대의 국가가 민족이 될 수 없다는 논지를 말하는 텍스트로 읽어야 한다고 주장한다.[3] 하니의 작업은 나이폴의 문학을 민족의 형성이라는 관점에서 논의했다는 점에서 주목할 만하다. 그러나 그는 나이폴의 문학에 나타나는 민족의 형성 문제를 민족주의의 형성과 동일시함으로써 중심에서 배제된 집단의 민족 형성에 작용하는 방식을 주목하지 않고 있는 한계를 갖고 있다고 볼 수 있다. 민족 문제를 중심으로 나이폴의 문학을 논의하지 않



---

**2** 에드워드 사이드 등 탈식민 이론가들과 트리니다드를 비롯한 제3세계 출신 비평가들은 나이폴에 대해 대개 식민 시대, 그리고 식민 시대 이후의 트리니다드를 제대로 재현하지 못하고 비판하는 반면 제1세계와 대부분의 나이폴 전문 연구자들은 나이폴이 식민지 상황과 인간 본질에 대한 통찰력을 보여준다고 평가한다. 기존의 나이폴 평가에 대한 어느 정도 자세한 논의는 Selwyn Cudjoe, *V. S. Naipaul: a Materialist Reading*(Amherst: University of Massachusetts Press, 1988) 서론 부분을 참조하라.

**3** Stefano Harney, *Nationalism and Identity: Culture and the Imagination in a Carribbean Diaspora*(London: Zed, 1996), p. 140.

고 있는 이유는 민족 이론이 1990년대 이후인 극히 최근에 본격화되고 있으며 민족 이론을 염두에 두고 실제 비평을 시도하는 것은 더욱더 최근의 경향이기 때문이다.[4]

신생 독립국의 민족 정체성의 획득은 프란츠 파농 등이 말하는 식으로 식민 종주국의 잔재를 일소하는 전투적 반식민 운동에 의하여 쉽게 이루어질 수는 없다. 왜냐하면 피식민지인의 정체성은 부정적 의미에서든 긍정적 의미에서든 이미 식민 역사에 의하여 형성되어 있고 또한 공식적으로 독립을 이룩한 식민 시대 이후라 할지라도 식민 종주국을 위시한 서구 체제와 벗어날 수 없는 관계가 이미 형성되어 있기 때문이다. 필자는 작가 나이폴을 옹호하거나 비판하려고 이 글을 쓰고 있지 않다. 필자의 관심은 그의 대표작인 『흉내 내는 사람들』에서 나타난 제3세계 민족 정체성을 재구성하는 것이다. 담론이 그 담론을 생산하는 개인의 통제 범위를 항상 벗어나듯이 이 소설 역시 작가 나이폴의 개인적 통제를 벗어나는 것이며 따라서 작가의 개인적 정치성과는 분리하여 논의할 수 있을 것이다. 이 소설을 읽기 위해 필자는 앤더슨, 르낭 등의 민족 이론가들의 민족 이론과 라클라우의 정체성 이론을 빌려오고 있다. 라클라우가 『우리 시대의 혁명에 대한 새로운 성찰 New Reflections on the Revolution of Our Time』에서 개진하고 있는, 어떤 주어진 사회의 정체성은 적대적 외부에 의하여 형성된다는 이론은 어떤 사회에도 적용될 수 있는 이론이긴 하나 특히 서구 식민 체제라는 외부적 요인에 의하여 변화를 겪었던 제3세계의 정체성을 설명하는 데 적절한 이론을 제공한다.

---

**4** 엄밀히 말해 최근의 경향은 민족 이론이라기보다는 초민족transnational 또는 탈민족 postnational 이론이라 말하는 것이 옳다. 베네딕트 앤더슨에 의해 시작된 최근의 민족 이론은 이후 아르준 아파두라이Arjun Appadurai 등에 의해 초민족 이론으로 변화하여 확대되고 있다.

## 1. 서구화된 이사벨라

이 소설에 나타나는 이사벨라는 나이폴의 출생지인 트리니다드[5]를 모델로 하고 있다. 트리니다드와 마찬가지로 이사벨라는 원래 아메리카 인디언이 주민이었으나 식민 역사와 더불어 흑인이 노예로서 이 섬으로 이주하였고 인도인과 중국인이 역시 식민지 농장에 필요한 노동력을 제공하기 위해 이주했다. 따라서 식민지 경영자였던 백인을 비롯하여 흑인이나 인도계·중국계 주민들은 진정한 이사벨라인이 아닌, 이사벨라의 이방인이라 볼 수도 있다. 그리고 이러한 이방인들로 인하여 원래의 이사벨라인들이 말살되었기 때문에 식민 지배 하의 이사벨라는 민족 정체성이 없는 사회라고 볼 수도 있다. 그리고 그러한 의미의 민족 정체성은 식민 시대 이전 이사벨라의 원래의 모습이 그 민족 정체성이라 할 수 있다. 이러한 가정은 제3세계 반식민 민족 운동이 식민주의의 극복과 식민 잔재의 청산이라는 기치 아래 잃어버린 민족과 민족 전통을 되찾는다고 할 때 그 잃어버린 어떤 것이 민족의 본 모습이라고 보는 태도이다. 그러나 이 소설 속의 이사벨라에서 영국을 비롯한 서구 식민 체제를 제거한 원래의 이사벨라의 모습이 이사벨라의 정체성이 될 수는 없다. 왜냐하면 서구 식민 역사가 개입하기 이전의 이사벨라를 복원한다면 그것은 아메리카 인디언들이 살았던 시대의 이사벨라일 것이며, 그러한 의미에서의 이사벨라는 이 소설에 나타나는 이사벨라의 민족적 정체성과는 관계가 없기 때문이다. 민족의 형성이 18세기 이후 근대의 산물이라는 점을 염두에 두지 않더라도 민족이 집단적 공동체라

---

**5** 트리니다드의 국가명은 트리니다드 토바고 공화국Republic of Trinidad and Tobago이다. 트리니다드는 이 나라를 이루는 두 개의 섬 중 큰 섬이다. 원래 스페인의 식민지였으나 1797년 이후 영국의 식민지가 되었다가 1962년 공식적으로 독립했다.

는 기본 특성을 놓고 보면 현존하지 않는 아메리카 원주민은 민족의 중요 구성원이 될 수 없는 것이다. 이 소설에 나타나는 인디언들은, 현재의 트리니다드를 비롯한 아메리카 대륙 각지의 상황과 마찬가지로, 이사벨라 민족을 이루는 인적 구성을 고려할 때 거의 무시할 수 있는 수준에 불과하다. 흑인 및 동인도인·중국인·백인 등으로 이루어진 이사벨라에서 원주민이라고 말할 수 있는 카리브 사람들은 외따로 떨어져 그들만의 집단을 이루어 살고 있으며 이들 또한 사실상 원주민인 카리브 인디언들이라기보다는 흑인에 더 가까운 사람들이다. "카리브인들은 흑인들에 흡수되어버려서 더 이상 존재하지 않게 되었다"(p. 121)[6]고 화자인 싱은 진술한다. 물론 서구 제국의 아메리카 정복의 결과로 나타난 인디언 인종의 말살에 가까운 침략 행위는 문제시되어 마땅하지만 여기의 이사벨라 민족의 정체성과는 다른 맥락에서 다루어져야 할 것이다.

이사벨라의 민족적 정체성이 그 지역에 원래 존재하던 원주민에 의하여 규정되지 않는다면 인간 사회와는 구별되는 그곳의 고유한 어떤 특성이 이사벨라의 정체성을 형성한다고 생각해볼 수도 있을 것이다. 어떤 지역의 독특한 자연 환경이나 독특한 풍경은 그 나라의 모습과 삶의 양상을 결정할 수도 있기 때문이다. 그러나 이사벨라에는 자연 환경까지도 고유한 것이 없다. 이 역시 서구 제국의 산물이기 때문이다. 화자인 싱은 그런 상황을 "우리의 풍경은 프랑스나 영국의 굉장한 공원을 본따 만들어졌다. 그러나 우리는 지옥 같은 정원을, 아직도 이름 없는 나무들이 있는, 그런 나무들 사이를 —그 씨앗은 종종 노예의 뱃속에 섞여 이 섬

---

**6** V. S. Naipaul, *The Mimic Men*(London: Penguin, 1967). 『흉내 내는 사람들』의 작품 인용은 이 책에 의거하며 괄호 안에 쪽을 표기한다. 우리말 번역본으로 정영목 옮김, 『흉내』(강, 1996)가 있다.

에 도달한 것인데 — 걷는다"(p. 147)라고 서술한다. 따라서 이사벨라에 고유한 어떤 정체성을 찾으려는 시도는 필연적으로 이사벨라 자체의 형성 조건인 식민 역사의 관계에서 이루어져야 한다.

나이폴의 『흉내 내는 사람들』을 읽으면서 대부분의 비평가들은 랠프 싱의 "우리들은 진짜인 척, 배우는 척, 우리의 삶을 준비하는 척했다. 새로운 것들을 그렇게 잽싸게 타락시켜버리는 것 모든 것을 간직한, 신세계의, 그 세계의 하잘것없는 구석의, 우리들, 흉내 내는 사람들"(p. 146)이란 진술을 식민지의 부정적 상황을 객관적으로 비판하는 또는 제국의 질서에 굴종하는, 나이폴의 진술이라고 읽고 있다.[7] 이러한 읽기에 의하면 『흉내 내는 사람들』에서 제시되는 세계는 이분법적인 세계이며 이때 긍정적 가치인 중심·진수·문명·질서 등은 서구 제국에 속하며 이에 대립되는 주변부·허위·야만·무질서 등의 부정적 가치는 식민지에 속한다.[8] 그리고 이러한 독해는 어느 정도 설득력이 있기도 하다. 왜냐하면 사이드가 『동양론』에서 논의하는 바와 같이 식민 지배자로서의 서구와 피지배자로서의 비서구 세계는 서구의 담론 체계에 의하여 선과 악으로 대표되는 이분법적 세계로 형성되고 이 담론 체계가 현실적 효과를 발휘하여 서구 세계가 힘의 중심이 되고 비서구 세계는 그 서구의 지배를 받는 체계로 변하기 때문

---

**7** 예를 들어 마이클 고라는 나이폴의 소설에 나타나는 흉내 내기의 주제가 제국주의의 폭력성뿐 아니라 제국주의의 질서에 편입될 수밖에 없는 식민지의 절망적 상황을 말하는 것이라고 설명한다. Michael Gorra, *After Empire: Scott, Naipaul, Rushdie*(Chicago: University of Chicago Press, 1997), p. 87 참조.

**8** 나이폴 연구의 선두자 중 하나인 모리스Morris의 독해가 이러한 예이다. 그는 질서로서의 서구와 무질서로서의 트리니다드를 나이폴이 제시하고 있다고 주장한다. 모리스의 저술이 사이드 등의 탈식민 이론가들이 문학 비평에 영향력을 주기 전인 1975년에 나왔다는 사실을 생각해보면 전통적 서구 문학 비평이 제3세계를 타자화하는 것이 문제 있다는 생각을 하지 않고 있음을 알 수 있다. Robert K. Morris, *Paradoxes of Order: Some Perspectives on the Fiction of V. S. Naipaul*(Columbia: University of Missouri Press, 1975) 참조.

이다. 그러나 이 소설에서 이사벨라가 서구를 흉내 내는 세계라고 묘사될 때 그 흉내 내기는 부정적인, 종식되어야 할 어떤 것이라고만 읽혀질 수는 없다. 왜냐하면 그 흉내 내기가 멈추어졌을 때는 이사벨라 자체의 정체성이 존재하지 않기 때문이다. 문제는 흉내 내기가 제국의 질서를 어떻게 교란하며 이사벨라의 민족 정체성을 형성하는가를 밝히는 것이다.

피식민인의 식민 지배자에 대한 흉내 내기는 극복해야 할 행위만은 아니다. 이는 근본적으로 제국의 질서에 교란을 가져오는 행위이며 이를 근거로 저항적 정체성을 획득하는 과정이 되기 때문이다. 호미 바바가 분석하듯이,[9] 흉내 내기는 흉내 내는 대상과 닮기는 하지만 그 원래의 대상 자체일 수는 없는 속성을 갖는다. 따라서 흉내 내기는 끊임없이 원래의 대상으로부터 벗어나며 그 원래 대상의 본질을 왜곡하며 변형하는 결과를 가져온다. 더 나아가서 흉내 내기의 모습은 원전과는 다르다는 속성을 가지면서 하나가 아니라 끊임없이 불완전한 형태로 반복되는 행위이기 때문에 흉내 내기의 결과를 확정할 수 없는 특성 역시 갖는다. 이러한 흉내 내기의 불확정성은 그리고 이에서 결과되는 혼란은 식민지 상황에서는 제국의 주어진 질서에 교란을 일으킨다. 바바의 분석을 피식민인의 민족 정체성을 형성하는 과정으로 옮겨서 해석을 시도해본다면, 흉내 내기는 제국이 강요하는 질서에, 그리고 그러한 질서의 결과물로서의 과거 식민 종주국에 순응하는 신생 민족이 되기를 거부하는 행위가 되기도 한다. 흉내 내기의 결과물로서의 신생 민족의 정체성은 그 특성상 불확정성의 상태를 갖는다고 볼 수 있다. 이러한 불확정성은 다른 말로 하면 정치적 행위의 가능성을 열어주는 상태이기도 하다. 왜냐하면 근본적으

---

**9** Homi K. Bhabha, *The Location of Culture*(London: Routledge, 1994), pp. 85~92.

로 방향성이 없는 불확정의 상태에 방향을 설정하는 행위는 신생
민족 국가 건설의 과제에서 우선 필요한 행위이며 이때 과거와의
민족 정체성의 방향과 가치가 결정될 수 있기 때문이다.

　이사벨라는 서구 제국주의 체제의 결과물이다. 이사벨라 민족
을 구성하는 흑인, 인도계 아시아인, 중국계, 그리고 백인 집단들
은 모두가 서구의 식민 체제에 의하여 이사벨라로 유입된 사람들
이며 따라서 이사벨라 민족은 서구의 식민 체제가 형성한 결과물
이다. 이사벨라 민족이 서구 체제의 산물이란 사실은 인적 구성이
서구 체제에 의해 이 지역으로 이주되었다는 의미에서뿐만 아니라
그들의 삶의 방식 역시 서구화되어 있다는 데서 더 잘 드러난다.
주인공 랠프 싱이 식민 체제 하에서 어린 시절을 보내는 모습을
다룬 이 소설의 2부에서 이사벨라인들은 서구의 가치를 자연스럽
게 받아들이며 살고 있다. 서구 문화의 대표적인 예인 코카콜라
를 이사벨라에서 독점하고 있는 싱의 외갓집 가문의 위세는 그
가문의 어린 아들인 세실이 어른들의 세계에서도 권위를 행사하
는 데서 잘 드러난다. 또한 이 코카콜라 회사를 어린 학생들에게
정기적으로 견학시킴으로써 자연스럽게 서구 문화를 선망의 대
상으로 받아들이게 한다. 학생들의 교육은 유럽에서 온 사람들에
의하여 이루어지며 교육의 내용 역시 이사벨라라는 지역적 특수
성보다는 서구 사회를 그들 자신의 사회라고 믿게 만들고 있다.

　이사벨라인이 피식민인으로서 서구화되었다는 사실은 랠프 싱
의 잘못된 기억에서 잘 드러난다. 싱은 어릴 때의 기억으로 선생
님께 사과를 가져간 것을 기억한다(p. 90). 그러나 그 과일은 사
실 이사벨라에서 생산되는 오렌지일 수밖에 없다. 사과는 이사벨
라에서는 생산되지 않기 때문이다. 그럼에도 싱은 여전히 사과라
고 기억하고 있다. 오렌지가 사과로 변하는 이러한 잘못된 편집
과정은 그 사실적인 의미에서의 오류에도 불구하고 서구가 지배

하는 식민지에서 식민 교육을 받고 있는 싱의 입장에서는 자연스런 과정이다. 알튀세르의 말을 받아, 실제 존재 조건에 대해서 각 개인이 갖고 있는 상상적 관계를 이데올로기라 규정할 때 이데올로기는 개별 정체성의 기본이면서 동시에 그러한 이데올로기의 형성은 인식과 오인을 동시에 수행하는 결과이다. 랠프 싱은 실제 조건인 이사벨라의 오렌지 대신 상상적 재현인 사과를 통해 자신의 정체성을 규정하고 있으며 이러한 사실은 서구 체계가 지배하는 식민지 이사벨라에서는 당연한 결과이기도 하다. 이는 비벡 다레슈어Vivek Dhareshwar가 지적하는 바와 같이 서구의 식민 지배의 결과로서 식민지인들 스스로가 서구화된 자신의 정체성을 소유하고 있다는 사실을 보여주는 실례이다.[10] 인적 구성이라는 물리적인 의미에서 이사벨라가 서구 식민주의의 팽창과 그 팽창된 지역의 경영 필요성에 의하여 생긴 결과물이라면 이사벨라인 스스로가 서구화되는 과정은, 다른 요인도 고려할 수 있겠지만, 이데올로기적 국가 장치인 교육에 의하여 주로 이루어진다. 서구 식민 종주국에서 주도하는 교육을 받은 이사벨라의 학생들은 성장했을 때 서구 세계를 그들이 진출할 세계라고 받아들이게 된다. 싱 스스로는 이사벨라에서의 교육 과정을 마친 후 영국으로 유학을 간다. 이는 그의 흑인 친구인 브라운Browne의 경우도 마찬가지이다.


## 2. 저항적 정체성의 형성

식민 체제가 이데올로기적으로 순종적인 식민지 백성을 양성

---

10 Vivek Dhareshwar, "Self-fashioning, Colonial Habitus, and Double Exclusion: V. S. Naipaul's *The Mimic Men*," *Criticism* 31. 1(Winter 1989), p. 75.

하기 위하여 교육 장치를 사용하고 있다 하더라도 그 장치는 항상 지배자가 의도하는 대로 작용하지는 않는다. 알튀세르가 밝히고 있듯이 대부분의 경우 교육 장치는 지배 계급에 순종하는 착한 백성을 만드는 장소이긴 하지만 경우에 따라선 그와 반대의 작용을 하기도 한다. 이데올로기적 국가 기구로서의 교육 장치는 지배 계급의 필요성에 의하여 만들어진, 피지배자를 통제하기 위한 계급 투쟁의 현장이기는 하나 그 지배 계급은 동시에 어쩔 수 없이 피지배 계급에게도 저항적 계급 투쟁의 현장을 제공한다.[11] 식민 교육을 받고 있는 어린 시절의 싱과 그의 동급생들은 교사들이 주입시키는 바람직한 공민들과는 어긋나게 행동한다. 이는 이데올로기적 교육 기구가 순전히 독립적인 자체 충족적인 이데올로기 차원에서만 이루어지는 것이 아니라 그 이데올로기가 사실상 기원을 두고 있는 이데올로기 밖의 차원 ─ 마르크시즘의 용어로는 하부구조 ─ 역시 이데올로기의 재생산에 개입되어 있기 때문이다. 말하자면 이사벨라의 식민지 현실이 식민지 경영인이 주입하려는 서구인식으로 생각하고 행동하는 말 잘 듣는 피식민 정체성의 생산을 방해한다는 것이다. 백인 선생인 그랜트 Grant가 가난한 흑인 학생 브라운에게 지각한 것에 대해 매일같이 쓰레기 치우느라고 늦었냐고 놀리면서 청소부가 될 놈이라고 규정할 때 브라운은 그 선생이 사는 동네에 쓰레기가 너무 많아 그것을 치우느라고 늦었다고 되받는다(p. 130). 지배 이데올로기를 주입하는 권위자로서의 교사가 피지배 식민인의 입장에서 저항적 태도를 보이는 학생에 의하여 거꾸로 놀림감이 되는 것이다. 브라운의 주장은 그랜트와 같은 식민지 경영인은 식민지 현실이라는 쓰레기에서 벗어날 수 없으며 나아가 그 쓰레기를 만드



---

11 Louis Althusser(Ben Brewster tr.), *Lenin and Philosophy and Other Essays*(New York : Monthly Review, 1971), p. 147.

는 사람이 바로 식민지 경영인이라는 얘기다. 식민 지배 가치를 형성하고 주입하는 학교라는 이데올로기적 장치가 오히려 그러한 장치와 작용에 도전적인 학생에 의하여 식민 지배자의 권위가 추락하는 현장으로 변화하게 되는 것이다.

브라운과 같은 저항의 방식은 싱의 아버지의 경우 좀더 조직적이고 정치적이다. 원래 싱의 아버지는 식민 체제에 대하여 협조적인 사람이었다. 젊은 시절에는 선교 활동에 적극적인 도움을 주는, 선교사의 아내에 의해서 하나님의 천사라고까지 묘사된 바 있다(p. 88) 또한 교육부의 공무원이며 교사이기도 했다(p. 86). 식민 체제 하에서 교사의 역할이 바람직한 식민지의 신민을 만드는 일이고 또한 기독교의 역할 또한 식민 체제의 이데올로기적 첨병 역할을 하고 있었다는 것을 상기해보면 싱의 아버지 크리팔싱 Kripalsingh은 식민 체제의 유지에 적극적인 협력자였음을 알 수 있다. 그리고 그는 자기보다 신분이 낮은 여자와 결혼함으로써 그의 가정 안에서도 가부장으로서의 권위를 가진 남성의 정체성 역시 지키고 있었다. 그리고 그의 처가 쪽이 대갑부가 되기 전까지는 그의 이러한 식민 체제에 대한 협력자의 역할이 변하지 않는다. 그런 그가 식민 체제에 문제를 일으키는 역할을 하기 시작하는 것은 그의 이미 주어진 정체성이 위협받은 다음부터이다. 그의 처가가 이사벨라의 갑부가 됨으로써 그는 아내 쪽에 대하여 우월적 권위를 행사하지 못한다. 또한 그의 자식들 역시 아버지 쪽의 가계보다는 어머니 쪽의 가계에 속한다고 의식하고 외갓집에서 주로 시간을 보낸다. 즉 가부장으로서의, 그리고 헤게모니를 행사하는 식민 체제의 협력자로서의 역할이 위협을 받게 되는 것이다. 그런 그가 반체제적 저항 운동의 지도자가 된 사실 역시 자기 정체성을 확보하기 위한 노력이다. 코카콜라를 독점할 수 있는 기회를 얻어 일약 갑부가 된 그의 처갓집의 권위는 그 자신의 권위를 부정하는 결과를 가져온다. 그의 자식들은 그의 말보다는 외갓집에서 들은 말을 더 신뢰한다. 이런 상황에서 그가 길거리의 가게에서 코카콜라 상자를 부수는 행위는 정치적 행위로 이해되고 곧 노동자 계층의 지지를 받게 되어 정치적 지도자로 변신한다. 정치 지도자로서의 그는 인도계로서의 정체성을 회복하여 힌두교의 성직자와 같은 방식의 삶을 택한다. 이런 변신 후의 그는 선교사의 충복으로서나 교육부의 관리로서의 정체성과는 상당한 거리가 있는 새로운 정체성을 갖는다.

질서로서의 서구의 세계와 무질서로서의 식민지 세계라는 싱의 진술로 볼 때는 크리팔싱의 이러한 정체성은 무질서와 혼돈, 그리고 시대착오적인 행위로 규정할 수 있다. 또한 사이드가 비판하고 있는 서구의 전통적 동양론의 관점에서 볼 때는 크리팔싱의 이와 같은 서구의 지배적 가치와 대립적인 가치를 스스로 떠맡는 행위는 서구의 이분법적 식민 이데올로기에 영합하는 결과를 낳는다고 볼 수도 있다. 그러나 크리팔싱의 경우 서구의 식민주의적 가치와 그 스스로를 구별하는 행위는 이분법적 동양론이 갖는 식민 이데올로기에 영합하기 위해서가 아니라 식민 체제가 피식민인을 완전히 말 잘 듣는 피식민인으로 재구성할 수 없음을 보여주는 저항적 시도이다. 오렌지였음에도 사과라고 기억시키는 식민적 가치의 주입에 저항하여 크리팔싱은 스스로 힌두교의 지도자로 자신의 정체성을 정립함으로써 식민 체제에 정면으로 거부하는 정체성을 택하게 된다. 이는 식민지 상황에서 자기 자신의 정체성, 더 나아가서 피식민인 일반의 정체성을 확보하기 위한 정치적 시도라고 이해할 수 있다. 왜냐하면 식민 체제에 대한 종속을 거부하는 행위는 자신의 정체성이 식민 체제에 의하여 포섭될 수 없음을 천명하는 방식이기 때문이다.

크리팔싱이 정치 지도자로 변신하는 과정은 기존 질서에 혼돈을 가져옴으로써 가능해진다. 그의 가부장적 위치가 처갓집의 권위에 의해 훼손되었을 때 그는 그 자신의 가족적 가치를 거부하기 시작한다. 존경받는 집안은 하층민과 일정한 거리를 둠으로써 그 권위가 유지된다는 그의 아내의 이론(p. 125)과는 반대로 그는 하층민과 어울리면서 그들의 지도자가 되고 가족을 버리고 과부인 힌두 여인과 함께 산다. 싱이나 그에 해당되는 집단의 관점에서 볼 때는 이러한 크리팔싱의 행위가 "미친 짓"(p. 129)이지만 하층민들 사이에서는 차차 경외와 존경의 대상으로 받아들여지며 크리팔싱이 이끄는 저항 운동은 불길과도 같이 확대된다. 이 저항 운동은 생기를 잃은 사람들에게 분노를 불러일으켰으며 또한 동지애를 만들어내기도 한다(p. 127). 이 저항 운동은 싱이 다니는 학교에까지 영향을 주어 그 학교 교사가 싱의 아버지가 파업을 처음 시작한 것은 아니라고 폄하하여 말할 수밖에 없는 상황이 되기도 한다. 화자인 싱은 이를 "아버지의 운동은 그전에 질서가 있다는 환상을 갖고 있던 사람들에게 무질서를 만들어내었다. 무질서는 드라마이다. 인간에 필요한 양분인 드라마가 드러난 것이다"(p. 127)라고 진술한다. 이는 또한 싱에게도 영향을 미쳐 싱의 이름은 이제 '지도자의 아들'이 된다. 드라마로서의 무질서는 따라서, 많은 비평가가 생각하는 것과는 달리, 부정적인 면으로 읽힐 수 없다. 무질서는 기존의 잘못된 질서를 해체시키기 위한 과정이기 때문이다. 기존의 질서가 식민 체제라는 주어진 체제를 말하는 것이라면 크리팔싱이 주도하는 무질서의 드라마는 식민 체제의 질서가 정상적으로 유지되지 못하게 하는 작용을 하며 식민 체제에 대한 대항 세력을 만들어낸다. 반식민 저항 운동으로서의 무질서가 지배적일 때 식민 체제로서의 질서는 무력화되고 결국 부재 상태로 진행된다. 이 소설의 후반부에 나오는 식민 시대 이후 각 정파 간의 헤게모니 쟁탈전으로서의 정치 활동은 이러한 부재하는 식민 질서 대신 빈자리를 채우는 과정이며 이때 새로운 질서로서의 새로운 민족의 형성이라는 이 소설의 중요 주제가 식민 질서를 대신하여 그 자리를 차지하게 된다. 이러한 중요성에도 불구하고 화자인 싱은 그의 아버지인 크리팔싱의 운동에 대해 적극적으로 호의적인 평가를 하지 않는다. 크리팔싱의 운동에 대해 싱은 "이제는 전반적 역사의 흐름에 대해 설명할 수 있을 것이다. 그러나……"(p. 128)라고 말을 하며 다시 크리팔싱의 괴벽스런 행동을 했던 시절을 다시 회상한다. 즉 크리팔싱을 이사벨라의 집단적 정체성을 시사하는 인물로 평가하기보다는 한 아버지인 한 개인으로 평가절하하고 있다는 것이다. 그는 여기에서 우리는 작가 나이폴과 화자 싱, 그리고 크리팔싱의 관계에 대해 생각해볼 필요가 있다.

이 소설에서 화자인 싱의 역할은 두 가지로 생각할 수 있다. 하나는 이사벨라에서 식민 시대와 식민 시대 이후의 이사벨라의 역사를 서술하는 것이고 다른 하나는 독립 이후의 정치에 참여했으나 추방당한 정치가로서의 회고록을 쓰는 것이다. 이는 나이폴 자신의 입장을 어느 정도 말해줄 수 있는 설정이기도 하다. 정치에 직접 참여하지는 않았지만 트리니다드라는 신생 독립국에서 성장하여 식민지 모국이었던 영국에 정착하여 제3세계의 문제를 소설의 주제로 주로 설정하는 작가로서의 나이폴은 식민지 현실이 자신의 소설에서 주요 토대가 되고 있다는 자의식에서 생겨나는 식민지인들에 대한 애정을 갖고 있다. 그러나 한편으로는 식민지 현실에 대한 냉소적 태도 역시 그의 산문과 소설에서 두드러지게 보이는 경향이다. 따라서 그의 문학의 특징은 식민지에 대한 냉소와 애정의 혼합이 특징이라고 평하는 것은 적절하다고 할 수 있다.[12]

---

[12] Leon Gottfried, "Preface: The Face of V. S. Naipaul," *MFS*, 30. 3(Autumn 1984) p. 439.

냉소적 태도로 보이는 식민지 현실에 대한 거리 두기는 나이폴 자신이 염두에 두고 있는 독자층이 식민지와는 직접적 관계가 없는 영국과 미국 등의 메트로폴리탄 독자라는 것에서 기인한다고 볼 수 있다. 말하자면 영국에 거주하면서 영국의 독자를 염두에 두고 작품을 생산해야 하는 작가의 입장에서는 그 자신의 정치적 입장을 식민지인이라기보다는 영국의 지식인으로 자신을 위치시킬 필요가 있으며 사실 이러한 입장이 나이폴의 정치적 태도라고 볼 수 있다. 이와 같은 작가로서의 나이폴의 입장은 이 소설의 화자인 싱에게도 적용된다. 정치적 실패로 인하여 모국에서 추방당하여 영국의 근교 호텔을 떠돌며 일종의 자서전적 회고록을 쓰고 있는 싱은 한편으로는 식민 시대와 식민 시대 이후의 역사를 기록하는 역할을 하고 또 다른 한편으로는 자기 자신의 정치적 역정을 회한으로 그리고 있다. 말하자면 한편으로는 "우리 시대의 제국들은 오래 계속되지는 않았다. 그러나 그들은 세계를 영원히 바꾸어놓았다"(p. 32)라는 진술이 역사 서술자로서의 싱을 말한다면 "우리들은 힘이 없었다. 더구나 우리는 힘이 없다는 것을 알지 못했다. 우리들은 말과 말로 하는 찬성을 힘이라고 잘못 생각했다"(p. 8)의 진술은 실패한 정치가의 회한을 나타내고 있다. 이러한 두 가지의 역할은 서로 상반된다는 의미에서 긴장 관계에 있다. 그리고 이러한 긴장은 그 양자의 신뢰성을 약화시키고 있다. 역사 서술자로서의 역할에 충실해야 한다면 싱은 자신의 정치적 실패에 대한 책임을 인정해야 하고 또한 정치가로서의 회고록에 충실하려면 자신의 역할에 대한 정당화에 초점이 주어지며 이때 역사 서술자로서의 역할은 훼손을 입게 되기 때문이다. 이러한 두 역할을 동시에 해결할 수 없는 의식이 정치 지도자로서의 아버지인 크리팔싱의 역할을 종교적 광신자로 변화시켜 그 정치적 의미를 축소시키고 있는 것이다. 그렇지만 크리팔싱의 정치적 역할은 영국인 부호 스톡웰stockwell이 그를 중요 정치가로 기억하고 또 브라운이 크리팔싱의 후광을 입고 있다고 생각되는 싱에게 아버지의 이름을 빌려 정치에 참여하자고 설득하는 데서 분명히 드러난다. 크리팔싱과 싱의 관계는 이사벨라의 정치와 역사의 전개에 있어 단지 부자 관계로서의 의미가 아니라 식민 시대의 저항의 정치와 식민 시대 이후의 새로운 민족 국가 건설의 정치학이라는 일반론으로 확대되어야 하는 것이다.

## 3. 민족의 형성

크리팔싱의 저항이 식민 체제 내에서 피식민인의 정체성을 식민 지배자의 틀에서 벗어나기 위하여 인도계라는 자신의 종족적 기원에 근거하여 규정하고 있었다면 다음 세대인 싱은 식민 시대 이후의 새로운 민족 국가의 정체성을 식민 체제 내에서 종족적 정체성을 넘어서는 통합된 피식민인으로서의 집단성을 확보함으로써 민족 정체성이 형성된다. "난파된 배"(p. 132)에 비유하는 식민지 이사벨라는 싱으로서는 탈출의 대상으로 나타난다. 싱이 자신의 종족적 선조들인 아리안족의 이주의 역사에 대해 집착하여 그것에 관한 책을 읽고 있을 때 아버지인 크리팔싱은 "아리안-와리안, 네가 아리안에 대해서 아는 게 뭐가 있어"(p. 102)라고 빈정거리고 결국 싱은 종족적 기원에 근거하여 자신의 정체성을 찾는 시도를 그만둔다. 흑인인 브라운이나 중국계인 호크Hok 역시 흑인이나 중국인의 역사에 대해 집착하는 모습을 보이지만 이들 역시 종족적 정체성을 그들의 정체성으로 규정하지는 않는다. 이 소설에서 싱과 그의 동급생들인 신세대가 크리팔싱의 세대와 구별되는 점은 이들이 인도계 · 아프리카계 · 중국계 등 인종적·종족적 특성에 의하여 그들의 삶의 방식이 규정되는 것이 아니라 이사벨라 제국 학교라는 공통의 교육 기관을 공유함으로써 공동체 의식을 갖는다는 점이다. 이들 신세대들은 가정이라는 개인적인 공간으로 돌아가면 인도계나 흑인으로 존재하게 된다. 그러나 이사벨라 제국 학교에서는 이러한 사적인 영역에서의 차이는 거의 무시된다. 그들은 같은 교실에서 같은 교육을 받는다는 사실에 근거하여 집단 의식을 갖는다. 더구나 인도계나 흑인 등 식민 지배의 틀에서 피지배자로 나타나는 집단 출신의 학생들뿐 아니라 데샹네프Deschampsneufs와 세실Cecil 등 프랑스계 부호나 매판 자본가의 자식들 역시 이사벨라 제국 학교에서는 그 차이들이 무시되고 하나의 집단으로 다시 규정된다. 그들은 각 가정의 생활 방식의 차이에도 불구하고 이사벨라 제국 학교의 학생이라는 특권을 공유한다는 점에서 하나의 공동체가 된다는 것이다. 이를 싱은 "일상 생활에서의 일이 교실에서 언급되면 모두들 웃음을 터뜨렸다. 가게 이름이나 길거리의 이름, 또는 길거리에서 파는 음식의 이름이 언급될 때에. 이러한 웃음은 우리가 학교가 파하면 돌아가야 할 그런 것들을 우리가 모르는 척하게 할 수 있는 것들이었다"(p. 95)라고 진술한다. 이들 학생들이 원래 속해 있는 인종적·계급적 차이에도 불구하고 이사벨라 제국 학교 학생이라는 특권을 공유한다는 사실은 베네딕트 앤더슨이 식민지 지배 체제에서 민족이 형성되는 과정을 설명하는 상황에 해당된다.

앤더슨은 인도네시아를 예로 들면서 식민지 이전에 하나의 공동체라는 의식이 없던 여러 섬 출신들이 식민 체제가 운영하는 학교 교육을 받으면서 그들이 네덜란드의 식민지 백성이라는 공통점을 갖고 있으며 이러한 공통점이 여러 출신과 언어의 차이를 넘어서 인도네시아라는 공동체를 만들어냈다고 한다. 또한 이들은 서구에서 진행되었던 민족 형성의 역사를 알고 있었기 때문에 식민 체제를 벗어난 독립 국가의 필요성도 역시 인식하였고 이러한 인식이 후에 서구 민족 국가를 모방하면서 동시에 그 제국주의적 지배를 극복하는 방식의 민족 형성 과정이 진행되었다고 한다.[13] 이러한 상황은 이 소설에서 브라운과 그의 동료들이 정치 활동을 시작하면서 기존 정치인들을 "무시"(p. 190)해버리는 데서 나타난다. 이사벨라 제국 학교의 동료였다는 것을 근거로 브라운과 싱은 정치적 동지가 되고 이들 신세대가 정치의 전면에 나서는 것 자체로 기존 정치인들의 구질서를 종식시킬 수 있었다고 싱은 말한다. 이들의 정치 활동은 구세대의 정치 활동 방식과도 다르다. 이 소설에서 구세대의 정치 활동을 대표하는 크리팔 싱은 대중 연설로 노동자 계급의 파업을 주도하는 정치적 지도자가 되지만 싱과 브라운은 새로운 매체인 '사회주의자'라는 신문을 만들어 그곳에 그들의 정치적 견해를 천명하고 서구 민주주의의 방식인 선거에서 승리할 전략을 구상하면서 정치적 권력을 획득한다. 이사벨라 제국 학교의 서구식 교육은 이들에게 흑인과 인도계의 차이를 넘는 공동의 연대감을 부여할 뿐만 아니라 서구식 정치 전략을 구사하여 권력을 장악하는 데 결정적 역할을 하기도 한다. 비서구 세계의 민족의 형성이나 민족에 근거한 국가 체제의 형성이 기본적으로 서구식 모델을 근거로 한 모방과 저항, 그리고 변용이라는 사실을 염두에 두면 싱과 브라운의 전략은 새로운 시대의 민족과 민족 국가 형성의 전형적 예를 보여주고 있는 것이다.

그러나 이 소설에서 나타나는 독립 민족 국가의 형성 과정이 앤더슨이 주장하는 방식과 일치하지는 않는다. 브라운과 그의 동



---

**13** Anderson, *ibid.*, pp. 107~09.

료들이 새로운 민족 국가 건설에서 중요한 역할을 할 때 그들은 과거와의 관계를 단순히 단절시키는 것은 아니기 때문이다. 브라운이 싱을 정치 세계로 끌어들인 큰 이유 중 하나는 과거의 정치 지도자인 크리팔싱의 아들로서의 후광을 얻을 수 있기 때문이다. 정치 활동의 출발점이 된 '사회주의자'란 신문에서 크리팔싱이 일으켰던 항만 노동자의 대집회를 기념하는 특집을 마련했는데 싱은 그때 그의 아버지를 기념하는 글을 쓴다. 이는 과거의 중요한 저항 운동가의 뜻이 브라운과 그의 동료들이 이어받고 있다는 것을 표명하려는 의도에서 나온 것이다. 이런 의미에서 브라운 등이 진행하는 새로운 민족 국가에서의 정치 활동은 과거의 영광을 기억하게 함으로써 민족 구성원들을 하나로 모으는 민족주의 정치학의 기본 개념을 실현하고 있는 것이다. 민족이란 기본적으로 근대 이후의 산물이면서도 민족의 존재가 태곳적부터 존재해 왔고 또 영원히 존재할 것이란 믿음 체계를 가동하게 하는 공동체이기 때문이다. 이사벨라의 경우는 식민 시대 이전의 과거가 존재하지 않기 때문에 민족주의 정치학에서 말하는 과거는 새로운 민족 국가 건설의 모태가 되는 식민 시대의 영광스런 저항 운동을 되새김으로써 과거를 기억하는 것이고 이때 영광스런 과거란 식민 체제에 대한 대규모 저항을 시도했던 크리팔싱과 같은 인물을 되새김으로써 가능해진다. 그러나 싱이 쓰고 있는 자신의 아버지인 크리팔싱에 관한 에세이는 사실상 크리팔싱에 관한 것은 아니다. 그가 말하고 있다시피 그 글은 "상당히 부정직한"(p. 189) 것이며 궁극적 진실은 은폐된 것이기 때문이다.

우리는 여기에서 민족의 형성에서 과거에 대한 기억과 마찬가지로 과거에 대한 망각이 중요하다는 르낭의 주장을 어느 정도 변형된 형태로 읽고 있는 듯하다. 르낭에 의하면 민족의 통합을 이루기 위해서는 역사적으로 이질적인 집단에 대해 무자비한 폭

력을 사용하여 진압한 결과이며 그러한 역사의 기억을 되살리는
것은 민족의 존립에 위험을 가져온다는 주장을 하고 있다.[14] 여기
에서 브라운과 싱이 크리팔싱의 식민 체제에 대한 저항 운동은
기억하면서도 싱이 외갓집으로부터 물려받은 유산을 이용하여
"이사벨라의 백만장자"(p. 189)가 되고 그 자본으로 정치 활동을
하고 있다는 사실을 염두에 두면 노동자 계급의 지도자로서의 크
리팔싱과 식민 교육에 덧붙여 런던에서 유학 생활을 하고 돌아온
신흥 부르주아 계급에 속한 싱과는 계급적으로 타협할 수 없는
위치에 있다고 할 수 있다. 싱과 브라운이 크리팔싱의 이름을 등
에 업고 정치 활동을 하면서 동시에 부르주아를 아우르는 정치
전략을 구사하고 있다는 것은 계급적 모순을 망각하면서 동시에
과거의 영광을 기억하는 민족 형성의 특성을 보여주고 있다. 그
들의 정치 전략에서 중요한 것은 크리팔싱이라는 이름이 갖는 저
항 운동의 상징성이지 크리팔싱이라는 인물의 실체는 아니다. 화
자로서의 싱은 오히려 크리팔싱을 한 가정의 가장으로서의 역할
을 행사하지 못하는 모습으로 더 자세히 묘사하고 있다. 역사
적·사회적 사실 또는 진실에 대한 관심보다는 이름이 갖는 상징
성에 더 정치적 의미를 부여하는 브라운과 싱의 전략은 그들의
정치 활동의 기반이 되고 있는 '사회주의자'라는 신문의 이름에
서도 잘 드러난다. 그들은 좌파를 표방하고 노동 계급의 권익을
위하여 그들이 정치의 전면에 나서고 있다는 말을 하면서도 그들
은 이 말이 단지 유럽에서 빌려온 말임을 의식하고 있으며 사유
재산의 몰수와 같은 사회주의의 원칙에 믿음을 갖고 있지 않다는
것을 토로하고 있기도 하다. 이들이 조직한 정당은 열두 달 안에
가난을 일소시키고 경찰을 훈육시키고 농민들에게 높은 농산물



---

**14** Ernest Renan, "What is a nation?" Homi K. Bhabha ed., *Nation and
Narration*(London: Routledge, 1990), p. 11.

가격을 보장하고 외국인 소유의 모든 재산을 이사벨라의 인민의 재산으로 전환시키겠다는 공약을 하나(p. 199) 이는 현실성이 없음을 그들은 알고 있다. 마르크스가『루이 보나파르트의 안개의 달 18일』에서 나폴레옹 3세가 나폴레옹 1세의 이름을 빌려 각 계층에게 희망을 약속하지만 결국 권력을 장악하기 위한 수사였음을 밝히고 있는 상황과 비슷한 상황이 되풀이되고 있는 것이다. '크리팔싱'이나 '사회주의자'는 그것이 지칭하는 실제 의미는 사라진 채 단지 이름으로서만 그 역할을 하고 있다. '크리팔싱'이나 '사회주의자'라는 이름은 그것을 전유하는 싱과 브라운 등에 의하여 독립 이후의 새 나라의 권력을 장악하기 위한 장치가 되고 있다.

## 4. 식민 시대 이후의 민족 정체성

『흉내 내는 사람들』이 씌어진 시기가 1962년에서 1964년이라는 사실을 생각하면 이 소설에서 독립과 그후의 진행 과정을 다루는 소설의 제3부는 1962년을 전후로 한 트리니다드 독립 과정을 그 배경으로 하고 있음을 알 수 있다. 1930년대의 노동 쟁의 등을 통한 독립 운동의 결과물이라고 생각할 수 있는 1962년의 독립은 영국이 장악하고 있던 서인도 제도 연방이 해체됨으로써 자연스럽게 이루어졌다. 그러나 공식적인 독립 민족 국가 건설이 영국 식민 체제의 지배에서 벗어남을 의미하지는 않는다. 이 소설에서 싱 등이 영국인이 소유하고 있는 자산을 이사벨라의 소유로 환원시킬 수 없다고 한 사실은, 공식적인 독립이란 가시적인 의미의 식민 체제가 사라졌다는 의미이지 진정한 의미의 자주를 보장하는 의미가 아님을 알 수 있게 해준다.

식민 시대 이후의 독립 민족 국가를 건설하는 과제는 우선적으로 식민 체제의 유산을 극복하는 것으로 시작된다. 그러나 이 소설에서 이사벨라는 경제나 행정 조직을 새로운 체제로 바꾸면서도 혼란에 빠지지 않도록 하기 위해서는 영국의 협조가 절대적으로 필요하다는 인식을 하게 된다. 영국인들이 담당하였던 공무원의 일이 단번에 이사벨라인으로 대체할 수 없다는 사실은 임금을 두 배 이상 지급하면서도 영국인들을 어쩔 수 없이 써야 하고 이는 곧 이사벨라로 하여금 재정적 부담을 안게 한다. 식민지 원조라는 이름으로 영국은 산업 기술을 제공하나 이는 곧 더 많은 영국인을 이사벨라에 존재하게 하는 요인이 되기도 한다. 이러한 것들과 더불어 이 소설에서 독립 민족의 형성을 방해하는 결정적인 요인은 영국인이 소유하는 이사벨라의 자산은 이사벨라의 민족 자산으로 환원nationalization시킬 수 없다는 사실이다. 이는 사회주의를 표방하고 식민 시대의 반식민 저항 운동의 연속이라는 명분을 내걸고 선거에서 승리한 싱이 구체적인 현실 문제인 식민지인의 자산을 이사벨라 민족의 것으로 바꾸지 못하는 어려움에서 독립 민족 국가의 형성이 과거 식민 체제로부터 자유로울 수 없다는 사실을 말해주고 있다. 민족 자산화는 곧 독립 민족 공동체를 형성하는 "통합, 자긍심, 그리고 고난을 함께함"(p. 220)이라는 덕목들에 바로 이어지기 때문이다.

민족 자산화를 이루는 과정과 이의 실패는 식민지 시대 이후의 공식적인 독립이 식민 체제에서 벗어나는 것이 아님을 말해준다. 식민지 시대를 다루고 있는 이 소설의 제2부에서는 바람직한 식민지 백성을 만드는 교육 현장이 곧 저항의 장소가 됨으로써 피식민인으로서의 저항적 민족 정체성이 형성되는 과정을 보여주고 있었다. 그러나 민족 자산화를 이루는 과업에 있어서는 직접적인 의미에서의 저항 현장이 주어지지 않고 있기 때문에 식민 체제에서 벗어나는 민족 자산화가 이루어지지 않고 있으며 더 나아가서는 민족 국가 건설이라는 문제도 해결되지 않고 있다. 보크사이트 자원의 계약 문제와 민족 자산화의 문제를 논의하자는 이사벨라인들의 "공식적인" 제안에 "수영장 옆에서 친목을 위한 바비큐 파티에 비공식적인 초대하는 것으로"(p. 217)로 응답하고 이 문제에 대해 논의를 시도하는 싱은 웃고 떠들고 수영하고 고기 굽는 냄새가 넘치는 파티장에서 우스꽝스런 꼴이 되고 만다. 이와 같은 상황은 식민 자산 소유자인 영국인 부호 스톡웰이나 영국의 정치가들을 만나려는 시도에서도 같은 식으로 진행된다. 이사벨라에 있는 과거 식민지 경영인이 소유하고 있던 자산을 이사벨라 민족의 소유로 전환하는 과정을 통하여 새로운 민족 국가 건설을 실현하려는 시도는 영국인들이 그 전환을 가능하게 하는 논의의 장 자체를 거부함으로써 이사벨라가 영국인의 지배 하에 있는 상태를 변함없이 유지하는 결과를 가져오는 것이다.

식민지 시대 이후의 이사벨라 민족은 식민지 시대보다도 더 그 정체성을 확인하기 어려운 상황에 놓인다. 신생 국가인 이사벨라는 그 민족을 지배하는 영국의 지배 체제가 직접적으로 나타나지 않는다는 의미에서 그 독립을 위한 싸움의 장을 형성하지 못하고 있으며 이때 영국의 이사벨라에 대한 식민 지배는 변함없이 유지된다. 더 나아가서 민족 자산으로 전환시키는 과업이 인도계인 싱이 완수하지 못했을 때 싱은 권력에서 축출된다. 이는 이사벨라 내부의 권력 구조도 식민지 시대 이후까지 여전히 이사벨라를 통제하고 조종하는 영국에 의하여 지배받고 있음을 의미한다. "진정한 권력의 원천은 내부에는 없었다. 외부에서 오지 않는 권력은 어떠한 권력도 진정한 권력이 아니었다"(p. 206)라고 싱이 진술하는 바와 같이 이사벨라에 작용하는 힘은 외부의 힘에 의하여 규정되고 있다. 이는 식민 시대와 마찬가지로 이사벨라의 정체성은 영국과의 관계에 의하여 형성되고 있음을 보여주고 있는 것이다. 식민 시대보다도 더 절망적인 것은 이사벨라를 규정하는 외부의 힘이 직접적으로 이사벨라 내부에서 존재하며 작용하는 것과는 달리 지역적으로 직접적 저항의 대상이 되지 않는 영국에 존재함으로써 변화의 시도가 봉쇄되어 있다는 점이다. 물론 이러한 말이 식민 시대가 식민 시대 이후보다 더 좋은 시대였음을 의미하지는 않는다. 이사벨라 내부를 다루는 문제에 있어서는 상대적으로 식민 시대 이후에 이사벨라인들에게 권한과 책임이 더 부여되고 있기 때문이다.

식민 시대의 이사벨라 제국 학교에서 여러 인종과 출신의 학생들이 그 차이를 넘어서서 같은 교육을 받고 같은 정서를 공유한다는 의미에서 새로운 민족 국가의 모습을 보여주고 있었다면, 식민 시대 이후의 이사벨라는 오히려 민족 구성원 간의 분열과 갈등이 드러나는 장소이기도 하다. 인도계 반식민 운동의 지도자였던 크리팔싱의 후광과 흑인과 마찬가지로 다수 인종 집단을 차지하는 인도계의 지지가 필요했던 흑인인 브라운[15]은 싱과 정치적 동지가 된다. 이들의 집권으로 인종 간의 공존이 가능한 상황임에도 불구하고 최고 집권자인 브라운이 주도하는 이사벨라는 흑인 중심의 세계로 변해간다. 흑인과 백인의 계속적인 유대로 흑인이 백인으로 변해간다는 이야기인 '나일강과 센강'이라는 풍자는 브라운이 지배하는 이사벨라가 식민지 지배자였던 백인이 했던 방식과 같이 이사벨라를 흑인이 지배하는 세계로 바꾸어놓는 상황을 말하고 있다. 또한 민족 자산화의 실패로 싱은 정치적

---

**15** 브루스 킹은 나이폴의 소설의 배경으로 독립이 가시화되던 1946년부터 1961년 사이의 흑인계와 인도계의 갈등에 주목한다. Bruce King, *V. S. Naipaul*(New York: St. Martin's, 1993), p. 156 참조. 이를 염두에 두면 이 소설의 흑인 집권자인 브라운은 흑인 중심의 독립 운동을 주도하고 독립 후의 트리니다드 토바고 공화국에서 초대 수상을 지낸 에릭 윌리엄스Eric Williams를 시사하는 듯하다.

위기에 몰리고 이는 곧 인도계에 대한 흑인들의 테러 행위를 부추긴다. 여자와 아이들이 폭행당하고 집에 불을 질러 사람들이 타 죽고 인도계 어린애가 맞았던 피묻은 돌멩이가 발견된다(p. 241). 식민 시대 이후의 이사벨라는 과거 식민지 시대에는 문제되지 않았던 인종 간의 갈등이 중요한 분규가 되며 결국 싱으로 대표되는 인도계는 새로운 민족 국가 이사벨라의 중심에서 배제되는 것이다. "노예의 섬"(p. 240)으로 불리는 흑인 주도의 이사벨라에서 인도계를 비롯한 아시아계는 설자리를 잃게 되고 식민 시대 이후에 새로 생긴 피식민인이 되어버린다.

식민 시대 이후 흑인이 주도하는 '노예의 섬'으로서의 이사벨라는 식민 상태에서 벗어난다는 의미에서의 민족의 형성과는 다른 의미에서의 민족의 형성 또한 이루어지고 있음을 말해준다. 인구 구성에서 다수를 차지하고 또 반식민 운동에서 중요한 역할을 했던 인도계는 독립 이후 흑인인 브라운이 최고 권력자가 되어 있는 상황에서 '노예의 섬'이라고 규정하는 이사벨라의 민족 정체성에서 배제되고 있는 것이다. 사실상 존재하는 아시아인들은 흑인이 주도하는 민족 국가 건설의 과제에서 배제되고 그 정체성을 위협받게 된다. 아시아인을 대표하고 있던 싱은 이런 흑인 주도의 민족 형성 과정에서 방해물이 되어 결국 추방당하게 된다. 소설 속의 이러한 전개는 현실 역사에서의 트리니다드 상황을 반영하고 있기도 하다. 독립 운동을 이끌고 나중에 초대 수상이 되었던 에릭 윌리엄스는 그의 정부에서 인도인들을 철저히 배제하는 방식으로 독립 후의 트리니다드의 정체성을 해방된 흑인 노예 집단으로 규정하고 있었다. 또한 다른 인종을 배척하는 방식은 영향력 있는 그의 저술들에서도 트리니다드를 비롯한 서인도 제도의 역사를 노예의 상태에서 해방되는 흑인의 역사로 서술하는 방식에서도 드러난다. 독립 이후 정권을 장악한 국가 체제 운영자들이 민족 정체성을 형성하는 과정은 그 지배 집단에서 배제되는 다른 집단을 지배 집단에 종속시키는 방식으로 진행되고 있으며 그런 과정에서 다시 르낭이 주장하는 실제적 사실에 대한 망각으로서의 민족 형성이 되풀이되는 것이다.

## 5. 상상의 민족 공동체





이사벨라에서 추방되어 런던의 근교 호텔을 전전하며 회고록을 쓰던 싱은 작가 나이폴 자신과 어느 정도는 비슷하다고 할 수 있다. 싱이 보기에는 식민 시대의 영국의 지배 하에 피식민인으로서의 민족적 정체성을 갖는 것이나 식민 시대 이후에도 과거의 식민 체제에 여전히 종속되어 있는 이사벨라의 모습이나, 또한 흑인이 주도하는 새 질서에서 아시아계가 위축된 정체성을 갖는 것 어느 것도 만족스러운 상태가 아니다. 이러한 불만족스러운 현실이 싱으로 하여금 이사벨라의 역사라는 회고록을 쓰게 하고 있다. 이는 작가 나이폴이 영국에 거주하며 제3세계를 비판적 시각으로 서술하는 소설을 쓰게 하는 이유이기도 하다. 추방된 정치인으로서 런던 근교에서 살고 있는 싱은 메트로폴리탄 세계인 런던의 거주민으로 자신을 규정하는 것도 아니고 또한 자신이 떠나온 이사벨라에 그 자신이 속해 있다고 생각하지도 않는다. 그는 어느 쪽에도 속해 있지 않으면서 그 둘 다에서 벗어날 수도 없는 정체성을 갖고 있다. 그리고 이러한 중간 지대에 불확실한 상태로 존재하는 것이 싱의 정체성이라고 할 수 있다.

이 소설 속의 이사벨라는 나이폴이 성장한 트리니다드를 모델로 하고 있으면서도 트리나다드 그 자체는 아니라고 할 수 있다. 모든 담론이 어떤 주어진 역사적 위기에 대한 반응이라는 푸코의 말을 기억해보면 나이폴이 만들어낸 이사벨라는 트리니다드의 역사 진행에 대한 나이폴식의 반응이라고 할 수 있다. 이 소설에서 그려진 이사벨라의 모습은 바람직하다는 의미에서가 아니라 식민 시대 이후의 민족 문제를 재조명하게 해주는 장치의 역할을 한다는 의미에서 상상의 민족 국가라 할 수 있다. 현실적 부재로서의 상상의 세계는 더 나은 세계를 향한 몸짓의 발현이다. 이 소설의 세계에는 현실의 불만족스러운 트리니다드, 더 나아가서 식민 시대 이후의 민족 정체성을 모색하는 제3세계 민족의 불만스런 현실의 역사 진행 과정에 대한 대안을 직접 제시하기보다는 그 문제점을 드러내고 있다는 점에서, 제3세계의 민족 문제를 새로이 모색하게 하는 상상적 재현이라고 할 수 있다.

## ■ 참고 문헌

김성곤, 「탈식민주의적 책읽기와 영문학 연구」, 『외국문학』 11권 1호(1994년 봄).

──, 「에드워드 사이드의 『시작』과 『오리엔탈리즘』: 왜곡과 허구의 텍스트로서의 역사」, 『포스트모던 소설과 비평』(열음사, 1993).

남원순, 「외국인 노동자와 결혼한 한 한국 여성의 편지」, 『손에 손잡고』 4호(성남: 외국인 노동자의 집/중국 동포의 집, 1997년 8월).

노태돈·박호성 등, 「대토론: 한국 민족은 언제 형성되었나」, 『역사비평』 19호(1992년 겨울).

마르크스·엥겔스, 주익종 옮김, 『식민지론』(녹두, 1989).

울리히 바이슈타인, 이유영 옮김, 『비교문학론』(홍익사, 1981).

박명림, 「분단 시대의 한국 민족주의의 이해」, 『세계의 문학』 80호(1996년 여름).

에드워드 사이드, 「중동 '평화 협상': 현혹적인 이미지와 야만적인 현실」, 『창작과비평』 89호(1995년 가을).

에드워드 사이드, 김성곤·정정호 옮김, 『문화와 제국주의』(창, 1995).

에드워드 사이드, 박홍규 옮김, 『오리엔탈리즘』(교보문고, 1991).

설준규·서강목, 「영미 문학 연구의 현황과 과제」, 『창작과비평』 74호(1991년 겨울).

설준규·최윤·김태현·성은애, 「좌담: 서양 명작소설, 지금 우리에게 무엇인가」, 『창작과비평』 85호(1994년 가을).

신용하, 「민족 형성의 이론」, 신용하 엮음, 『민족 이론』(문학과지성사, 1985).

──, 『한국 근대 민족주의의 형성과 전개』(서울대학교 출판부, 1987).

안정효, 『헐리우드 키드의 생애』(민족과문학사, 1992).

윤호병, 『비교문학』(민음사, 1994).

이청준, 『서편제』(열림원, 1993).

임권택, 「서편제」(영화).

조동일, 『한국 문학과 세계 문학』(지식산업사, 1992).

──, 『한국 소설의 이론』(지식산업사, 1977).

조성원, 「학부제와 비교문학」, 『비교문학』 21집(1996).

장선우, 「꽃잎」(영화).

정지영, 「헐리우드 키드의 생애」(영화).

최 윤, 『저기 소리없이 한점 꽃잎이 지고』(문학과지성사, 1992).


Ahmad, Aijaz, *In Theory: Classes, Nations, Literatures*(London: Verso, 1992).

————, "Jameson's Rhetoric of Otherness and the 'National Allegory'," *Social Text* 15(Fall 1986).

Althusser, Louis(Ben Brewster, tr.), *Lenin and Philosophy and Other Essays*(New York: Monthly Review, 1971).

Anderson, Benedict, *Imagined Communities: Reflections on the Origin and Spread of Nationalism*(London: Verso, 1983).

————, *The Spectre of Comparisons: Nationalism, Southeast Asia and the World.* (London: Verso, 1998).

Anderson, Perry, *Lineages of the Absolutist State*(London: Verso, 1974).

Appadurai, Arjun, *Modernity at Large: Cultural Dimensions of Globalization.* (Minneapolis: University of Minnesota Press, 1996).

Ashcroft, Bill et al., *The Empire Writes Back: Theory and Practice in Post-Colonial Literatures*(London: Routledge, 1989).

Balaakrishnan, Gopal ed., *Mapping the Nation*(London: Verso, 1996).

Balibar, Etienne and Pierre Macherey, "On Literature as an Ideological Form," Robert Young ed., *Untying the Text*(London: Routledge, 1981), pp. 79~99.

Balibar, Etienne and Immanuel Wallerstein, *Race, Nation, Class: Ambiguous Identities*(London: Verso, 1991).

Barker, Francis et al., *Europe and its Others*(Colchester: University of Essex Press, 1985).

Benjamin, Walter "Theses on the Philosophy of History," *Illuminations*(New York: Schocken, 1969).

Benjamin, Walter(Zohn, Harry tr.), "The Work of Art in the Age of Mechanical Reproduction," *Illuminations*(New York: Schocken, 1969).

Bernheimer, Charles, *Comparative Literature in the Age of Multiculturalism*(Baltimore: Johns Hopkins University Press, 1995).

Bhabha, Homi K., *The Location of Culture*(London: Routledge, 1994).

Chatterjee, Partha, *Nationalist Thought and the Colonial World: A Derivative Discourse*(London: Zed books, 1986).

──── , *The Nation and its Fragments: Colonial and Postcolonial Histories*(Princeton: Princeton University Press, 1993).

Conrad, Joseph(Thomas Moser ed.), *Lord Jim*(New York: W. W. Norton, 1968).

Cudjoe, Selwyn, *V. S. Naipaul: a Materialist Reading*(Amherst: University of Massachusetts Press, 1988).

Davis, Horace B., *Toward a Marxist Theory of Nationalism*(New York: Monthly Review, 1978).

Dhareshwar, Vivek, "Self-fashioning, Colonial Habitus, and Double Exclusion: V. S. Naipaul's *The Mimic Men*," *Criticism* 31. 1(Winter 1989), pp. 75~102.

Eagleton, Terry, *Literary Theory: An Introduction*(Oxford: Basic Blackwell, 1983).

Fanon, Frantz(Charles Lam Markmann tr.), *Black Skin, White Masks*(New York: Grove Weidenfeld, 1967).

────,(Constance Farrington tr.), *The Wretched of the Earth*(New York: Grove Weidenfeld, 1963).

Fleischman, Avrom, *Conrad's Politics: Community and Anarchy in the Fictions of Joseph Conrad*(Baltimore: Johns Hopkins University Press, 1967).

Foucault, Michel(A. M. Sheridan Smith tr.), *The Archeology of Knowledge and the Discourse on Language*(New York: Pantheon, 1972).

Foucault, Michel(Robert Hurley tr.), *History of Sexuality*, vol. 1: *An Introduction*(New York: Vintage Books, 1978).

────,(Colin Gordon ed., Colin Gordon, et al., tr.), *Power/Knowledge: Selected Interviews and Other Writings 1972~1977*(New York: Pantheon, 1980).

Giddens, Anthony, *A Contemporary Critique of Historical Materialism*, vol. 2: *The Nation-State and Violence*(Berkeley: University of California Press, 1987).

Gorra, Michael, *After Empire: Scott, Naipaul, Rushdie*(Chicago: University of Chicago Press, 1997).

Gottfried, Leon, "Preface: The Face of V. S. Naipaul," *MFS*. 30. 3(Autumn



참고문헌

1984).

Hammer, Robert D. comp. and ed., *Joseph Conrad: Third World Perspectives*(Washington, D. C.: Three Continents, 1990).

Harney, Stefano, *Nationalism and Identity: Culture and the Imagination in a Carribbean Diaspora*(London: Zed, 1996).

Hobsbawm, E. J., *Nations and Nationalism Since 1780*(Cambridge: Cambridge University Press, 1990).

Hulme, Peter, *Colonial Encounters: Europe and the Native Caribbean, 1492~1797*(London: Routledge, 1986).

Hutchinson, John and Anthony D. Smith eds., *Nationalism*(Oxford: Oxford University Press, 1994).

Jameson, Fredric, *The Political Unconscious: Narrative as a Socially Symbolic Act* (Ithaca: Cornell University Press, 1981).

JanMohamed, Abdul R., "The Economy of Manichean Allegory: The Function of Racial Difference in Colonialist Literature." Henry Louis Gates Jr. ed., *'Race,' Writing, and Difference*(Chicago: University of Chicago Press, 1986), pp. 78~106.

Karl, Frederick R., and Laurence Davies eds., *The Collected Letters of Joseph Conrad,*. vol. 2(Cambridge: Cambridge University Press, 1986), pp. 1898~1902.

King, Bruce. *V. S., Naipaul*(New York: St. Martin's, 1993).

Laclau, Ernesto, *New Reflections on the Revolution of Our Time*(London: Verso, 1990).

———— ed., *The Making of Political Identities*(London: Verso, 1994).

Leavis, F. R., *The Great Tradition*(New York: Penguin, 1962).

McClure, John A., *Kipling and Conrad: The Colonial Fiction*(Cambridge: Harvard University Press, 1981).

Marx, Karl, *The 18th Brumaire of Louis Bonaparte*(New York: International Publishers, 1963).

Marx, Karl(Shlomo Avineri ed.), *On Colonialism and Modernization: His Despatches and Other Writings on China, India, Mexico, the Middle East and North Africa*(Garden City: Anchor Books, 1969).

Miller, J. Hillis, *Fiction and Repetition: Seven English Novels*(Cambridge: Harvard University Press, 1982).

Moore-Gilbert, Bart, *Postcolonial Theory: Contexts, Practices,*

*Politics*(London: Verso, 1997).

Morris, Robert K., *Paradoxes of Order: Some Perspectives on the Fiction of V. S. Naipaul*(Columbia: University of Missouri Press, 1975).

Naipaul, V. S., *The Mimic Men*(London: Penguin, 1967).

Parry, Benita, *Conrad and Imperialism: Ideological Boundaries and Visionary Frontiers*(London: Macmillan, 1983).

Parry, J. H. and P. M. Sherlock, *A Short History of The West Indies*(London: Macmillan, 1956).

Rajchman, John ed., *The Identity in Question*(New York: Routledge, 1995).

Rader, Ralph W., "*Lord Jim* and the Formal Development of the English Novel," James Phelan ed., *Reading Narrative: Form, Ethics, Ideology*(Columbus: Ohio State University Press, 1989), pp. 220~35.

Renan, Ernest, "What is a nation?" Homi K. Bhabha ed., *Nation and Narration* (London: Routledge, 1990), pp. 8~22.

Said, Edward, *Culture and Imperialism*(New York: Alfred A. Knopf, 1993).

──────, *Orientalism*(New York: Vintage Books, 1978).

──────, "Orientalism Reconsidered," *Race and Class* 27. 2(Autumn 1985).

──────, *The World, the Text and the Critic*(London: Faber, 1984).

Sarkar, Sumit, *Modern India, 1885~1947*(Houndmills: Macmillan, 1983).

Shannon, Richard, *The Crisis of Imperialism: 1865~1915*(London: Paladin, 1976).

Sherry, Norman, *Conrad's Eastern World*(Cambridge: Cambridge University Press, 1966).

Spivak, Gayatri Chakravorty, "Can the Subaltern Speak?" Cary Nelson and Lawrence Grossberg eds., *Marxism and Interpretation of Culture*(Urbana: University of Illinois Press, 1986).

──────, *In Other Worlds: Essays in Cultural Politics*(New York: Methuen, 1987).

Sprinker, Michael, *Edward Said: A Critical Reader*(Oxford: Blackwell, 1992).

──────, *Imaginary Relations: Aesthetics and Ideology in the Theory of Historical lism*(London: Verso, 1987).

──────, "Fiction and Ideology: *Lord Jim* and the Problem of Literary History," James Phelan ed., *Reading Narrative: Form, Ethics, Ideology*(Columbus: Ohio State University Press, 1989).

──────, "The National Question: Said, Ahmad, Jameson," *Public Culture*

6(1993), pp. 3~29.

Viswanathan, Gauri, *Masks of Conquest: Literary Study and British Rule in India*(New York: Columbia University Press, 1989).

Watt, Ian, *Conrad in the Nineteenth Century*(Berkeley: University of California Press, 1979).

Wellek, Rene, *Discriminations: Further Concepts of Criticism*(New Haven: Yale University Press, 1970).

Williams, Eric, *British Historians and The West Indies*(New York: Charles Scribner's Sons, 1964).

Williams, Patrick and Laura Chrisman eds., *Colonial Discourse and Postcolonial Theory: A Reader*(Hemel Hempstead: Harvester Wheatsheaf, 1993).

Wolf, Eric R., *Europe and the People Without History*(Berkeley: University of California Press, 1982).

Zelnick, Stephen, "Conrad's *Lord Jim*: Meditations on the Other Hemisphere," *Minnesota Review* 11(1978), pp. 73~89.